国家社会科学基金青年项目
"外部市场冲击与企业财务脆弱性研究"（项目批准号：17CGL015）

福建农林大学科技创新专项基金项目（社科类）
"货币政策对企业财务脆弱性的影响研究"（项目批准号：CXZX2021008）

福建省社会科学研究基地生态文明研究中心
"生态文明目标下福建省经济韧性提升路径与政策创新研究"（项目批准号：FJ2023JDZ032）

外部市场冲击
与企业财务脆弱性研究

汪金祥 ◎ 著

中国财经出版传媒集团

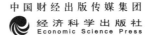

经济科学出版社
Economic Science Press

· 北 京 ·

图书在版编目（CIP）数据

外部市场冲击与企业财务脆弱性研究/汪金祥著
. −−北京：经济科学出版社，2024.8
ISBN 978 − 7 −5218 −5898 −3

Ⅰ.①外…　　Ⅱ.①汪…　　Ⅲ.①上市公司 − 市场竞争 −
关系 − 企业管理 − 财务管理 − 研究 − 中国　　Ⅳ.
①F279. 246②F279. 23

中国国家版本馆 CIP 数据核字（2024）第 101229 号

责任编辑：周国强
责任校对：王京宁
责任印制：张佳裕

外部市场冲击与企业财务脆弱性研究
WAIBU SHICHANG CHONGJI YU QIYE CAIWU CUIRUOXING YANJIU
汪金祥　著
经济科学出版社出版、发行　新华书店经销
社址：北京市海淀区阜成路甲 28 号　邮编：100142
总编部电话：010 − 88191217　发行部电话：010 − 88191522
网址：www. esp. com. cn
电子邮箱：esp@ esp. com. cn
天猫网店：经济科学出版社旗舰店
网址：http://jjkxcbs. tmall. com
固安华明印业有限公司印装
710 × 1000　16 开　15. 75 印张　250000 字
2024 年 8 月第 1 版　2024 年 8 月第 1 次印刷
ISBN 978 − 7 − 5218 − 5898 − 3　定价：92. 00 元
（图书出现印装问题，本社负责调换。电话：010 − 88191545）
（版权所有　侵权必究　打击盗版　举报热线：010 − 88191661
QQ：2242791300　营销中心电话：010 − 88191537
电子邮箱：dbts@ esp. com. cn）

前　　言

　　市场波动和风险防控是金融经济学领域研究的
经典问题和热点课题。美国著名经济学家海曼·
明斯基（Hyman P. Minsky）提出的金融不稳定
假说（financial instability hypothesis，FIH），因
其"富有先见之明"地解释了 2008 年全球金融
危机，这场危机也常被人们称为"明斯基时刻
（Minsky moment）"。明斯基也从一位"非主流"
经济学家成为新闻界明星，他的系列理论学说
（尤其是金融不稳定假说）因被"重新发现"而
逐渐成为学术界的热点，引起人们的广泛讨论与
各国央行和政府的关注。2017 年 10 月 19 日，中
国人民银行原行长周小川在介绍如何该守住中国
不发生系统性金融风险的底线时表示，中国需要
重点防止"明斯基瞬间（时刻）"出现所引发的

剧烈调整。[①] 2021 年 8 月 24 日，中国人民银行明确表示，需要进一步加强政策研究储备，加强金融法治和基础设施建设，加快推进制定《金融稳定法》。2023 年 3 月 3 日，时任中国人民银行行长易纲在国务院新闻办公室举办的新闻发布会表示，《金融稳定法》已通过全国人大的第一次审议，中国人民银行将推动《金融稳定法》出台。

中国人民银行发布的《中国金融稳定报告（2019）》指出，2008 年全球金融危机后长期宽松的金融环境导致世界主要经济体企业债务累积、经济整体脆弱性上升。中国的金融体系以商业银行等金融机构为主，信贷资金仍是企业资本的主要来源，银行业对实体经济的影响大于证券市场（Allen et al.，2005）。一方面，自 2007 年以来，企业权益融资的占比下降，来自商业银行等金融机构的信贷资金发放规模在总体上呈现出较快发展速度（易纲，2020）；另一方面，商业银行等金融机构的不良贷款率从 2012 年的 0.95% 逐渐上升至 2018 年末的 1.83%，债券市场自 2014 年"11 超日债"打破债券刚性兑付历史后更是频繁发生本金偿还或利息支付的违约事件。中国金融资产的风险有向商业银行等金融机构集中、向债务融资集中的趋势。有鉴于此，2015 年 2 月 17 日，国务院公布了《存款保险条例》，并于 5 月 1 日开始正式施行该条例，标志着中国正式建立显性存款保险制度，致力于减少存款人挤兑行为和稳定中国金融体系；同年 12 月，中央经济工作会议提出，2016 年中国经济社会发展的关键工作是抓好去产能、去库存、去杠杆、降成本、补短板（"三去一降一补"）等五大任务，而且"去杠杆"成为守住中国不发生系统性风险底线的重要抓手，企业是"去杠杆"的重点对象（周菲等，2019），例如，2017 年政府工作报告强调，要把"降低企业杠杆作为重中之重"。2019 年 2 月 21 日，中国人民银行在金融稳定工作会议指出，防范和化解金融风险，特别是防范系统性金融风险，将防范和化解重大金融风险攻坚

---

① 周锐：《周小川谈系统性金融风险：重点防止"明斯基时刻"》，中国新闻网，2017 年 10 月 19 日。

战向纵深推进。有鉴于此，更加有效地实施"去杠杆"政策和缓解企业财务脆弱性、提高金融稳定性和推动高质量发展成为央行和政府的主要关切。

从宏观角度来看，在2008年全球金融危机之后，学术界关于金融不稳定假说（FIH）和明斯基（Minsky）对金融危机的解释的理论文献激增，但金融不稳定假说的实证应用很有限（Davis et al.，2019）。从微观角度来看，首先，尽管明斯基（Minsky，2008，2015）的系列研究成果奠定了企业融资类型与企业财务脆弱性度量方法的基本思想，但是，国内外学者对此看法和在实证研究过程所采用的度量方法和指标不尽一致或尚未统一；其次，关于企业财务脆弱性影响因素的实证研究刚刚处于起步阶段，仍处于萌芽之中；最后，关于企业财务脆弱性经济后果的实证研究尚未开始。在此背景下，结合中国独特的制度背景、最新的企业会计准则和一般企业财务报表格式，一方面，改进中国非金融企业财务脆弱性的度量方法，另一方面探讨非金融企业财务脆弱性的影响因素和经济后果，都具有非常重要的学术价值和应用价值。

为此，本书基于明斯基（Minsky）在金融不稳定假说中关于企业融资类型和企业财务脆弱性的基本思想和经典论述，开展中国情境下的非金融企业财务脆弱性的实证研究。具体而言，本书主要完成了以下四个方面工作：第一，根据最新的中国企业会计准则和一般企业报表格式列报的要求，改进中国非金融企业财务脆弱性的度量方法和指标；第二，考察在中国沪深A股市场中交易的非金融企业财务脆弱性，包括行业分布、时间序列演变与市场表现；第三，参照公司财务和会计研究（尤其是上市公司资本结构决定因素）的基本范式，率先从微观层面入手，分析并实证检验非金融企业财务脆弱性的决定因素；第四，从外部市场入手，运用理论分析和实证检验相结合的方式，深入考察货币市场、资本市场、产品市场等对非金融企业财务脆弱性的影响以及影响的作用机制或主要途径与异质性。

根据上述研究内容，本书共分为九章，每章对应的研究内容和得出的主要结论如下：

第一章为绪论。该章主要介绍研究背景和提出问题,研究思路、研究内容和研究框架,以及研究的主要改进和创新之处。

第二章为理论分析和文献评述。该章将主要介绍明斯基(Minsky)在金融不稳定假说(FIH)中关于非金融企业融资类型和财务脆弱性的基本思想和经典论述,并评述企业财务脆弱性度量方法和影响因素的实证文献。研究发现,关于金融不稳定性和企业财务脆弱性的理论学说较为丰富,但该领域的实证研究非常有限,具体而言,在已有的实证文献中,关于企业财务脆弱性的度量方法和指标不尽一致或者尚未统一,关于企业财务脆弱性影响因素的实证研究还处于起步阶段,而关于企业财务脆弱性经济后果的实证研究尚未开始,这在一定程度上为本书从事、拓展和持续深化该领域研究(尤其是实证研究)提供了可能和难得的机会。

第三章为企业财务脆弱性的度量、分布、演变与市场表现。基于明斯基(Minsky)在金融不稳定假说(FIH)中关于企业融资类型和企业财务脆弱性的基本思想和经典论述,本章根据最新的中国企业会计准则和一般企业财务报表列报的要求,改进了企业财务脆弱性的度量方法,并据此分析了在中国沪深 A 股市场中交易的非金融企业财务脆弱性的分布、演变与市场表现。研究发现:第一,2006~2018 年在中国沪深 A 股市场中,一半以上的非金融类上市公司从事安全等级高的对冲性融资和风险等级低的投机性融资活动,而剩余非金融业企业从事风险等级高的风险性融资活动,说明在中国沪深 A 股市场中交易的非金融类企业财务较为脆弱,其中:在经济上行时期、主板企业以及电力、热力、燃气及水生产和供应业等公共基础行业企业的财务尤其脆弱。第二,2015 年起中国非金融企业财务脆弱性已有所缓解,这不仅源于已上市企业从风险等级高的风险性融资迁移至风险等级低的投机性融资(即"存量效应"),而且源自企业还本付息导致现金流出的减少和存量现金的增加。第三,安全等级高的对冲性融资企业的股价崩盘风险比较低,股票收益率和公司估值水平较高;与之相反,风险等级高的风险性融资企业的股价崩盘风险较高，股票收益率和公司估值水平较低；该项研究发现表明，融资类型和财务脆弱性不同的企业，在风险、收益、估值等市场表现存在明显差异，换言之，企业财务脆弱性具有重要且较为明显的经济后果。

第四章为企业财务脆弱性的决定因素。基于明斯基在金融不稳定假说中关于企业融资类型和企业财务脆弱性的基本思想和经典论述，并参考公司财务和会计研究（尤其是上市公司资本结构决定因素）的基本范式，本章从微观企业层面入手，理论分析并且实证检验了2006～2018年在沪深两所A股市场中交易的非金融企业财务脆弱性的决定因素。研究发现：第一，企业盈利能力、企业自由现金流、企业流动比率对非金融企业财务脆弱性均产生显著的负向影响。第二，企业负债水平、企业规模对非金融企业财务脆弱性均产生显著的正向影响。第三，从回归系数来看，企业盈利能力、企业负债水平、企业自由现金流对非金融企业财务脆弱性的影响更大、经济效应尤为明显。在考虑二元经济结构仍然存在且依然较为明显，并根据非金融企业实际控制人产权性质，将非金融企业分为国有企业和非国有企业与进行其他稳健性检验后，本章的研究结论依然成立。

第五章为宽松货币政策对企业财务脆弱性的影响及其作用机制研究。中国人民银行承担维护金融稳定的职责，且在其发布的《中国金融稳定报告(2019)》明确指出，2008年全球金融危机后长期宽松的金融环境，导致世界主要经济体企业债务累积、经济整体脆弱性上升；如何有效防范和化解金融风险（尤其是守住中国不发生系统性金融风险的底线）、提高金融稳定性和促进经济持续高质量发展，成为各国央行和政府（尤其是证券监管部门和金融监管部门）的主要关切；管住货币被认为是防控系统性金融风险的关键所在（汪勇等，2018）。有鉴于此，本章从货币市场资金供给规模的角度入手，理论分析并实证检验了宽松货币政策对2006～2018年在中国沪深A股市场交易的非金融企业财务脆弱性的影响。研究发现：第一，宽松货币政策显著降低了非金融企业从事对冲性融资和投机性融资活动的概率、提高了非金融企业从事风险融资活动的概率，说明宽松货币政策加剧了企业财务脆弱性。第二，作用机制的检验结果显示，宽松货币政策通过提高企业管理层乐观预期和企业净债务规模加剧企业财务脆弱性。第三，影响异质性的检验结果显示，宽松货币政策对企业财务脆弱性的影响与宏观经济周期和微观企业特征密切相关，具体而言，宽松货币政策在经济上行时期明显加剧了企业财务脆弱性、在经济下行时期有效缓解了企业财务脆弱性，且在经济下行时期的缓解作用大于其在上行时期的加剧作用；宽松货币政策对抵押担保能力弱、商业信用少、营收规模小、成长性高的企业财务脆弱性的加剧作用更加明显。

第六章为贷款利率市场化对企业财务脆弱性的影响及其影响途径研究。党的十九大报告指出，要健全货币政策和宏观审慎政策双支柱调控框架，深化利率和汇率市场化改革，健全金融监管体系，守住不发生系统性金融风险的底线。自 2019 年 8 月起，中国人民银行不断完善贷款市场报价利率（LPR）形成机制，降低实体经济融资成本和金融风险；贷款利率市场化被认为是完善中国货币市场资金定价机制、提高金融稳定性的一项重要改革举措。有鉴于此，本章从货币市场资金定价机制改革视角入手，理论分析并运用双重差分方法实证检验了利率市场化中的贷款利率下限放开这一外生事件对 2006~2018 年在中国沪深 A 股市场中交易的非金融企业财务脆弱性的影响及其影响途径和异质性。研究发现：第一，中国人民银行放开贷款利率下限改革措施显著提高了非金融企业从事对冲性融资和投机性融资活动的概率、降低了非金融企业从事风险性融资活动的概率；该结果说明，贷款利率市场化有效缓解了企业财务脆弱性，而且这种效应在非国有企业中更加明显。第二，影响途径的检验结果还显示，贷款利率市场化通过降低企业负债水平、减少企业负债总额中的有息负债规模、缓解企业外部融资约束等来缓解企业（尤其是非国有企业）的财务脆弱性。第三，影响异质性的检验结果显示，贷款利率市场化对资金缺口、商业信用较少、营收规模较小、盈利的企业（尤其是非国有企业）财务脆弱性的改善作用更大。

第七章为融资融券对企业财务脆弱性的影响及其作用机制研究。金融创新与金融稳定的关系，是证券监管部门和金融监管部门关注和学术界研究的热点课题。2010年3月起实施融资融券试点之后，中国股票市场从单边现货交易时代正式迈入双边信用交易的发展阶段。作为多层次资本市场健康发展和近年来金融创新成果之一的融资融券，具有资产定价和外部治理功能，会影响商业银行等金融机构对一般企业的贷款条件和抵押价值要求。有鉴于此，本章从资本市场创新下投资者交易行为的视角入手，理论分析并实证检验了融资融券对2006~2018年在中国沪深A股市场交易中非金融企业财务脆弱性的影响及其潜在的作用机制。研究发现：第一，融资交易显著降低了企业从事对冲性融资和投机性融资活动的概率、提高了企业从事风险性融资的概率，即明显地加剧了企业财务脆弱性，而融券交易显著提高了企业从事对冲性融资和投机性融资活动的概率、降低了企业从事风险性融资的概率，即有效缓解了企业财务脆弱性；由于融券交易的缓解效应远大于融资交易的加剧效应，使融资融券在总体上有效地缓解了企业财务脆弱性。第二，作用机制检验结果显示，融资融券部分通过提高企业信息披露质量、降低信息不对称程度（即信息机制）和部分抑制企业盈余管理程度、提高收益质量（即公司治理机制）缓解企业财务脆弱性。第三，影响异质性的检验结果还显示，融资融券在牛市时期、对大股东持股比例较高和企业管理层已经持股企业财务脆弱性的缓解作用明显更大。

第八章为产品市场竞争优势对企业财务脆弱性的影响研究。产品市场（即实物市场）是企业现金收入的主要来源；因此，企业财务脆弱性不仅取决于它们对金融市场的直接敏感性，而且取决于它对实物市场的直接敏感性。2018年以来发生的国际贸易争端与供应链的安全和稳定问题，让我们更深刻意识到，企业不仅需要时刻关注与现有和潜在竞争者以及替代品之间的竞争关系，更要关注与产业链上游供应商和下游购买者之间的关系保障程度，避免发生或缓解关键环节（"卡脖子"技术）对正常经营活动和财务管理的意外冲击。为此，本章从产品市场角度入手，根据波特（Porter）"五力"模型的理论，将产品市场竞争优势分为纵向（产业链）竞争优势和横向（产品）竞争优势之后，理论分析并且实证检验了 2006～2018 年在中国沪深 A 股市场交易的非金融企业的产品市场竞争优势对其财务脆弱性的影响。研究发现：第一，纵向竞争优势和横向竞争优势均能够缓解企业财务脆弱性，且纵向竞争优势的缓解作用较大。第二，影响异质性的检验结果还显示，纵向竞争优势在中央实施"去杠杆"政策之后、竞争性行业企业财务脆弱性的缓解作用明显更大，而横向竞争优势对竞争性行业企业、非国有企业财务脆弱性的缓解作用也明显更大。第三，进一步地，产品市场竞争优势提升路径的检验结果显示，在"微笑曲线"两端的研发投入和营销推广，均能提高纵向竞争优势和横向竞争优势，而且研发投入对纵向竞争优势、营销推广对横向竞争优势的提升效应分别更加明显。

第九章为研究结论与未来展望。本章在总结主要研究结论的基础上提出未来研究展望。

与已有研究相比，本书的主要改进和创新之处体现在如下三个方面：

第一，在研究选题和对象方面。金融市场波动和金融风险防控是金融经济学领域研究的经典和热点课题。中国金融体系以商业银行等金融机构为主，银行信贷资金仍然是企业资本的主要来源。2012 年以来，不仅商业银行等金融机构的不良贷款率趋于上升，债券市场中的本金偿还和利息支付违约事件也在不断增加。现有文献主要考察了金融机构和金融市场对金融风险（尤其是系统性金融风险）和金融不稳定乃至经济危机的影响。尚未有学者关注到非金融企业融资类型与非金融企业财务脆弱性对金融稳定性和经济社会持续高质量发展的潜在影响，故而在微观企业行为与宏观经济波动方面的研究文献非常有限。因此，根据党的十九大以来中央经济工作的精神、央行与证券监管部门和金融监管部门的主要关切，关于非金融企业融资类型与企业财务脆弱性的选题，不仅是重要的，而且是新颖的，本书的研究内容和研究成果有助于追本溯源，揭示中国金融机构和金融市场风险的主要来源和潜在根源，从而丰富或弥补该领域的理论和实证文献。

第二，在研究内容和视角方面。2008年后关于金融不稳定假说和明斯基对金融危机的解释的理论文献激增，但金融不稳定假说的实证研究很有限，尤其在企业层面，具体而言，国内外已有文献关于企业财务脆弱性的度量方法尚未统一或不尽一致，关于企业财务脆弱性影响因素的研究刚刚处于起步阶段、仍然处于萌芽状态，而关于企业财务脆弱性经济后果的实证研究尚未开始。根据中国的制度安排和实践情境，并按最新的中国企业会计准则和一般企业报表格式列报的要求，在提出非金融企业财务脆弱性度量方法和指标并深入细致报告在中国沪深A股市场交易的非金融企业财务脆弱性的基础上，不仅参考公司财务和会计研究的基本范式率先从微观层面分析企业财务脆弱性的决定因素，而且重点分析并实证检验外部市场对企业财务脆弱性的影响、影响的作用机制或主要途径和异质性。因此，本书研究内容和视角不仅较为丰富和完整，而且重点更加聚焦或突出。

第二，在研究方法方面。本书重点理论分析并实证检验了货币市场中的资金供给规模（即宽松货币政策）和资金价格形成机制改革（即利率市场化中的贷款利率下限放开事件）、资本市场的投资者信用交易行为（即融资融券）、产品市场竞争优势（包括纵向竞争优势和横向竞争优势）对企业财务脆弱性的具体影响；鉴于货币市场、资本市场、产品市场等外部变量不仅在资本结构等公司财务政策中的解释力则明显趋于上升（Graham et al.，2015），而且具有较强的外生性；因此，将外部市场冲击作为切入点，不仅能够更好地抓住关键科学问题，在一定程度上也有助于克服公司财务和会计研究过程非常关注的反向因果关系等内生问题，从而提高研究结论的可靠性和稳健性。

总之，本书的研究选题不仅较为重要和新颖，研究内容和视角较为丰富且重点突出，研究方法可行，研究结论稳健可靠。本书的研究视角和研究内容与研究成果，能为央行、证券监管部门和金融监管部门以更科学有效的方式落实国务院"去杠杆"政策目标、引导和鼓励非金融企业从事对冲性融资、减少非金融企业从事风险性融资以缓解企业财务脆弱性、防范和化解金融风险（尤其是系统性金融风险）、提高金融稳定性和促进经济社会持续高质量发展提供一些新的理论指导和实证依据，对投资者选择投资标的、债权人（尤其是商业银行等金融机构）有效识别企业融资类型与科学评价财务履约能力和财务脆弱性、企业管理者通过从事对冲性融资活动以缓解企业财务脆弱性与提高企业价值等也具有一定的实践参考价值。

目　　录

第一章

绪　　论

第一节　研究背景与问题的提出

一、研究背景

（一）制度背景

自改革开放以来，中国经济社会经历了高速发展，中国金融市场的开放程度也越来越大。金融行业在为政府部门、企业部门、居民个人提供良好金融服务的同时，金融市场本身同样需要保持平稳运行，但防范和化解金融风险（尤其是系统性金融风险）的工作依然较为艰巨。近十多年来，随着资本市场不断发展和新融资工具的出现、融资渠道的逐渐增加、融资结构的不断变化，商业银行等金融机构和金融中介、作为直接融资渠道的债券市场和股票市场，承担的企业风险也在不断聚集和趋于上升，且呈现出多发、突变、原因复杂多变的明显特征。

中国金融体系以商业银行等金融机构为主，商业银行的信贷资金是实体企业的主要资本来源（Allen et al.，2005；易纲，2020）。1999年，在亚洲金融危机基本结束之后，在借鉴国际成功经验做法的基础上，经国务院批准，财政部相继出资成立了中国华融资产管理公司、中国长城资产管理公司、中国信达资产管理公司、中国东方资产管理公司等四家资产管理公司（AMC），它们在当时分别负责接管中国建设银行、中国银行、中国工商银行、中国农业银行等四大国有商业银行将近1.40万亿元的不良资产或国有资产剥离后的非主业，提高后者的资产质量并帮助后者成功上市，最大限度保全国有资产、防范和化解金融风险，从而通过改革金融业并实现国民经济的健康发展。商业银行等金融机构在摆脱历史包袱之后，终于可以轻装上阵，不良贷款率趋于下降（见图1.1）。但令人遗憾的是，自2007年以来，企业权益融资占比下降、信贷总体上呈现出较快的发展速度（易纲，2020）。根据万得资讯（Wind）的宏观数据统计结果显示，商业银行等金融机构的不良贷款余额从2010年的4336.00亿元逐渐增加至2019年的24135.00亿元，不良贷款率在从2010年的1.10%短暂下降至2012年的0.95%后逐渐升至2019年的1.86%。由此可见，非金融企业的信贷违约风险趋于聚集和有所加剧。

在直接融资市场中，企业债券违约风险和个股波动也在变化。具体而言，在债券市场中，2005年起，随着短期融资券（含短期融资券和超短期融资券）、中期票据、公司债等多种债券融资工具的不断推出，中国债券市场进入了快速发展阶段，发行债券开始成为企业新的外部融资方式。但2014年3月发生的首只公募债即"11超日债"利息支付违约事件正式打破中国债券市场刚性兑付后，债券市场频繁地发生债券本金偿还或利息支付违约事件（见图1.1）。

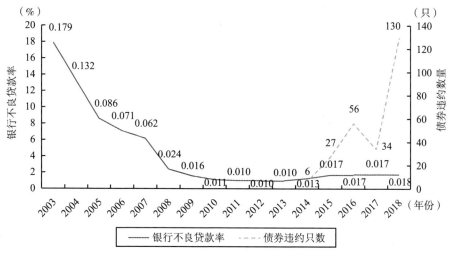

图 1.1 2003～2018 年间银行不良贷款率和债券违约数量

资料来源：万得资讯（Wind），经笔者整理而得。

根据万得资讯（Wind）和《中国金融稳定报告（2019）》的相关统计数据，债券市场信用债中的公募债违约从 2014 年的 6 只、13.40 亿元增加至 2019 年的 188 只、1534.91 亿元，债券违约数量和违约规模上升幅度相当明显，债券违约涉及的债券品种也是多种多样，包括公司债、中期票据、短期融资券（含超短期融资券）、中小企业集合债、城投债等。与此同时，从中国沪深 A 股市场波动情况来看，2018 年上证综指和深成指的跌幅分别达到 24.59% 和 34.42%，被实施特别处理（ST）的公司数量从 2010 年的 39 家逐渐增加至 2019 年的 90 家。根据上述数据统计结果，与商业银行等金融中介机构或间接融资市场类似，中国债券市场和股票市场等直接融资市场进行融资的部分微观企业风险也在上升。有鉴于此，2022 年 4 月 6 日，中国人民银行牵头起草并且正式印发了《中华人民共和国金融稳定法（草案征求意见稿）》公开征求意见的通知；与此同时，中国银保监会（即现在的国家金融监督管理总局）强化存款保险制度，着手建立金融稳定保障基础框架，而且筹集到的首批金融稳定保障基金规模为 646.00 亿元。① 综上所述可知，如何有效防范和化解微观企业的财务风险、提高金融稳定性，是央行、证券监管部门和金融监管部门共同关注的现实问题。

随着商业银行等金融机构不良贷款率的逐渐上升和债券市场本息违约事件的不断增加，中国金融资产的风险向金融机构集中、向债务融资集中，而金融机构的风险相当部分最终由政府承担（易纲，2020），从而成为央行、证券监管和金融监管部门关注的热点问题。2015 年 2 月 17 日，国务院公布了《存款保险条例》，并于 5 月 1 日起正式施行，该条例的实施无疑将有助于减少存款人挤兑行为和对金融体系具有稳定效应（田国强等，2016），也标志着中国由隐性全额担保过渡到显性存款保险制度。2015 年 12 月 18～21 日，中央经济工作会议提出，2016 年经济社会发展的关键点是要抓好去产能、去库存、去杠杆、降成本、补短板（即"三去一降一补"）等五大任务。自此之后，"去杠杆"成为中国守住不发生系统性风险底线的重要抓手，且企业部门是"去杠杆"的重点对象（周菲等，2019），比如：2017 年政府工作报告强调，把"降低企业杠杆作为重中之重"。党的十九大报告中指出，要深化金融体制改革，增强金融服务实体经济的能力，提高直接融资的比重，促进多层次资本市场健康发展；健全金融监管体系，坚决守住不发生系统性金融风险的底线。根据《中华人民共和国中国人民银行法》第一章总则第一条的规定，"保证国家货币政策的正确制定和执行，建立和完善中央银行宏观调控体系，维护金融稳定"是中国人民银行的职责；2017 年 10 月 19 日，中国人民银行行长周小川在介绍中国应该如何守住不发生系统性金融风险的底线时也表示，要重点防止"明斯基瞬间（时刻）"出现所引发的剧烈调整。2019 年 2 月 21 日，中国人民银行在金融稳定工作会议上指出，防范和化解金融风险，特别是防范和化解系统性金融风险，要将防范和化解重大金融风险攻坚战向纵深推进。为了进一步贯

---

① 苏向杲、杨洁：《银保监会：切实推动银行保险机构提升服务实体经济质效》，载《证券日报》2022 年 7 月 22 日，第 A1 版。

彻落实党中央、国务院关于防范和化解金融风险、健全金融法治的决策部署，建立维护金融稳定的长效机制，中国人民银行会同国家发展和改革委员会、财政部、司法部、中国银保监会、中国证监会、国家外汇管理局等相关部门共同起草《中华人民共和国金融稳定法（草案征求意见稿）》，且已由中国人民银行于2022年4月6日印发和向社会公开征求意见，并已于2023年9月8日被列入第十四届全国人民代表大会常务委员会的立法规划。

综上所述，如何有效地提高金融稳定性和促进经济社会持续高质量发展是世界主要经济体央行和政府的主要关切。对中国而言，如何以更加有效的方式落实党中央、国务院的"去杠杆"政策和缓解企业财务脆弱性，防范和化解金融风险（尤其是系统性金融风险），守住不发生系统性金融风险的底线是央行和政府当前和未来一段时间的重要工作内容之一。

（二）理论基础

市场波动与风险防控之间的关系，是金融经济学领域研究的经典课题，但关于金融风险和金融危机的度量、成因和预警，却一直是学术界研究的难点之一。与应用各种风险指标和波动率来构建综合金融市场风险指数的思路不同，明斯基（Minsky，2008，2015）在凯恩斯"投资理论"基础上提出了"投资的融资理论"，换言之，从微观企业视角，借助资产负债、现金流量表与资本资产价值的关系，使用严谨的经济逻辑推理和简明的分析方法，分析企业融资类型、企业财务脆弱性（financial fragility）与（宏观）经济不稳定性（economic instability）的内在关系，从而形成广为人知的"金融不稳定假说"（financial instability hypothesis，FIH）。

金融不稳定假说，揭示了企业融资类型、企业财务脆弱性与经济不稳定乃至经济危机的主要成因和演变规律。明斯基（Minsky）在"金融不稳定假说"中明确地指出，人们可以将金融不稳定的产生过程分为两个主要阶段：第一，在经济繁荣时期"向上不稳定性"的形成阶段。明斯基在分析了资本主义近半个世纪的繁荣和衰退波动后认为，在延长了的经济繁荣或商业扩张阶段就已经播下了金融危机的种子，长期稳定中孕育着不稳定，因为经济繁荣鼓励经济主体从事风险等级更高的投融资活动，例如，企业和商业银行等金融机构的逐利行为，刺激企业举债投资，商业银行等金融机构不仅有意愿，也有能力通过各种金融创新和融资工具为企业提供各种形式的债务资本。这可能会产生两个方面的结果，一方面，随着资本供给的增加，企业扩大投资规模将有助于拉动宏观经济增长，增加就业机会、满足产品市场需求、促进社会消费，创造经济繁荣；另一方面，举债投资可能不仅会提高企业债务水平，而且将改变企业债务结构，特别是在乐观预期诱导下，企业更容易通过不断加大财务杠杆的方式，甚至使用短期（债务）资本进行长期或风险性的资产投资，出现企业资本与其资产之间的"期限错配"或"短债长投"，这将使企业和商业银行等金融机构承担更大风险。换言之，金融市场上资本供给方和需求方的"过度逐利行为"很容易催生出为满足其"过度投资"对资金的需求而进行的"过度举债"；基于该角度，企业投资是从稳定演变成不稳定的核心、为投资而进行的融资是金融风险和稳定性的最重要影响因素（Minsky，2015），因为投资带来新的资产和产生新的预期现金流入，同时承担新的债务，这意味着企业未来要履行财务承诺。在经济繁荣期或商业扩张时期，经济主体投资所需的资金越来越多来自债务资本。在经济繁荣时期或商业周期扩张形势的诱导和追求高利润的驱动下，商业银行等金融机构将会逐渐放松其对债务人的贷款条件。在宽松信贷环境的鼓励下，企业管理层将会因为情绪高涨、乐观预期、自满和更大的风险承担而倾向于持续地增加负债资本或进行高负债（过度负债），从而出现安全等级高的对冲性融资企业越来越少或占比越来越低、风险等级低的投机性融资企业和风险等级高的风险性融资企业（尤其是风险等级高的风险性融资企业）越来越多或占比越来越高的情形。

第二，在经济繁荣后"向下不稳定"的触发阶段。在经历一个经济社会繁荣或商业周期扩张之后，经济形势可能开始反转，甚至已为衰退做好准备，企业此时却仍然处在履行债务承诺期间。这种变化使企业投资收益具有极大不确定性，并且很可能导致企业预期现金流与债务承诺"脱钩"，换言之，债务融资时预期的企业现金流入和现金流出之间的平衡关系被打破，引发信贷中断的任何事件都很可能导致企业拖欠债务本息甚至破产倒闭。企业的拖欠行为和破产倒闭会反作用于商业银行等金融机构，导致商业银行等金融机构出现不良贷款率上升、资本价值和资产状况恶化，甚至破产倒闭的情形。从一个经济体中企业融资类型的构成来看，三种融资类型（对冲性融资、投机性融资、风险性融资）的组合，是金融稳定性和国民经济社会健康有序发展的主要决定因素，以投机性融资和风险性融资（尤其是风险性融资）为主的经济体是金融不稳定的必要条件（Minsky，2008，2015；朱太辉，2019）。作为金融市场融资主体的非金融企业，其财务脆弱性汇聚形成市场不确定或市场波动性；当金融市场变得（更加）不确定时，金融市场波动率趋于上升。如果经济体系中的大部分企业采用风险性融资，市场变得更加不确定、波动加剧或风险水平提高（汪金祥等，2021），或基于动态视角，从事风险性融资活动的企业占比越来越高，市场不确定性将趋于上升，风险不断加剧；一旦部分行业或者局部地区从事风险性融资企业发生的债务违约和债务危机迅速蔓延至整个行业或整个地区并将会危及商业银行等金融机构，最终引发市场波动，并且可能触发行业衰退、地区经济危机乃至崩溃（吴世农等，2021）。由此可知，风险等级高的风险性融资和企业财务脆弱性加剧市场波动。

金融不稳定假说，不仅阐明并揭示了金融不稳定的过程和成因，也提出一些有助于缓解金融不稳定性、降低金融市场波动和风险、促进经济稳定和繁荣的政策建议。与凯恩斯提出的通过扩大投资规模和推行社会福利机会以应对金融危机和经济不稳定的政策选择并不同，明斯基（Minsky，1999，2008）认为，通过扩大投资和增加举债的方式拉动经济增长，会使金融系统由充满活力走向不稳定，并且引起金融不稳定和通货膨胀，因此，他更加相信通过充分就业、减少收入差距、加强金融监管等宏观经济政策，以及稳健适度的负债政策与减少风险性融资与投机性融资企业的数量和占比等微观经济政策，宏微观政策合力降低金融市场风险和不稳定性，并促进宏观经济的可持续发展与人类社会的繁荣进步。

二、问题的提出

在 2008 年全球金融危机爆发后，关于金融不稳定假说和明斯基（Minsky）对金融危机的解释的理论文献激增，但金融不稳定假说的实证应用却是相当有限，尤其是在企业层面（Davis et al.，2019）。尽管明斯基提出的"金融不稳定假说"基于西方发达市场经济运行的深度考察与研究的成果，但其对中国金融市场的风险识别和风险防控与经济安全保障政策仍具有极其重要的借鉴意义（吴世农等，2021）。国内外学术界关于非金融企业从事风险性融资和企业财务脆弱性的研究，以及企业从事风险性融资和企业财务脆弱性与宏观层面的经济环境政策、中观层面的行业周期和空间地理、微观层面的企业经营管理和发展战略之间的关系的研究，仍然非常缺乏；在一定程度上，这与心理学类似，企业从事风险性融资与财务脆弱性"虽然有一段漫长的过去，但仅有一段短暂的历史"。有鉴于此，在中国当前现实背景和学术研究背景下，本书率先开展了在中国沪深 A 股市场交易的非金融企业财务脆弱性的实证研究，具体而言，本书主要研究如下四个问题并根据研究结论尝试性地提出相应的政策建议：

第一，企业财务脆弱性的度量方法。在已有实证文献中，关于企业财务脆弱性度量方法和指标不尽一致或者尚未统一。为此，基于明斯基（Minsky）在金融不稳定假说（FIH）中关于企业融资类型和企业财务脆弱性的基本思想和经典论述，根据中国最新企业会计准则和一般企业财务报表列报的基本要求，在改进已有国外文献做法的基础上，本书较早提出了在中国沪深两所A 股市场中交易的非金融企业财务脆弱性的度量方法和指标，并据此区分非金融企业融资类型和构建企业财务脆弱性指数。

第二，中国非金融企业财务脆弱性的特征事实。本书较详细地考察了在中国沪深两所 A 股市场中交易的非金融企业财务脆弱性的分布、演变及其原因，并对比分析了非金融企业财务脆弱性在股票市场中的主要表现。本部分的研究内容和研究成果，不仅有助于掌握企业财务脆弱性的特征事实，也能够指出研究企业财务脆弱性的现实经济意义。

第三，中国非金融企业财务脆弱性的决定因素。参照公司财务和会计研究（尤其是公司资本结构决定因素）的基本范式，本书先从微观层面入手，理论分析并实证检验了非金融企业财务脆弱性的决定因素。本部分研究成果不仅能够为本书开展外部市场对企业财务脆弱性的具体影响等后续内容的研究奠定基础，也能够为其他学者今后在该领域进行更富有成效的研究提供必要的前期准备工作。

第四，外部市场对非金融企业财务脆弱性的影响。本部分内容是本书的研究重点所在。具体而言，本书通过理论分析与实证检验相结合的方式，考察了货币市场的资金供给规模（即宽松货币政策）和资金价格形成机制（即利率市场化改革中的贷款利率下限放开事件）、资本市场的投资者交易行为（即融资融券）、产品市场竞争优势（包括纵向竞争优势和横向竞争优势）对企业财务脆弱性的影响以及影响的主要作用机制或主要途径和异质性。本部分的研究内容和研究成果为央行、证券监管和金融监管部门、商业银行等金融机构以及企业管理层等更加有效地落实党中央、国务院的"去杠杆"政策，引导和鼓励从事对冲性融资活动以缓解企业财务脆弱性，防范和化解金融风险（尤其是系统性金融风险），提高金融稳定性和促进经济社会持续高质量发展提供一些新的理论指导和实证依据。

三、学术价值和应用价值

研究非金融企业财务脆弱性的学术价值主要体现在如下三个方面：

（1）从宏观角度来看，市场波动和风险防控是金融经济学领域研究的经典和热点课题。但已有理论和实证文献仍然主要关注商业银行等金融机构和金融市场的不稳定性，鲜有文献深入探究这些风险和不稳定的主要来源和潜在根源。因此，本书拟开展关于非金融企业融资类型与企业财务脆弱性的研究内容和研究成果，不仅有助于进一步追溯和解释商业银行等金融机构承担的主要来源和潜在根源，也将有助于验证明斯基（Minsky）提出的金融不稳定假说等理论学说，并能够与之形成良好互补关系，从而进一步丰富该领域的理论和实证文献。

（2）从微观角度来看，非金融企业财务脆弱性的度量方法并非简单评价企业的负债水平和偿债能力，而是涵盖企业融资、分红、投资和现金管理等多项财务行为和政策。与企业财务状况的现有分析或者评价指标相比，非金融企业财务脆弱性的度量方法和指标，不仅同时关注现金流量和现金存量，而且关注流入和流出的规模和结构，全面的现金流分析才能够表明经济活动主体融资的投机程度与财务承诺履行能力的临界点；此外，该方法和指标将适用于不同层次、不同区域金融市场融资主体的研究，比如：信贷市场、债券市场、股票市场等，因此，本书的研究内容和研究成果，不仅有效深化了企业资本结构、企业财务困境和企业破产、"僵尸企业"等相关领域的研究内容，而且也能拓宽公司财务与会计研究的边界和方法，还将有助于通过简单清晰的指标计算口径和明确丰富的经济含义直接对比分析不同层次金融市场融资主体的财务履约能力。

（3）通过将理论分析和实证检验相结合的方式，本书重点考察货币市场、资本市场、产品市场等外部市场变量对企业财务脆弱性的影响，并且明确指出了这种影响的潜在作用机制或主要途径和异质性，这将不仅有助于充实"宏观经济环境－微观企业行为"之间关系的研究内容，而且揭示了作用的内在机制和行为逻辑。

研究非金融企业财务脆弱性的应用价值主要体现在如下两个方面：首先，自2012年起，商业银行等金融机构的不良贷款率趋于上升；2014年以来，中国债券市场频繁发生公募债的债券本金偿还和利息支付违约事件；股票市场崩盘风险和被实施特别处理（ST）的案例也在不断增加；这引起并加剧了央行、证券监管部门和金融监管部门对中国金融风险（尤其是系统性金融风险）的关注和担忧。因此，深入研究在中国沪深 A 股市场交易的非金融企业融资类型与财务脆弱性，有助于进一步厘清微观企业行为与宏观经济波动、实体经济与金融风险之间的潜在关系，这也将为央行、证券监管部门和金融监管部门等理解金融市场风险和不稳定的根源、更加有效落实党中央、国务院的供给侧结构性改革（尤其是"去杠杆"政策）、引导企业从事对冲性融资以缓解它们的财务脆弱性、有效地防范和化解金融风险（尤其是系统性金融风险）、提高金融稳定性和促进经济社会持续高质量发展提供一些新的理论指导和实证依据。其次，鉴于企业融资类型和企业财务脆弱性的市场表现等经济后果存在较为明显的差异；因此，研究在中国沪深两所 A 股市场交易的非金融企业财务脆弱性，对投资者选择投资对象、商业银行等金融机构更加全面细致识别企业融资类型与评价企业财务脆弱性和真实的财务承诺履行能力、公司管理者通过对冲性融资以缓解企业财务脆弱性的方式来增加股东财富和提高企业价值，也具有一定的现实参考价值。

总而言之，开展中国非金融企业财务脆弱性的度量方法和指标、决定因素，与外部市场变量对非金融企业财务脆弱性的影响及其潜在的作用机制或影响途径的研究成果具有重要的学术价值和应用价值。

第二节 研究思路、主要内容与研究框架

一、研究思路

第一，提出问题。2008 年全球金融危机后，长期宽松的金融环境导致世

界主要经济体企业债务累积、经济整体脆弱性上升。中国金融体系以银行等金融机构为主，商业银行信贷资金是企业的主要资本来源。而且，自 2007 年起，企业股票融资占比下降、银行贷款规模在总体上呈现较快发展。商业银行等金融机构不良贷款率自 2012 年起趋于上升，债券市场违约事件自 2014 年起逐渐增加；金融资产的风险向银行等金融机构集中、向债务融资集中，而金融机构的风险，相当部分最终由政府承担。如何有效实施或落实中央的"去杠杆"政策和缓解企业财务脆弱性，对防范和化解金融风险（尤其是系统性金融风险）具有相当重要的现实意义。因此，非常必要掌握中国非金融企业财务脆弱性的特征事实，并在此基础上指出在中国沪深两所 A 股市场中交易的非金融企业财务脆弱性微观层面和宏观层面的影响因素。

第二，分析问题。基于明斯基（Minsky）在金融不稳定假说中关于企业融资类型和财务脆弱性的基本思想和经典论述，参考公司财务与会计研究的基本范式，率先从微观层面入手，分析并实证检验了在中国沪深 A 股市场中交易的非金融企业财务脆弱性的决定因素。在此基础上，通过理论分析和实证检验相结合的方式，重点考察外部市场对非金融企业财务脆弱性的影响，具体而言，货币市场的资金供给规模和资金定价机制、资本市场中的投资者信用交易行为、产品市场竞争中的纵向竞争优势和横向竞争优势等对非金融企业财务脆弱性的影响，且较明确指出外部市场影响企业财务脆弱性的潜在作用机制或主要途径和异质性。

第三，解决问题。根据研究内容及其研究成果，提出改善中国 A 股市场中非金融企业财务脆弱性的政策建议。

本书具体研究思路框架如图 1.2 所示。

二、研究内容与研究框架

根据图 1.2 中的研究思路，本书的主要研究内容和基本研究框架具体如下：

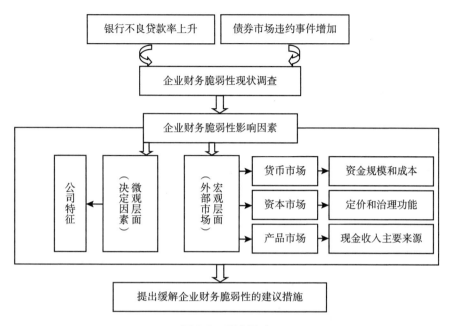

图 1.2 研究思路

第一章为导论。本章简要指出研究背景（包括制度背景和理论基础两方面）和提出问题，以及研究思路、研究内容和研究框架、研究的主要改进和创新之处。

第二章为理论分析和文献评述。该章将介绍明斯基在金融不稳定假说中关于非金融企业融资类型和财务脆弱性的基本思想和经典论述，并对非金融企业财务脆弱性度量方法和指标与影响因素的实证文献进行相应的回顾和评述。

第三章为企业财务脆弱性的度量、分布、演变与市场表现。基于明斯基在其金融不稳定假说中关于非金融企业融资类型和企业财务脆弱性的基本思想和经典论述，本章根据中国企业会计准则和一般企业财务报表列报的基本要求，改进非金融企业财务脆弱性的度量方法和指标，据此分析在中国沪深A股市场交易的非金融企业财务脆弱性的分布、演变，及其在股票市场中的主要业绩表现。

第四章为企业财务脆弱性的决定因素。基于明斯基在金融不稳定假说中关于非金融企业融资类型和财务脆弱性的基本思想和经典论述，并借鉴国外已有实证文献的研究成果，参考公司财务和会计研究的基本范式，本章先从微观层面入手，尝试性地分析并实证检验了 2006～2018 年在沪深 A 股市场中交易的非金融企业财务脆弱性的决定因素。

第五章为宽松货币政策对企业财务脆弱性的影响及其作用机制研究。考虑到中国人民银行承担着维护金融稳定的职责，且在其发布的《中国金融稳定报告（2019）》中明确指出，2008 年国际金融危机爆发后，长期宽松的金融环境导致了世界主要经济体企业债务累积、经济整体脆弱性上升；而管住货币供给量被认为是防范和化解系统性金融风险的关键所在（汪勇等，2018）。鉴于此，本章将从货币市场资金供给规模角度入手，通过理论分析和实证检验相结合的方式，考察了宽松货币政策对 2006～2018 年在中国沪深 A 股市场交易的非金融企业财务脆弱性的影响，以及该影响的作用机制和异质性。

第六章为贷款利率市场化对企业财务脆弱性的影响及其影响途径研究。资金价格或者资本成本是实体企业融资决策中的一个重要变量；利率市场化改革有利于更好发挥利率作为资金价格引导和调节资金配置的作用。鉴于此，本章将货币市场资金价格的形成机制改革作为切入点，通过理论分析并运用双重差分模型实证检验了利率市场化改革中央行放开贷款利率下限这一外生事件对 2006～2018 年在中国沪深 A 股市场中交易的非金融企业（尤其是非国有企业）财务脆弱性的影响、影响的主要途径和异质性。

第七章为融资融券对企业财务脆弱性的影响及其作用机制研究。鉴于作为中国多层次资本市场共同发展和近年金融创新成果之一的融资融券具有资本资产定价和外部治理功能，这会影响到商业银行等金融机构对非金融企业的贷款条件和抵押品价值的要求。有鉴于此，本章从多层次资本市场建设和金融创新视角入手，通过理论分析和实证检验相结合的方式，考察了 2010 年

3 月开始实施的融资融券对 2006～2018 年在中国沪深 A 股市场交易的非金融企业财务脆弱性的影响、影响的作用机制和异质性。

第八章为产品市场竞争优势对企业财务脆弱性的影响研究。由于产品市场是企业现金收入的主要来源。有鉴于此，本章从产品市场角度入手，通过理论分析和实证检验相结合的方式，考察了产品市场竞争优势（包括纵向竞争优势和横向竞争优势）对 2006～2018 年在中国沪深 A 股市场中交易的非金融企业财务脆弱性的影响，以及影响的异质性。

第九章为研究结论与未来展望。本章内容主要对本书的研究内容及其主要研究结论、可能的改进与创新之处，以及潜在的研究不足与未来展望进行总结分析。

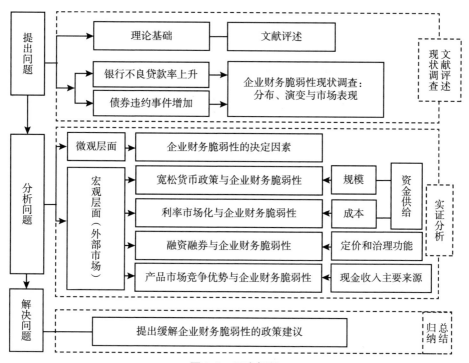

图 1.3　研究框架

第三节　主要改进与创新之处

与学术界已有研究成果相比，本书的主要改进和创新之处体现在如下三个方面：

（1）在研究选题和对象方面。金融市场波动和风险防控是金融经济学领域研究的经典和热点课题。中国金融体系以商业银行等金融机构为主，银行信贷资金仍然是非金融企业的主要资本来源。虽然国内外较多理论文献已经分析了金融机构和金融市场对金融风险（尤其是系统性金融风险）和金融不稳定乃至经济危机的影响。但鲜有学者关注非金融企业融资类型与企业财务脆弱性对金融稳定性的影响，且在微观企业行为与宏观经济波动关系方面的实证研究文献仍非常有限。有鉴于此，在当前经济和金融形势下，关于非金融企业融资类型与企业财务脆弱性的选题是重要和新颖的，本书的研究内容和研究成果，将有助于理解和追溯中国金融机构和金融市场风险的主要来源和潜在根源，从而有助于弥补或进一步丰富该领域的理论和实证文献。

（2）在研究内容和视角方面。在2008年国际金融危机之后，学术界关于金融不稳定假说和明斯基（Minsky）对金融危机的解释的理论文献激增，但关于金融不稳定假说的实证研究却是相当有限，尤其在企业层面（Davis et al.，2019），具体而言，在已有实证文献中，关于企业财务脆弱性度量方法和指标不尽一致或尚未统一，关于企业财务脆弱性影响因素的实证研究还刚刚处于起步阶段，仍然处于萌芽之中，而关于企业财务脆弱性经济后果的实证研究尚未开始。为此，本书根据明斯基在"金融不稳定假说"中关于企业融资类型和企业财务脆弱性的基本思想与经典论文，结合中国企业会计准则、使用现金流量表中的数据和指标，改进企业财务脆弱性度量方法和指标。在此基础上，本书不仅率先从微观层面分析了企业财务脆弱性的决定因素和初步对比分析了企业财务脆弱性的市场表现，而且通过理论分析和实证检验相结合的方式，重点考察了外部市场对在中国沪深 A 股市场交易的非金融企业财务脆弱性的具体影响、影响的潜在作用机制或主要途径和异质性。因此，本书的研究内容和视角，不仅较为丰富和完整，而且重点较为突出。

（3）在研究方法方面。本书重点理论分析并实证检验了货币市场中的资金供给规模（宽松货币政策）和资金定价机制改革（利率市场化中的贷款利率下限放开）、资本市场的投资者交易行为（融资融券）、产品市场竞争优势（包括纵向竞争优势和横向竞争优势）对在中国沪深 A 股市场中交易的非金融企业财务脆弱性的影响；而且考虑到货币市场、资本市场、产品市场的外生性较强，这在一定程度上有助于克服公司财务和会计研究中非常关注的反向因果关系等内生性问题，从而提高研究结论的可靠性和稳健性。

总之，本书的研究选题不仅较为重要和新颖，研究内容和视角较为丰富且重点突出，研究方法可行，研究结论稳健可靠。本书研究成果能为央行和金融监管部门更有效落实"去杠杆"政策、引导和鼓励企业从事对冲性融资活动以缓解企业财务脆弱性、防范和缓解金融风险（尤其是系统性金融风险）、提高金融稳定性和促进经济社会持续高质量发展提供一些新的理论和实证依据，对股票市场投资者更加科学地选择投资标的、债权人（尤其是商业银行等金融机构）更全面和细致识别非金融企业的融资类型和评估财务履约能力、公司管理者通过对冲性融资活动以缓解企业财务脆弱性并进一步提高企业价值，也能够产生一些新的现实启发。

第二章

理论分析与文献评述

第一节　企业融资类型与财务脆弱性的理论分析

2008 年全球金融危机，使海曼·明斯基（Hyman P. Minsky）从一位非主流的经济学家成为政策界和新闻界的明星（Davis et al.，2019）。明斯基的研究兴趣主要体现在货币和金融理论与制度、经济波动以及宏观经济理论，其主要研究对象涉及企业、金融机构、政府和央行，在其成名作《凯恩斯》《"它"还会发生吗?》，以及集大成之作《稳定不稳定的经济》等著作和论文中形成经济周期理论、经济政策理论、贫困与就业理论、通货膨胀理论、货币和银行理论、投资的金融理论、不稳定理论等八大经济理论（李黎力，2017）。考虑到明斯基提出的"金融不稳定假说"（Financial Instability Hypothesis，FIH）因"富有先见之明"地解释了 2008 年由次贷危机引发的全球金融危机，这场金融危机也因此被人们称为"明斯基时刻"（Minsky moment），"明斯基时刻"①也从此成为政策制定者和监管者、学术界的流行语，明斯基的理论学说也因被人们的"重新发现"而成为学术界的热点。

明斯基（Minsky，2008，2015）在对微观经济主体融资类型和财务脆弱性进行系统解释后提出了后来广为人知的"金融不稳定假说"（FIH）。明斯基认为，金融不稳定产生过程可以分为两个阶段：第一，在经济繁荣期"向上不稳定性"的形成阶段。明斯基对资本主义近半个世纪的繁荣和衰退波动进行研究之后认为，在延长了的经济繁荣周期或商业扩张阶段就已经播下了金融危机的种子，长期稳定孕育着不稳定，因为经济繁荣鼓励微观经济主体从事风险等级更高的投融资活动。非金融企业投资是从稳定到不稳定的核心、为投资而进行的融资是金融不稳定和经济不稳定产生的重要影响因素（Minsky，2015），因为投资带来了新的资产和产生新的预期现金流入，同时需要承担新的债务，这意味着企业未来需要履行财务承诺。在经济繁荣或商业扩张期，微观经济主体投资所需资金越来越多来自债务资本。在经济繁荣或商业扩张形势的诱导和追求高利润的诱导或驱动下，商业银行等金融机构会逐渐放松贷款条件。在宽松信贷环境鼓励之下，企业管理层也将因为情绪高涨、乐观预期、自满和更大的风险承担而倾向于不断增加负债或进行高负债（甚至过度负债），从而出现安全等级高的对冲性融资企业越来越少，而风险等级低的投机性融资企业和风险等级高的风险性融资企业却越来越多的情形。

---

① 这里的"时刻"主要指资本价值和/或资产（尤其金融资产）价格急速下跌甚至崩溃的时间节点。事实上，金融危机是经济主体的风险不断累积（或释放）和动态演化过程；因此，更准确的表述应是"明斯基动态"。

第二，在经济繁荣后"向下不稳定"的触发阶段。在经历了一个经济繁荣或商业周期的扩张后，经济形势可能开始反转，甚至已经为衰退做好准备，企业此时却仍然处在履行债务承诺期间。这种变化很可能导致企业预期现金流与债务承诺"脱钩"，引发信贷中断的任何事件都将会导致非金融企业拖欠债务本金或者利息，甚至陷入财务困境或面临倒闭破产。企业的拖欠行为和破产倒闭会反作用于商业银行等金融机构，导致商业银行等金融机构出现不良贷款率上升、资本价值和资产状况恶化，甚至发生破产倒闭的情形。因此，非金融企业财务脆弱性导致金融不稳定性，甚至可能催生经济不稳定。

明斯基在金融不稳定假说中指出，人们可以根据融资类型将企业分为三种：

第一种是从事安全等级高的对冲性融资企业。这种类型的企业不仅当期的，而且未来每一期的预期现金流入大于其债务本金偿还和利息支出。在安排借款计划时，它们当期现金流入能够完全满足现金支付的需求。因此，不管当前还是长期，对冲性融资企业的预期现金流入超过债务本金偿还和利息支出之和；如果就其本身而言，这种剩余的现金为企业提供了相对强劲的安全边际。虽然无法消除，但至少会减少企业面临的不确定性和风险。预期现金流入越保守，企业防范违约风险的安全边际也就越大。如果企业对现金流入的预期是准确的（这意味着企业对成本增加或收入下降较为敏感），作为资本需求方的企业家和资本供给方的银行家都不需要担心外部融资条件和金融市场环境（例如，利率水平、贷款条件、抵押品价值要求）的变化。因此，该类型企业的财务最稳健。

第二种是从事风险性等级低的投机性融资企业。这种类型企业预期现金流入大于债务本金偿还和利息支出总和，但在借款后的前一段时间，预期现金流入小于到期债务本金，存在债务敞口，换言之，使用现金支付的财务承诺增长速度快于利润（现金流）的增长速度。企业家或资金管理者知道投机性融资不可能长期持续下去，甚至可能无法持续至中期。因此，要么，企业努力改善其在产品市场的经营状况以增加利润和现金流入，要么，企业在长期内再融资和重组企业债务（甚至出售资产）。后种措施实际上充当了企业安全边际：如果濒临拖欠款项，有可能获得再融资；一旦安全边际被侵蚀，企业变得很脆弱甚至破产倒闭。当然，该情形下安全边际远弱于支撑对冲性融资公司的安全边际，换言之，风险敞口更大；而且再融资时的金融市场环境和融资条件可能与当初并不相同，投机性融资企业在与债权人谈判时，可能由于处于不利地位而不得不承担更多不确定性或者更大风险。因此，人们可认为投机性融资企业是那些一期又一期地滚转其债务或者利用其债务进行资金再融通的公司。在明斯基所设想的充满不确定性和风险的真实世界里，微观经济主体的行为和决策本质上都具有一定程度的投机性，从事投机性融资活动的企业受产品市场和金融市场的共同影响。

第三种是从事风险等级高的风险性融资企业。风险性融资是投机性融资的变种或极端情形，该类型企业将借款用于回收期很长的投资项目，在短期内没有充足的现金流入来支付到期应付的利息，而将来的收益又是建立在将来较远日期有较高利润能够偿还其累积债务的预期或假想基础之上。为支付到期的本息或履行到期的其他财务承诺，企业必须滚动融资、不断增加借款，甚至出让部分资产。如果它们通过滚动融资或增加借款，那么，对再融资条件和金融市场环境变化十分敏感，而且此时再融资的主要目的是履行其还本付息等财务承诺、并不是能够产生利润和现金流入的生产性活动。如果通过出售资产的方式筹集资金，才能够履行其财务承诺，这很容易造成资本价值和资产价格急剧下跌，甚至出现崩溃和企业倒闭等情形，并可能由此引发金融危机，甚至经济危机。总而言之，风险性融资企业的预期现金流入是基于那些需要长期酝酿才能够获得成功的投资项目。在短期内，企业自身的当期现金流入甚至无法满足其利息支出对现金的需求，故而对金融资本十分依赖、对外部融资条件和金融市场环境的变化非常敏感，换言之，从事风险性融资活动的企业主要受金融市场的影响；因此，从事长期高风险投资活动而构筑起来的债务大厦往往非常不牢固。风险性融资是一种相当危险的融资类型，该类型企业的财务最脆弱。

企业融资类型和企业财务脆弱性与金融稳定性之间的关系。在金融市场影响非金融企业融资类型和财务脆弱性的同时，非金融企业财务脆弱性同样会反作用于金融市场的稳定性，一旦金融市场中的大部分企业采用了风险性融资，或者，从事风险性融资的企业数量在金融市场融资主体总量中的所占比例不断上升，金融市场将变得极其脆弱，风险极高。三种融资类型（对冲性融资、投机性融资、风险性融资）的组合是金融市场稳定和国民经济社会健康有序发展的主要决定因素，以投机性融资和风险性融资（尤其是风险性融资）为主的经济体是金融不稳定和宏观经济波动的必要条件（Minsky，2008，2015；朱太辉，2019）。

第二节　企业融资类型与财务脆弱性度量方法的文献回顾

虽然关于金融不稳定假说的理论研究较为成熟，但该领域的实证应用非常有限，尤其在企业层面（Nishi，2018；Davis et al.，2019），代表性较强的文献主要有特莫伊格（Tymoigne，2010）、穆里根（Mulligan，2013）、仁志（Nishi，2018）、特日－菲洛等（Torres-Filho et al.，2019）、戴维斯等（Davis et al.，2019）、佩德罗萨（Pedrosa，2019）。

2008 年全球金融危机爆发后，与对金融危机预警指标的一些批评不同，特莫伊格（Tymoigne，2010）认为，金融危机可能是经济体系内生的、而非外部冲击的结果。因此，金融危机预警指标的重点应该是在经济繁荣或稳定期发现财务脆弱性。为此，特莫伊格开发了一个用于检测风险性融资的指标，并应用于美国家庭住房机构。企业风险性融资的一个核心方面是，预计经营活动产生的净现金流量太低，无法满足债务承诺。但鉴于数据可获得性，实际中常用金融性负债率来代替预期的现金流比率，而且缺乏债务本金偿还的数据；因此，单项净现金流量并非企业风险性融资的良好检测指标。在此情境下，他建议：综合考虑企业现金流比率（金融性负债率）、流动性和再融资需求。不断增加的现金流比率（金融性负债率）和再融资需求以及不断下降的流动性是一项检测风险性融资的良好指标。

穆里根（Mulligan，2013）在收集并分析了 2002～2009 年北美交易所交易的 8707 家上市公司的季度数据后，根据利息保障倍数（等于净利润与利息支出之和除以利息支出）来区分上市公司融资类型。如果利息保障倍数不小于 4，该公司被归为对冲性融资单位；如果利息保障倍数不小于 0，但小于 4，该公司被视为投机性融资单位；如果利息保障倍数小于 0，该公司就被视为风险性融资单位。研究发现，如果根据不同融资类型的公司占比，人们在采矿业、制造业、运输业和专业服务业中观测到这些行业的企业财务脆弱性和金融不稳定会更加明显。如果根据不同融资类型的公司总数量，支持明斯基（Minsky）企业财务脆弱性和金融不稳定理论的证据将会更加充分有效。他的主要观点是，利用个人层面或者公司层面的数据分析单个经济主体的行为，这种做法可以做到使用宏观指标所无法做到的方式来传递企业财务脆弱性和金融不稳定的信号。穆里根（Mulligan，2013）使用利息保障倍数来区分企业融资类型和企业财务脆弱性，其主要优点是，简洁明了且易于获得数据；但主要不足是，不仅没有得到"金融不稳定假说"理论基础和文献的支撑，也尚未说明阈值设定的参考依据或者合理性。

仁志（Nishi，2018）分析了 1975～2015 年日本非金融企业的财务脆弱性及其影响因素。该研究构建了财务脆弱性的两个度量指标 FFI-1 和 FFI-2。先基于现金流量框架构建了 FFI-1。将公司现金流量表的资金分为现金流入和现金流出，现金流入包括利润和借款，现金流出包括新投资、债务本金偿还和利息支出、股息支付。该研究将股息支付作为现金流出的原因是，明斯基

（Minsky，2008，2015）承认现金流出可能包含股息支付。现金流入与现金流出的关系满足"利润 + 借款 = 新投资 + 还本付息 + 股息支付"。根据该计算公式的口径，如果利润不小于新投资、还本付息和股息支付之和，公司被归类为财务最稳健的对冲性融资单位。如果利润小于新投资、还本付息与股息支付之和，但不小于还本付息和股息支付之和，该类公司将被归为财务较脆弱的投机性融资单位，它需要通过对外借款的方式为新投资筹集资金。如果利润小于还本付息和股息支付之和，该类公司将被归为财务最脆弱的风险性融资单位，它不得不依靠借款来还本付息和支付现金股利。上述数据都经过资本规模标准化处理，缓解公司规模（价值）差异的影响。

仁志（Nishi，2018）还基于安全边际的概念构建了 FFI-2。具体而言，如果资本价值的安全边际（μ）和流动性资产的安全边际（η）均大于 1，该公司会被归为对冲性融资单位。如果资本价值安全边际（μ）不小于 1，流动性资产安全边际（η）大于 0 且不大于 1，公司被归类为投机性融资单位。如果资本价值安全边际（μ）小于 1，无须考虑流动性资产安全边际（η），公司被归为风险性融资单位。根据该法建立起来的财务脆弱性指数可能存在两个较明显的局限性：第一个局限是，基于当前现实和将来可实现值的计算，而不是基于明斯基（Minsky，2008）定义的预期值；第二个局限是，随着第一个简化和每年界定财务脆弱性，安全边际通常会持续一段时间。尽管意识到这两个局限，但这是为了简单起见而采用的必要假设（Nishi，2018）。

仁志（Nishi，2018）基于 FFI-1 和 FFI-2 的研究成果表明，1975 年（尤其是 2002 年）以来，无论规模和行业，尽管对冲性融资在经济扩张（经济繁荣）时期有所增加，但投机性融资在经济的许多领域都得到了实现（证实）。随着 1991～1993 年日本"泡沫经济"破裂和 2008 年国际金融危机的爆发，风险性融资主体在衰退期间大幅增长。

特日－菲洛等（Torres-Filho et al.，2019）在收集分析 2007～2015 年巴西 60 家配电公司和电力行业的财务脆弱性时，也是通过比较现金流入和现金流出之间的差额来区分配电公司融资类型。他们认为，根据巴西国家电力能源代理组织（ANEEL）给出的巴西电力行业监管会计准则，息税折旧摊销前利润（EBITDA）是公司在一定时期现金流入的最具代表性指标，但该指标是扣除了业务费用（operational expenditures）后的净额，因此把业务费用加回去后形成给定时期的营业利润总额（gross operating profits）。公司资金流出包括债务本金偿还和利息支出，但不包括投资、税收（所得税）支出和股息支付（因为无法获得数据），其中：债务本金为短期债务余额，即未来 12 个月的预期本金支付，利息支出为当期的利息支出。特日 – 菲洛等（Torres-Filho et al.，2019）在完成这些指标定义后将企业财务脆弱性（FFI）定义为现金流出与现金流入的比值。如果 FFI 不大于 1 或者越接近 0，表示公司的利润和净现金流越多，不仅有能力通过自己的资源履行所有财务义务，而且可以利用额外的现金流为其投资或纳税（所得税）提供资金；因此，该类型公司被归为对冲性融资单位。如果 FFI 大于 1，将会有两种可能：第一，当期的利息支出小于现金流入，公司将被归为投机性融资单位；第二，当期的利息支出大于现金流入或当期现金流入为负值，公司将被归为风险性融资单位。考虑到配电部门提供的基本服务是巴西政府特许制度和直接监管的产物，为保护实物资产、从而保护服务质量的能力而应进行长期最低的投资，因此，在设立监管的财务脆弱性指标 RFFI 时，还将折旧作为现金流出。特日 – 菲洛等基于 FFI 和 RFFI 的研究结果显示，巴西配电公司和电力行业的财务脆弱性有所增加。作者认为，该分类的原因是完全从财务角度关注公司资产负债表的评估，以分级的方式收集有关公司利用当前活动的资源履行其财务义务的能力的信息。显而易见，特日 – 菲洛等在计算的具体过程中似乎脱离了明斯基（Minsky，2008）所强调的基于现金流量来区分企业融资类型和反映企业财务脆弱性的会计分析框架。

戴维斯等（Davis et al.，2019）在收集分析 1970 ~ 2014 年美国非金融上市公司的财务脆弱性情况时，同样基于明斯基（Minsky，2008，2015）的基本思想和经典论述，通过观察每家公司每年用于履行财务义务的现金净来源与债务本金偿还和利息支出承诺之间的关系来区分企业的融资类型。该研究将现金净来源定义为经营活动产生的现金流量净额、投资活动产生的现金流量净额以及当期其他活动产生的现金流量净额（包括外汇兑换调整），其中，经营活动产生的现金流量净额是企业现金来源净额的主要部分。该研究也认为，现金净来源的这种定义方式会面临两个问题：首先是数据缺失，最显著的是，超过77%的经营活动产生的现金流量净额数据缺失；其次是考虑到财务困境，有时很难区分经营活动产生的现金流量与新借款或资产出售，特别是出售不动产房和设备、投资等都属于"灰色地带"。财务承诺包括每年非自主性的财务义务，即尚未偿还债务的利息支出和当年到期的本金偿还，这不包括资本性投资、股票回购和股息支付等所有自由支配用途的资金，以及从财务承诺中收购其他公司的股份与任何超过当年到期债务所需付款的自愿本金付款。其中，将每家公司每年需偿还的债务本金定义为短期（流动）负债（包括应付账款、其他流动负债和应付票据）和该年到期的偿付债务部分（即一年内到期的非流动负债）之和，将公司利息支出定义为总利息付款。在定义现金净流入和现金承诺之后，如果现金净流入大于债务本金偿还和利息支出之和，该公司将被归类为对冲性融资单位。如果现金净流入大于利息支出、小于债务本金偿还和利息支出之和，该公司将被归类为投机性融资单位。如果现金净流入小于利息支出，该公司将会被归类为风险性融资单位。该研究还使用利息保障倍数来度量企业财务脆弱性，研究发现，在1970年后美国风险性融资公司的份额显著增长。美国风险性融资公司数量的长期增长与美国经济出现一波越来越脆弱的金融浪潮的概率一致。虽然经济总衰退与企业风险性融资发生概率的关系在统计上显著，但（系数）非常小（几乎为零）。

佩德罗萨（Pedrosa，2019）基于明斯基（Minsky，2008，2015）金融不稳定的基本思想和经典论述分析了美国经济中企业杠杆率与企业财务脆弱性之间的关系。该研究使用账面价值、而不是市场价值计算的资产负债率度量企业杠杆率，使用与戴维斯等（Davis et al.，2019）类似的方法度量企业财务脆弱性。

除了提出微观层面的企业融资类型和财务脆弱性的度量指标，现有学者还基于中观层面构建行业或者市场的金融不稳定性度量指标，例如，特日 – 菲洛等等（Torres-Filho et al.，2019）提出了巴西电力行业金融不稳定指数的计算方法，其计算公式为：

$$SFFI_t = \frac{(0 \times F_t^{Hedge} + 0.5 \times F_t^{Speculative} + 1.0 \times F_t^{Ponzi})}{X_t} \times 100 \qquad (2.1)$$

公式（2.1）中的 $SFFI$ 表示第 T 期的巴西电力行业的金融不稳定指数，0、0.5、1.0 分别表示对冲性融资、投机性融资、风险性融资系数。F^{Hedge}、$F^{Speculative}$、F^{Ponzi} 分别表示电力行业从事对冲性融资、投机性融资、风险性融资的企业数量。X 表示巴西电力行业所有企业数量。如果该指数为 0，表示电力行业所有企业当年都从事对冲性融资活动；如果该指数为 100，表示电力行业所有企业当年从事风险性融资活动。因此，如果 $SFFI$ 值越大，表示巴西电力行业当年的金融越不稳定；反之，如果 $SFFI$ 值越小，表示巴西电力行业当年的金融越稳定。

第三节　企业财务脆弱性影响因素的文献回顾

鉴于企业财务脆弱性对金融稳定性乃至经济体系的重要影响，一些学者开展了企业财务脆弱性影响因素的研究。例如，经济主体的财务脆弱性取决于它对金融市场的直接敏感性，即对货币市场贷款利率意外上升的敏感性，也取决于对实际市场（产品市场）的直接敏感性，即对利润率意外下降的敏感性；它还取决于对未来现金流量规模的预期（Vercelli，2000）。尽管公司都不可避免地面临实际市场（产品市场）的不确定性，但投机性融资和风险性融资在很大程度上受到金融市场意外发展（变化）的影响，而对冲性融资在某种程度上并"不受此类变化的影响"（Minsky，2008）。我们在泡沫破裂时目睹到的任何意外的货币市场贷款利率上升或资产价格下降，都可能会导致投机性融资和风险性融资企业发生违约，以及金融机构的系统性崩溃，以至债务合同在传统的对冲性融资合同之外承受着更大压力（Prychitko，2010），金融危机冲击提高了所有行业和所有规模企业从事风险性融资活动的概率，而经济繁荣和利率下降则有助于缓解制造业和大中型制造业企业的财务脆弱性（Nishi，2018）。

除了外部宏观因素，中观层面和微观层面的因素也会影响企业融资类型和财务脆弱性。例如：企业财务脆弱性与其所属行业相关，不同行业的财务脆弱性存在显著差异（Mulligan，2013）；与制造业相比，日本非制造业企业的财务更脆弱（Nishi，2018）。此外，公司规模也是企业财务脆弱性的重要影响因素，例如：资本规模越大，日本企业财务越稳健（Nishi，2018），1970年后美国风险性融资企业份额显著增长主要集中在中小企业（Davis et al.，2019）。负债水平同样会影响到企业财务脆弱性，例如：提高权益比率有助于降低日本中小型制造业企业财务脆弱性（Nishi，2018），美国企业杠杆率与财务脆弱性的正相关关系受到公司规模的影响，大公司的杠杆率会随着对冲性融资的发生而增加，而小公司的情况则恰恰相反（Pedrosa，2019）。

第四节　文　献　评　述

关于非金融企业财务脆弱性度量方法和指标的文献评述。基于明斯基（Minsky，2008，2015）对金融不稳定性和财务脆弱性的独到见解以及对代表性较强的最新实证文献进行认真梳理和分析后可以发现：

（1）人们应当使用现金流量法为基础来构建企业财务脆弱性的度量指标。现金流量法分析是研究经济现实的首要方法，也是明斯基在其金融不稳定假说中最根本、最独特的方面，有助于分析经济主体履行财务承诺时如何影响其决策和行为，能够阐释和解决一些时间序列相关问题，而且只有对经济主体进行全面的现金流分析才能够表明它们融资的投机程度与财务承诺履行能力的临界点（Minsky，2015）。但由于缺乏相应的数据，在已有实证文献中，企业财务脆弱性度量方法和指标设计都还没有达到该项要求，而只是使用替代方案，例如：穆里根（Mulligan，2013）使用净利润和利息、仁志（Nishi，2018）使用营业利润和流动资产、特日－菲洛等（Torres-Filho et al.，2019）使用息税折旧摊销前利润、戴维斯等（Davis et al.，2019）和佩德罗萨（Pedrosa，2019）使用流动负债和当年到期的非流动负债。

（2）用于反映预期现金净来源的现金净流入的统计口径并不完全相同，例如：穆里根（Mulligan，2013）使用企业的净利润与利息支出之和、仁志（Nishi，2018）使用经营活动产生的现金流量净额与银行借款之和，特日－菲洛等（Torres-Filho et al.，2019）使用公司息税折旧摊销前利润（EBIT-DA），以及戴维斯等（Davis et al.，2019）和佩德罗萨（Pedrosa，2019）使用经营净现金流、投资净现金流与其他活动净现金流之和。

（3）用于反映履行财务承诺的现金流出统计口径也不相同，例如：穆里根（Mulligan，2013）使用利息支出，特日－菲洛等（Torres-Filho et al.，2019）、戴维斯等（Davis et al.，2019）、佩德罗萨（Pedrosa，2019）使用债务本金偿还与利息支出之和，以及仁志（Nishi，2018）使用新投资、债务本金偿还和利息支出与股息支付之和。

（4）明斯基（Minsky，2008）很强调通过比较预期现金净流入与现金流出之间的关系区分企业融资类型和度量企业财务脆弱性，因此，需要确定预期的期限长短和贴现率。但由于很难准确检测出此类期限长短和贴现率（Nishi，2018），现有学者在实证文献中都采用现值，即采用当期实际值代替预期值。

(5) 企业财务脆弱性度量指标应当同时包含用于反映企业流动性的现金流量（包括现金净流入和现金流出）和作为安全边际的现金存量的信息。特莫伊格（Tymoigne，2010）较早地提出了该项建议，仁志（Nishi，2018）则通过构建两项指标来分别反映的方式，满足该项条件，但在此过程中并未完全满足基于现金流量会计框架的基本要求。

关于企业财务脆弱性影响因素的文献评述。根据对日本、巴西、美国等国家非金融企业进行实证研究后得到的初步经验证据表明，宏观经济和金融市场变化（如利率变动）、中观的行业特性、微观层面的利润率和企业规模以及负债水平等都会影响企业财务脆弱性。但他们都没有深入讨论具体的作用机制或影响途径和异质性，这为本书从事、拓展和深化该领域的实证研究提供了较大空间和良好机会。

总而言之，第一，明斯基（Minsky，2008，2015）的系列学术研究成果奠定了企业财务脆弱性度量方法和指标的基本思想，但国内外学者对此看法和在实证研究过程中采用的度量方法和指标不尽一致或尚未统一；第二，关于企业财务脆弱性影响因素的实证研究刚刚处于起步阶段，仍然处于萌芽之中；第三，关于企业财务脆弱性经济后果的实证研究尚未开始。有鉴于此，如何结合中国独特的制度背景、最新企业会计准则和一般企业财务报表格式列报的要求，一方面，改进中国非金融企业财务脆弱性的度量方法和指标，另一方面，深入细致严谨地探讨中国非金融企业财务脆弱性的影响因素和经济后果，无疑都具有非常重要的学术价值和应用价值。

第三章

企业财务脆弱性的度量、分布、
演变与市场表现

第一节　企业财务脆弱性的度量

正如第二章第四节文献评述所言，国内外已有实证文献关于企业财务脆弱性的度量方法和指标不尽一致或者尚未统一且存在不足。为此，本章基于明斯基（Minsky）在金融不稳定假说（FIH）关于非金融企业融资类型和财务脆弱性的基本思想和经典论述，根据中国企业会计准则和一般企业财务报表格式列报要求，构建适用于在中国沪深 A 股市场交易的非金融企业融资类型和企业财务脆弱性的度量方法和指标。与已有实证文献相比，本书中非金融企业融资类型识别和财务脆弱性度量方法和指标的主要改进之处体现在如下四方面：

（1）本书采用全面的现金流量分析法。现金流量分析法是研究经济现实的首要方法，是明斯基（Minsky）在金融不稳定假说中最根本、最独特的方面，有助于分析经济主体履行财务承诺如何影响其决策和行为，而且只有对经济主体进行全面的现金流量分析，才能表明企业融资的投机程度和财务承诺履行能力的临界点（Minsky，2015）。因此，根据最新中国会计准则和一般企业财务报表格式列报的内容和要求，本书将企业现金流量表的会计科目作为基准，以此构建用于识别非金融企业融资类型和度量非金融企业财务脆弱性的指标。

（2）本书使用企业经营活动产生的现金流量净额（后面简称"经营净现金流"）度量现金净流入。本书中的现金净流入不包括借款（Nishi，2018）、投资净现金流和其他活动净现金流之和（Davis et al.，2019；Pedrosa，2019）的主要原因包括如下三个方面：第一，一旦涉及借款业务，意味着非金融企业对金融资本具有依赖性、对外部融资条件和金融市场环境变化具有敏感性，而这应该是非金融企业财务脆弱性所要反映的信息。第二，持续经营是会计基本假设之一，扩大投资（尤其是新增资本性投资）是非金融企业经营活动的基本状态，此时的投资净现金流通常应是负值，不应作为企业的现金净流入、而应作为现金流出。第三，其他活动净现金流的信息无法准确清晰地予以界定、较为模糊，且中国企业会计准则和一般企业财务报表亦无此科目。因此，本书使用经营净现金流来度量非金融企业现金净流入，不仅能够保持企业财务脆弱性度量方法的科学性、变量指标的清洁度、信息含量的准确清晰，也符合企业经营活动的正常状态、最新中国企业会计准则和一般企业财务报表格式的要求。

（3）本书使用还本付息（FF_1）、股息支付和投资净现金流（FF_2）度量现金流出，这是基于中国独特制度情境与最新企业会计准则和一般企业财务报表格式列报要求的实践需要，具体原因包括如下三个方面：第一，还本付息体现了非金融企业在履行其对债权人财务承诺时的现金流出，这不仅符合债务本息的刚性兑付特征，也是已有实证文献的通行做法。第二，股息支付（即分红派现）体现了企业在履行其对权益资本提供者（即投资者或股东）财务承诺时的现金流出，这不仅仅是明斯基（Minsky，2008，2015）承认的"现金支付可能包含股息支付"的观点和仁志（Nishi，2018）的研究方法，也是考虑到中国证券市场实施分红政策（李常青等，2010；王志强和张玮婷，2012；魏志华等，2014；陈云玲，2014；陈艳等，2015；刘星等，2016；魏志华等，2017；王春飞和郭云南，2021）制度安排或制度情境下的现实需要。第三，投资活动产生的现金流量净额（即投资净现金流）在很大程度上反映了企业扩大投资（尤其是新增资本性投资）的现金流出，这也是会计学中企业持续经营的基本假设之一和满足企业未来发展所必需的活动。

（4）本书中的企业财务脆弱性度量指标同时包含了现金流量信息和现金存量信息。根据特莫伊格（Tymoigne，2010）的改进建议和仁志（Nishi，2018）的研究方法，企业财务脆弱性指标不仅同时包含现金净流入和现金流出的现金流量（有时被称为"债务收入比"），也包含了作为安全边际的现金存量信息，因为现金储备充足能够（至少在一定程度上有助于）降低因为当期现金净流入低于现金流出时企业对金融资本的依赖性、对外部融资条件和金融市场环境变化的敏感性，从而提高企业从事对冲性融资和投机性融资活动的概率降低企业从事风险性融资活动的概率，以缓解企业财务脆弱性。

表 3.1 中 A 栏和 B 栏分别列出了根据中国新的会计准则和一般企业财务报表格式构建的非金融企业融资类型和企业财务脆弱性度量指标一（FF_1）和指标二（FF_2）。根据表 3.1 中 A 栏 FF_1 的定义可知：第一，对冲性融资，企业仅需要经营净现金就能履行其对债权人还本付息的财务承诺，无须对外融资、不受金融市场环境变化的影响，故而财务最稳健。第二，投机性融资，在经营净现金基础上启用过去积累的期初现金后才能履行其对债权人还本付

息的财务承诺，现金流量表中的期末现金及现金等价物余额与资产负债表中的货币资金和交易性金融资产逐渐减少，无法长期持续、需要对外融资，故而对外部融资条件和金融市场环境的变化具有一定程度的敏感性。第三，风险性融资，在经营净现金基础上启用期初现金之后仍然无法履行其对债权人还本付息的财务承诺，不得不借新还旧，故而对金融资本十分依赖，对外部融资条件和金融市场环境的变化十分敏感，此类融资企业财务最脆弱。

表 3.1　　　　　　　　企业融资类型和财务脆弱性度量指标的定义

分类	名称/类型	计算公式/判断依据
A栏：企业融资类型度量指标一（FF_1）	对冲性融资	经营活动产生的现金流量净额≥偿还债务支付的现金 +（分配股利、利润或偿付利息支付的现金 – 当年累计分配的现金股利）
	投机性融资	经营活动产生的现金流量净额 <偿还债务支付的现金 +（分配股利、利润或偿付利息支付的现金 – 当年累计分配的现金股利），且经营活动产生的现金流量净额 + 期初现金及现金等价物余额≥偿还债务支付的现金 +（分配股利、利润或偿付利息支付的现金 – 当年累计分配的现金股利）
	风险性融资	经营活动产生的现金流量净额 + 期初现金及现金等价物余额 <偿还债务支付的现金 +（分配股利、利润或偿付利息支付的现金 – 当年累计分配的现金股利）
B栏：企业融资类型度量指标二（FF_2）	对冲性融资	经营活动产生的现金流量净额≥偿还债务支付的现金 + 分配股利、利润或偿付利息支付的现金 + 投资活动产生的现金流量净额×（–1）
	投机性融资	经营活动产生的现金流量净额 <偿还债务支付的现金 + 分配股利、利润或偿付利息支付的现金 + 投资活动产生的现金流量净额×（–1），且经营活动产生的现金流量净额 + 期初现金及现金等价物余额≥偿还债务支付的现金 + 分配股利、利润或偿付利息支付的现金
	风险性融资	经营活动产生的现金流量净额 + 期初现金及现金等价物余额 <偿还债务支付的现金 + 分配股利、利润或偿付利息支付的现金
C栏：企业财务脆弱性的最终定义	二分类	将从事对冲性融资和投机性融资的企业赋值为0，从事风险性融资的企业赋值为1
	三分类	将从事对冲性融资、投机性融资、风险性融资的企业分别赋值为1、2、3

注：A栏和B栏中的指标均使用总资产均值进行标准化处理，以缓解总资产规模差异的潜在影响。

根据表 3.1 中 B 栏 FF_2 的定义可知：第一，对冲性融资，企业仅需经营净现金就能够同时满足其履行对债权人还本付息和对投资者分配股利的财务承诺、扩大投资对现金的需求，它们在财务上自给自足、具备自我可持续发展能力，故而财务最稳健。第二，投机性融资，虽然企业经营净现金无法同时满足其履行财务承诺和扩大投资等对现金的需求，但在启用过去积累的期初现金后能够履行其对债权人还本付息和对投资者分配股利的财务承诺，甚至能满足扩大投资对现金的部分（而非全部）需求，类似地，其现金流量表中的期末现金及现金等价物余额与资产负债表中的货币资金和交易性金融资产也将逐渐减少，无法长期持续、需要对外融资，故而对外部融资条件和金融市场环境的变化具有一定程度的敏感性。第三，风险性融资，在经营净现金基础上启用期初现金后仍然无法履行其对债权人还本付息和对投资者分配股利的财务承诺，不得不借新还旧，故而对金融资本十分依赖，对外部融资条件和金融市场环境变化也十分敏感，此类融资企业财务最脆弱。

表 3.1 中 C 栏列出了非金融企业财务脆弱性的最终定义。根据非金融企业融资类型及其对应的财务脆弱性（排序依据为从低到高），本章采用如下两种方法作为企业财务脆弱性的最终定义：第一，二分类法：参照仁志（Nishi，2018）、戴维斯等（Davis et al.，2019）、汪金祥等（2021）的研究做法，将对冲性融资企业和投机性融资企业合并归为一类，并赋值为 0；将风险性融资企业归为另一类，并赋值为 1。第二，三分类法：参照特日 - 菲洛等（Torres-Filho et al.，2019）、汪金祥等（2021）的研究做法，将对冲性融资企业赋值为 1、投机性融资企业赋值为 2、风险性融资企业赋值为 3。因此，FF_1 和 FF_2 的值越高，意味着企业财务越脆弱。本书中的非金融企业融资类型识别和非金融企业财务脆弱性度量指标的构建，将有助于更加客观、完整、准确地反映出在中国沪深 A 股市场中交易的非金融企业生产经营和财务管理的实际情况或实践操作。

第二节 企业财务脆弱性的分布

一、数据来源与样本选择

本章研究所需要的微观企业财务数据主要来自万得资讯（Wind），市场表现数据来自国泰安数据库（CSMAR）和锐思数据库（RESSET）。由于在构建识别非金融企业融资类型和度量非金融财务脆弱性指标时需要使用到的"期初现金及现金等价物余额"科目和数值自 2006 年起才开始编制和发布；因此，本章将 2006～2018 年在中国沪深 A 股市场交易的企业作为主要研究对象，并且按照下列两项标准筛选样本：首先，剔除证券、银行、保险等金融行业企业；其次，剔除关键数据缺失和已退市的企业样本。根据中国证监会制定的《上市公司行业分类指引》（2012 年修订），制造业取两位代码，其他行业均取一位代码。本章最终获得 30004 个样本观测值，它们来自 13 个年度、21 个行业的 3487 家企业。为缓解极端值对估计结果的潜在影响，本章在 1% 和 99% 水平下对企业层面的连续型变量进行缩尾处理。

二、企业财务脆弱性的分布

（一）企业财务脆弱性的总体分布

表 3.2 中 A 栏的统计结果显示：第一，当使用第一个指标（FF_1）度量企业财务脆弱性时，对冲性融资企业、投机性融资企业、风险性融资企业的样本观测量分别为 7678 个、7604 个、14722 个，三种融资类型企业占全样本

的比例分别为 0.2559、0.2534、0.4907。第二，当使用第二个指标（FF_2）度量企业财务脆弱性时，对冲性融资企业、投机性融资企业、风险性融资企业的样本量分别为 3265 个、11645 个、15094 个，三种融资类型企业占全样本的比例分别为 0.1088、0.3881、0.5031。第三，参考第二章公式（2.1）的基本思路和研究方法，本章同样使用该方法构建企业财务脆弱性指数，具体而言，如果在中国沪深 A 股市场中交易的非金融上市公司全部从事对冲性融资，全样本的企业财务脆弱性指数应当为 1；与之相反，如果在沪深 A 股市场中交易的非金融上市公司全部从事风险性融资，企业财务脆弱性指数应当为 3。表 3.2 统计结果显示，在沪深 A 股市场中交易的非金融企业财务脆弱性指数（FF_1、FF_2）平均值分别为 2.23、2.39，而且中位数分别为 2、3；该项统计结果说明，非金融企业的财务较脆弱，这非常值得央行、证券监管部门和金融监管部门关注或者警惕。综上所述可知，从事安全等级高的对冲性融资和风险等级低的投机性融资活动的非金融类上市公司的数量较少、占比较低，而从事风险等级高的风险性融资活动的非金融上市公司的数量较多、

表 3.2　　　　　　　　　中国非金融企业财务脆弱性的描述性统计

分类	比较项目	样本量	FF_1		FF_2	
			占比	指数	占比	指数
A 栏：全样本	对冲性融资	30004	0.2559	2.2348	0.1088	2.3942
	投机性融资		0.2534		0.3881	
	风险性融资		0.4907		0.5031	
B 栏：不同经济周期	经济上行时期	12529	0.5424	2.3264	0.5530	2.4514
	经济下行时期	17475	0.4536	2.1690	0.4672	2.3533
	T 值	—	15.2422	16.2402	14.7109	12.4285
C 栏：各上市交易板块	主板	18325	0.5560	2.3465	0.5635	2.4505
	中小企业板	7590	0.4495	2.1576	0.4704	2.3727
	创业板	4089	0.2744	1.8772	0.2927	2.1820

分类	比较项目	样本量	FF_1		FF_2	
			占比	指数	占比	指数
D栏：各行业	电力、热力、燃气及水生产和供应业	1181	0.6698	2.5318	0.6892	2.6359
	综合	299	0.6522	2.5552	0.6522	2.5452
	房地产业	1589	0.6476	2.5274	0.6476	2.5494
	农、林、牧、渔业	465	0.6323	2.4774	0.6409	2.5806
	建筑业	845	0.6059	2.4888	0.6036	2.5172
	水利、环境和公共设施管理业	343	0.5423	2.3207	0.5452	2.4869
	批发和零售业	1767	0.5235	2.2920	0.5291	2.3973
	制造业	18581	0.4906	2.2321	0.5065	2.4052
	交通运输、仓储和邮政业	975	0.4728	2.2103	0.4933	2.3918
	租赁和商务服务业	425	0.4635	2.2188	0.4776	2.3435
	采矿业	841	0.4518	2.1391	0.4649	2.3306
	教育	29	0.3793	2.0000	0.3448	2.1379
	住宿和餐饮业	123	0.3333	1.9512	0.3415	2.1220
	卫生和社会工作	82	0.2805	1.7439	0.2683	2.0854
	文化、体育和娱乐业	465	0.2430	1.7505	0.2430	2.0086
	信息传输、软件和信息技术服务业	1769	0.2329	1.7914	0.2352	2.0594
	科学研究和技术服务业	224	0.1607	1.7188	0.1652	1.9821
	居民服务、修理和其他服务业	1	0.0000	1.0000	0.0000	2.0000
E栏：企业财务脆弱性（公共基础行业与非公共基础行业）	公共基础行业	4615	0.5263	2.2982	0.5361	2.4377
	非公共基础行业	25389	0.4842	2.2232	0.4971	2.3863
	T值	—	5.2701	5.6325	4.8777	4.7517
F栏：企业财务脆弱性（制造业与非制造业）	制造业	18581	0.4906	2.2321	0.5065	2.4052
	非制造业	11423	0.4908	2.2392	0.4975	2.3764
	T值	—	−0.0262	−0.7183	1.5106	3.5817

占比偏高，总体而言，在中国沪深 A 股市场中交易的非金融企业的财务较为脆弱[①]。本章研究发现在直观上反映了在中国沪深 A 股市场中交易的非金融企业真实的财务承诺履行能力。

（二）不同经济周期下的企业财务脆弱性

明斯基（Minsky，2008）发现，在经济繁荣期，过度乐观的预期使金融系统从稳定过渡到不稳定。当相对平静的增长阶段进入投机繁荣阶段，不稳定就会出现；换言之，经济繁荣很可能导致金融不稳定。如果该预测成立，那将证实经济繁荣会导致或者加大金融不稳定的观点，意味着金融不稳定是顺周期的。因为在经济繁荣期，借款人和放款人显得信心十足，非理性的亢奋（或动物精神）使预测错误很难被发现或很容易被掩盖，从而会出现存量现金减少的情形。但仁志（Nishi，2018）基于日本经济的实证研究结果则表明，经济繁荣降低了风险性融资发生概率，而经济衰退提高了风险性融资发生概率，换言之，财务脆弱性是日本制造业的逆周期现象。因为在经济繁荣时期，企业预期现金流增加，而债务本金和利息相对固定，因此，降低了企业从事风险性融资的发生概率。戴维斯等（Davis et al.，2019）基于美国上市公司的实证研究也表明，宏观层面的经济周期与同期企业风险性融资发生概率之间是显著的负相关关系，但负相关关系的短期效应非常小。由此可知，目前学术界中关于宏观经济周期与非金融企业财务脆弱性之间的关系的研究结论仍然存在争议，换言之，经济繁荣不仅可能加剧，也可能降低非金融企业财务脆弱性和金融不稳定性，这取决于非金融企业在不同经济周期下的举债投资规模（现金净流出）与举债投资所得利润（现金净流入）之间的差额

---

① 皮尔逊相关系数检验结果显示，二分类法、三分类法下的 FF_1、FF_2 之间相关系数在 0.8505 ~ 0.9555，说明四个指标高度相关。从第四章起，在报告描述性统计和回归结果时，以二分法下的企业财务脆弱性即企业是否从事风险等级高的风险性融资活动为主，以三分法下的企业财务脆弱性为辅（稳健性检验）。

（赤字还是盈余，以及赤字规模或盈余规模）。

为分析不同经济周期下的非金融企业财务脆弱性差异是否显著，参照陈冬等（2016）的研究方法，本章将 GDP 增长率大于样本期间中位数（7.9%）的年度（2006～2011 年）视为经济上行时期，其他年度（2012～2018 年）视为经济下行时期。表 3.2 中 B 栏的统计结果显示，较多（58.24%）样本观测量处于经济下行时期。更重要的是，两组样本均值差异检验结果显示：在经济上行时期，企业财务脆弱性指数分别为 2.33 和 2.45，两者均在 1% 水平下显著高于经济下行时期的 2.17 和 2.35。该项实证结果表示，与在经济下行时期相比，非金融企业在经济上行时期举债投资导致的现金流出大于其举债投资所得的利润和现金流入，从而加剧了企业财务脆弱性。上述研究发现说明，在沪深 A 股市场交易的非金融企业财务脆弱性在一定程度上具有顺周期的特征，该项结果与明斯基（Minsky）关于宏观经济周期与非金融企业财务脆弱性之间关系的观点基本一致。

（三）各上市交易板块的财务脆弱性

戴维斯等（Davis et al.，2019）发现，金融实践的变化是美国风险性融资公司份额增加的重要驱动力。具体而言：第一，美国创业公司在盈利之前进入股票市场融资可能影响到研究样本的融资类型，因为这些创业公司当前的现金流量很可能低于其财务承诺，从而被归类为风险性融资主体。第二，1970 年后美国风险性融资公司份额显著增长，而且集中在中小公司，因为它们（即中小企业）通过首次公开发行（initial public offering，IPO）成为上市或公众公司的可能性越来越高，从而以风险性融资类型进入研究样本和成为研究对象。因此，盈亏状况和企业规模影响到金融市场中的风险性融资份额（结构或占比）和企业财务脆弱性。与此相似的是，在中国主板上市的公司往往是大型、成熟的企业，它们的资本规模通常较大、处于盈利状态而且其盈利能力往往较为稳定，而那些尚未达到主板市场上市要求的中小企业和新兴企业从 2004 年和 2009 年开始可以分别在中小企业板①和创业板上市交易，从而进入样本观测范围和成为本书的研究对象。

表 3.2 中 C 栏的统计结果显示，主板、中小企业板、创业板的企业财务脆弱性指数（FF_1 和 FF_2）分别为 2.35 和 2.45、2.16 和 2.37、1.88 和 2.18；与中小企业板和创业板的上市公司相比，主板上市公司的财务更脆弱。本章该项实证结果与戴维斯等（Davis et al.，2019）基于美国上市公司的研究发现刚好相反；可能的原因是，主板上市公司还本付息导致的现金流出更多，而中小企业板上市公司和创业板上市公司因为信息不对称、产权性质差异和规模劣势而不得不面临商业银行等金融机构的"信贷歧视"，也因此，后者还本付息导致的现金流出反而较少，故而出现后者财务反而更"稳健"的结果。此外，在上海证券交易所交易的非金融上市公司中，企业财务脆弱性指数分别达到 2.33 和 2.45，这两项指标全部在 1% 水平下显著高于深圳证券交易所的 2.17 和 2.36。该项统计结果则说明，对作为微观层面的非金融企业而言，与深圳证券交易所上市公司相比，上海证券交易所上市公司的财务更脆弱。

（四）各行业企业的财务脆弱性

表 3.2 中 D 栏的统计结果显示：第一，在不考虑"居民服务、修理和其他服务业"②的情况下，各行业均有企业从事风险性融资活动；因此，风险性融资问题具有一定的普遍性，而非某个行业特有的现象。第二，"电力、

---

① 2021 年 4 月 6 日，深圳证券交易所将中小企业板正式并入主板。合并之后的中小企业融资条件将更好，提升中小企业的发展效率，与此同时，监管也将更加严格，通过创造更加公平、公正、透明的市场环境，更好地保护投资者利益。这也是深圳证券交易所多年来为优化市场结构、推动多层次资本市场体系建设、促进股票市场健康稳定发展所做的努力。

② 研究期间仅百邦科技一家公司，从事机动车、电子产品和日用产品修理，2018 年 1 月 8 日上市，代码 300736。

热力、燃气及水生产和供应业"的企业财务脆弱性指数分别为 2.53 和 2.64；"综合""房地产业""农、林、牧、渔、业""建筑业"等的企业财务脆弱性指数也比较高。与之不同的是，"卫生和社会工作""文化、体育和娱乐业""即信息传输、软件和信息技术服务业""科技研究和技术服务业""居民服务、修理和其他服务业"等五个行业的企业财务脆弱性指数比较低。由此可知，不同行业中的企业财务脆弱性指数差异较大，换言之，企业财务脆弱性很可能与行业特征之间存在较为密切的关系。

（五）公共基础行业与非公共基础行业企业的财务脆弱性

特日 - 菲洛等（Torres-Filho et al. , 2019）收集分析巴西 60 家配电公司财务脆弱性的主要原因是，这些公司财务状况对维持最低水平的公共产品和服务质量标准很重要，从运营风险的角度来看，配电企业财务脆弱性上升会导致严重的经济后果，如停电；因此，政府监管部门通常有权评估受监管企业的财务经济运行和财务健康状况，这也为他们研究提供条件。研究成果表明，2007～2015 年，尤其是 2008～2013 年，巴西配电公司和电力行业的财务脆弱性有所增加。

借鉴特日 - 菲洛等（Torres-Filho et al. , 2019）的研究思路和汪金祥等（2020）的研究方法，按照根据中国证监会制定的《上市公司行业分类指引》（2012 年修订版），本章将如下九个行业视为公共基础行业：电力、热力、燃气以及水生产和供应业；建筑业；交通运输、仓储和邮政业；科学研究和技术服务业；教育；文化、体育和娱乐业；卫生和社会工作业；农林牧渔业；水利、环境和公共设施管理业。如果上市公司所属行业不在上述所列的九个行业名单之中，则将该企业均视为非公共基础行业企业。表 3.2 中 E 栏两组样本平均值差异的检验结果显示：公共基础行业中的企业财务脆弱性指数分别为 2.30 和 2.44，上述两项指标均在 1% 水平显著高于非公共基础行业的

2.22 和 2.39。本章该项统计结果说明，与非公共基础行业相比，公共基础行业企业的财务脆弱性特征较为明显。

鉴于电力、热力、燃气及水生产和供应业等公共基础行业在国民经济发展和社会生活中的重要地位和作用，且风险性融资样本量占比和企业财务脆弱性指数在 17 个门类行业中较高的基本事实，中国证券监管部门和金融监管部门、电力监管部门、能源监管部门等确实需要分别更加关注这些行业企业的财务状况、经营成果与财务承诺履行能力。

（六）制造业与非制造业企业的财务脆弱性

仁志（Nishi，2018）的实证研究成果表明，在大多数情况下，与制造业企业相比，日本非制造业企业采用对冲性融资的概率更低，采用风险性融资的概率更高。根据表 3.2 中 D 栏的各行业样本量分布可知，2006～2018 年，制造业上市公司样本观测量占全样本观测量的比例高达 0.6193，换言之，制造业上市公司在所有上市公司中占据较为重要的位置，故而需要关注其财务脆弱性。

为此，本章根据中国证监会制定的《上市公司行业分类指引》（2012 年修订）将全样本分为制造业组和非制造业组。表 3.2 中 F 栏的两组样本均值差异检验结果显示，当使用 FF_1 度量企业财务脆弱性时，中国制造业和非制造业企业财务脆弱性指数差异并不显著。当使用 FF_2 度量企业财务脆弱性时，与非制造业上市公司相比，制造业上市公司的财务脆弱性指数更高。综上所述可知，中国制造业与非制造业上市公司财务脆弱性的差异受度量指标的影响，且与基于日本上市公司的实证研究成果不尽一致。

第三节　企业财务脆弱性的演变及其原因分析

一、企业财务脆弱性的演变

明斯基（Minsk，1957，1978）指出，"许多经验研究结果表明，我们的经济在稳健的和脆弱性的融资结构之间来回摇摆，金融危机爆发的前提是，在危机爆发之前存在融资结构的不稳定"。在一个经济体中，对冲性融资企业、投机性融资企业、风险性融资企业的数量及其占比是经济稳定性的最主要决定性因素，当金融市场中的投机性融资企业和风险性融资（尤其是风险性融资）企业数量持续增加及其占比不断上升，并超过或远超对冲性融资企业的数量及其占比，该经济体的金融市场不稳定性加剧，将导致金融市场风险加大。总而言之，对金融市场和宏观经济而言，这种经意或者不经意的投机性融资企业和风险性融资企业（尤其是风险性融资企业）的数量增加及其所在比例的持续上升，成为金融和经济从其稳定状态滑向不稳定状态的主要征兆。为此，本章接着分析在中国沪深 A 股市场交易的非金融企业脆弱性。图 3.1 中的统计结果显示：总体而言，对冲性融资公司所占比例和投机性融资公司所占比例较为接近，风险性融资公司所占比例最高；从其变化趋势来看，对冲性融资公司的所占比例从 2006 年的 16.50% 逐渐上升至 2018 年的 30.42%，份额也逐渐增加；投机性融资公司的所占比例在 2011 年达到最高值的 30.29% 后为先降后升，但其下降幅度和上升幅度均不大。风险性融资公司所占比例呈现出较为明显的阶段性特征，即先从 2006 年的最高值 62.94% 降至 2012 年的 46.33%，之后开始微升，在 2015 年达到 49.96% 后再次趋于下降，2018 年所占比例为 41.93%。由此可知，在沪深 A 股市场交易的非金融上市公司中，从事风险性融资的公司的所占比例仍然最高，但 2015 年开始已趋于下降。

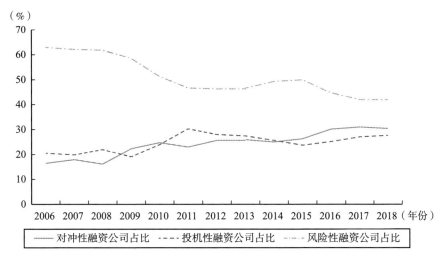

图 3.1　中国上市公司融资类型（FF_1）的年度分布

资料来源：万得资讯（Wind），经笔者整理而得。

　　图 3.2 的统计结果显示：总体而言，对冲性融资公司占比最低，投机性融资公司次之，风险性融资公司占比最高。值得注意的是，投机性融资公司的占比从 2006 年的 28.06% 上升至 2018 年的 43.17%，而风险性融资公司的占比则从 2006 年的 63.92% 下降至 2018 年的 43.45%，两者的变动趋势几乎相反。该结果说明，上市公司财务脆弱性的变化（即缓解趋势）可能主要源于股票市场中的风险性融资迁移至投机性融资。

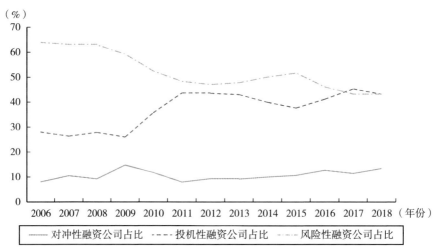

图3.2 中国上市公司融资类型（FF_2）的年度分布

资料来源：万得资讯（Wind），经笔者整理而得。

图3.3 的统计结果显示：2006~2018 年，在中国沪深两所 A 股市场中交易的非金融上市公司财务脆弱性指数变化呈现出较为明显的阶段性特征，其中：

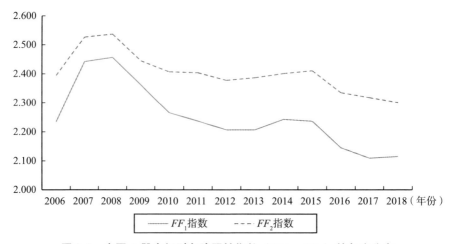

图3.3 中国 A 股市场财务脆弱性指数（FF_1、FF_2）的年度分布

资料来源：万得资讯（Wind），经笔者整理而得。

2006～2008 年、2012～2015 年为上升时期，2009～2011 年、2016～2018 年为下降时期。结合图 3.1、图 3.2 结果可知，随着从事对冲性融资活动和从事投机性融资活动的上市公司占比的上升，而从事风险性融资活动的上市公司占比的下降，在中国沪深 A 股市场交易的非金融企业财务脆弱性指数近年来已经趋于下降。该结果说明，自 2015 年以来，非金融企业财务脆弱性已有所缓解或已有较为明显的改善。

二、企业财务脆弱性演变的原因分析

（一）存量效应还是增量效应？

一个非常值得探讨的问题是，中国企业财务脆弱性的演变是存量效应还是增量效应呢？具体而言，企业融资类型的时间序列变化，是原企业融资类型的变迁，例如：从风险性融资迁移至投机性融资甚至对冲性融资，抑或相反，还是由于新上市公司为对冲性融资或投机性融资单位，从而稀释了投机性融资或风险性融资企业在市场中的原有份额，或者相反？抑或，上述两种效应兼而有之呢？

根据企业融资类型和企业财务脆弱性定义可知，对冲性融资、投机性融资、风险性融资是金融市场与产品市场共同作用的结果，三种融资类型的风险递增而且可以相互转化，比如：随着企业现金流变化，投机性融资与风险性融资之间存在着相互转化的可能。为此，本章将按如下步骤对企业融资类型变化进行分析：假设某一家企业在第（$T-1$）期从事风险性融资，到第 T 期后，若该企业从事投机性融资，将该变化（风险性融资→投机性融资）视为改善；如果该企业从事对冲性融资，则将该变化（风险性融资→对冲性融资）视为快速改善；如果仍然从事风险性融资，将融资类型未发生变化（风险性融资→风险性融资）的企业视为不变（与此类似，对冲性融资→对冲性融资，投机性融资→投机性融资）；以此类推得出非金融企业财务脆弱性恶化（对冲性融资→投机性融资，或者，投机性融资→风险性融资）和快速恶化（对冲性融资→风险性融资）的企业。它们与第 T 期企业全样本量的比值即为企业融资类型的迁移比例。

表3.3 的统计结果显示：第一，以 FF_1 为例，快速改善和改善的比例分别为 0.0232 和 0.1173，快速恶化和恶化的比例分别为 0.0160 和 0.1172，而保持不变的比例高达 0.6504。该项统计结果说明，快速改善和改善的比例超过快速恶化和恶化的比例，企业财务脆弱性有所缓解，但多数企业仍从事原有类型的融资活动，换言之，企业本期的融资活动对上期融资活动具有较强的路径依赖，即存在较为明显的惯性作用或动量效应。第二，从其年度分布来看，2007 年、2009 ~ 2012 年、2016 ~ 2017 年的快速改善和改善比例超过快速恶化和恶化的比例即出现了净改善，2008 年、2013 ~ 2015 年、2018 年为净恶化；该变动趋势与企业财务脆弱性的演变趋势相似。总体而言，原有企业融资类型的迁移缓解了企业财务脆弱性。

表3.3　　　　　　　　　　　企业融资类型的迁移

年份	FF_1					FF_2				
	快速改善	改善	不变	恶化	快速恶化	快速改善	改善	不变	恶化	快速恶化
2007	0.0325	0.0849	0.6899	0.0960	0.0173	0.0228	0.1043	0.6899	0.0960	0.0076
2008	0.0243	0.1069	0.6774	0.1115	0.0295	0.0184	0.1102	0.6813	0.1292	0.0105
2009	0.0327	0.1240	0.6718	0.0956	0.0167	0.0247	0.1462	0.6552	0.1055	0.0093
2010	0.0295	0.1156	0.5815	0.0881	0.0107	0.0178	0.1217	0.5754	0.1044	0.0061
2011	0.0263	0.1343	0.5714	0.1289	0.0152	0.0085	0.1485	0.5834	0.1271	0.0085
2012	0.0250	0.1361	0.6265	0.1344	0.0138	0.0109	0.1365	0.6607	0.1244	0.0033
2013	0.0117	0.1201	0.7323	0.1268	0.0083	0.0079	0.1118	0.7494	0.1243	0.0058
2014	0.0119	0.0968	0.6926	0.1361	0.0139	0.0083	0.1039	0.7049	0.1305	0.0036

续表

年份	FF_1					FF_2				
	快速改善	改善	不变	恶化	快速恶化	快速改善	改善	不变	恶化	快速恶化
2015	0.0164	0.1077	0.6580	0.1234	0.0146	0.0088	0.1168	0.6566	0.1336	0.0044
2016	0.0264	0.1427	0.6361	0.1048	0.0166	0.0166	0.1576	0.6277	0.1197	0.0051
2017	0.0186	0.1170	0.6011	0.1203	0.0148	0.0103	0.1418	0.5813	0.1330	0.0053
2018	0.0236	0.1214	0.6662	0.1407	0.0204	0.0129	0.1519	0.6501	0.1517	0.0058
全样本	0.0232	0.1173	0.6504	0.1172	0.0160	0.0140	0.1293	0.6513	0.1233	0.0063

本章将上市年龄小于 1 的公司的财务脆弱性指数减去当年全部企业的财务脆弱性指数，如果相减之后的差额为正值，表示新上市公司的财务更脆弱；与之相反，如果相减后的差额为负值，则表示新上市公司的财务更稳健。图 3.4 的统计结果显示：第一，当使用 FF_1 来度量企业财务脆弱性时，2007 ~ 2010 年、2012 年、2014 ~ 2018 年新上市（即首次公开发行，IPO）公司的财

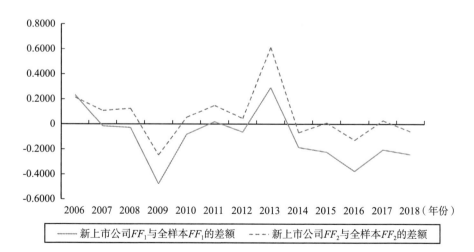

图 3.4　新上市公司与全样本企业财务脆弱性指数的差额的年度分布

资料来源：万得资讯（Wind），经笔者整理而得。

务更加稳健；而其他年度新上市公司的财务更加脆弱。在样本期内，两者差额的均值为 - 0.1603，说明新上市公司总体上能够缓解沪深 A 股市场中企业财务脆弱性。第二，当使用 FF_2 度量企业财务脆弱性时，仅 2009 年、2014年、2016 年和 2018 年新上市公司的财务更加稳健；而其他年度新上市公司的财务更脆弱。在样本期内，两者差额的均值为 0.0173，说明新上市公司在总体上加剧了 A 股市场中的非金融企业财务脆弱性。由此可知，企业财务脆弱性的度量方法和指标不同，关于新上市公司对企业财务脆弱性整体情况的影响的结论也不同。

（二）企业财务脆弱性演变的微观层面原因

进一步地，从企业财务脆弱性度量指标的构成要素入手，分析其演变的微观层面原因。表 3.4 统计结果显示：

（1）现金净流入。经营净现金流在 2009 年达到峰值（0.0672）后趋于下降，2011 年达到最低值（0.0252）后，从 2013 年起趋于上升，2016 年达到 0.0501 后趋于下降。由于样本期内的经营净现金流的波动较大且无明显趋势。因此，直观上无法判断现金净流入是否为企业财务脆弱性已经有所缓解的潜在原因，这还需要进一步的实证检验和分析论证。总体而言，企业经营净现金流的平均值为 0.0449，最大值和最小值分别为 0.2777 和 - 0.2294，标准差为 0.0828，不同公司或年度的现金净流入差异或波动很大。

表 3.4　企业融资类型和企业财务脆弱性度量指标构成要素的年度分布

年份	经营净现金流	债务本金	利息	股息	投资净现金流	存量现金
2006	0.0590	0.2371	0.0146	0.0119	0.0574	0.1215
2007	0.0507	0.2278	0.0152	0.0113	0.0598	0.1215
2008	0.0517	0.2405	0.0170	0.0116	0.0701	0.1433
2009	0.0672	0.2375	0.0125	0.0123	0.0541	0.1375

年份	经营净现金流	债务本金	利息	股息	投资净现金流	存量现金
2010	0.0408	0.1939	0.0077	0.0154	0.0711	0.1633
2011	0.0252	0.1766	0.0091	0.0162	0.0828	0.2055
2012	0.0435	0.1888	0.0122	0.0152	0.0746	0.2084
2013	0.0383	0.1822	0.0135	0.0128	0.0708	0.1918
2014	0.0407	0.1866	0.0129	0.0127	0.0671	0.1581
2015	0.0476	0.1883	0.0109	0.0133	0.0780	0.1407
2016	0.0501	0.1670	0.0068	0.0145	0.0838	0.1456
2017	0.0393	0.1424	0.0059	0.0165	0.0837	0.1506
2018	0.0466	0.1455	0.0089	0.0154	0.0569	0.1494
平均值	0.0449	0.1844	0.0106	0.0142	0.0714	0.1587
中位数	0.0450	0.1406	0.0105	0.0071	0.0508	0.1186
最小值	− 0.2294	0.0000	− 0.0573	0.0000	− 0.1869	0.0039
最大值	0.2777	0.8317	0.0625	0.1037	0.4674	0.6648
标准差	0.0828	0.1810	0.0189	0.0199	0.1023	0.1338
样本量	30004	30004	30004	30004	30004	30004

（2）现金流出情况。债务本金在 2012 年之前总体上趋于下降，2012～2015 年处在 0.1800～0.1900，在 2015 年后趋于下降，2018 年为 0.1455。利息的变动趋势与债务本金相似。从债务本息的变动趋势来看，它们很可能是非金融企业财务脆弱性得以缓解的重要驱动力，而且从 2015 年起的变动方向和变化幅度应是企业落实"去杠杆"政策目标后取得的成效。股息支付变化也具有阶段性的特征，在 2011 年前趋于增加，2011～2014 年略有下降，2015 年开始增加，在 2018 年达到 0.0154。股息支付的变化趋势，与债务本息、风险性融资样本量所占比例和企业财务脆弱性指数的变化方向几乎相反。直觉上，作为现金流出之一的股息支付，并未提高风险性融资样本量所占比例和企业财务脆弱性指数，而是随着股息支付的增加，风险性融资样本量所占比

例和企业财务脆弱性指数下降。扩大投资，2011 年前波动性上升，2011 年后趋于下降，2014 年下降至 0.0671 后重新开始回升，但 2018 年又降至 0.0569。因此，暂时无法直接据此判断扩大投资产生的现金流出对风险性融资样本量所占比例和企业财务脆弱性指数的最终影响。总体而言，债务本金、利息、股息、投资净现金流等现金流出量占总资产平均值的比例分别为 0.1844、0.0106、0.0142、0.0714；由此可知，企业当期现金净流入无法同时满足企业还本付息、股息支付、扩大投资对现金的需求，只能满足其中某些项目（比如：利息支出、股息支付）对现金的需求，不足部分（如偿还债务本金、扩大投资）将不得不通过启用作为安全边际的存量现金、通过对外融资或出售资产等其他方式予以解决。

（3）安全边际情况。在 2012 年前，存量现金的上升趋势比较明显，2012～2015 年趋于下降，2015 年起波动性上升。存量现金的变化趋势与风险性融资样本量所占比例和企业财务脆弱性指数的变化趋势基本相反。因此，存量现金增加很可能是非金融企业财务脆弱性得以缓解的重要驱动力。总体而言，上市公司期初现金及现金等价物余额占总资产均值的比例为 0.1587，说明存量现金的规模，只能部分弥补现金净流入和现金流出之间的缺口，换言之，在中国沪深 A 股市场中交易的非金融企业在总体上具有外部融资需求、故而对金融资本具有一定的依赖性、对外部融资条件和金融市场环境的变化具有一定的敏感性，更直接地说，具有一定程度的财务脆弱性。

综上所述可知：首先，从企业财务脆弱性的变化趋势来看，近年来，风险性融资样本量所占比例和企业财务脆弱性指数有所下降，即企业财务脆弱性有所缓解是多种因素共同作用的结果，但其主要原因是还本付息导致现金流出减少和存量现金增加。其次，从企业财务脆弱性的总体情况来看，企业当期现金净流入和存量现金之和无法同时满足其在履行对债权人还本付息和对投资者（股东）分红派现财务承诺与扩大投资时对现金的需求，因此具有外部融资需求、对金融资本具有不同程度的依赖性，对外部融资条件和金融市场环境的变化具有不同程度的敏感性，换言之，存在不同程度的财务脆弱性。

第四节　企业财务脆弱性的市场表现

正如前面所述，对冲性融资企业的现金净流入不仅足以履行对债权人还本付息的财务承诺（FF_1），而且能够满足对投资者（股东）分红派现的财务承诺、扩大投资规模对现金的需求（FF_2），故而财务最稳健。投机性融资企业需在现金净流入的基础上启用存量现金才能履行其对债权人还本付息和对投资者分红派现的财务承诺，对外部融资条件和金融市场环境变化具有一定的敏感性，故而财务较为脆弱。风险性融资企业只能通过对外融资或出售资产的方式筹集资金以履行其对债权人还本付息和对投资者分红派现的财务承诺；如果通过对外融资，企业对外部融资条件和金融市场环境的变化十分敏感；如果企业通过出售资产的方式筹集资金，十分容易造成资本价值下降、资产价格快速下跌甚至崩溃，并最终导致企业陷入财务困境和破产倒闭，故而财务最为脆弱。基于不同融资类型企业的这些行为特征和后果，本章可以合理地预测，风险性融资企业发生股价崩盘的风险应高于对冲性融资企业和投机性融资企业。此外，根据资产定价的基本原理（例如：根据资本资产定价模型，"高风险，高收益；低风险，低收益；零风险，无风险收益"）可知，高风险需要高（必要）收益补偿；因此，如果股票市场有效，投资者应该能够识别企业融资类型和准确评价企业财务脆弱性，而且对融资类型和财务脆弱性不相同的企业的期望收益或要求的必要回报应该也不会一样，具体而言，当股票市场投资者投资于财务较稳健的对冲性融资企业时，由于承担的风险较低，投资者的期望收益或要求的必要回报较低，进而表现为贴现率和企业加权平均资本成本率（WACC）较低，故而公司价值较高；与之相反，当股票市场投资人投资于财务最为脆弱的风险性融资企业时，由于承担着更高水平的风险，投资者的期望收益或要求回报较高，进而表现为贴现率和企业加权平均资本成本率较高，故而公司价值应较低。

为此，本章使用如下三个方面指标反映企业财务脆弱性对应的股票市场表现，具体而言：

首先，股价崩盘风险。参照金（Kim et al.，2011）、许年行等（2013）、王化成等（2015）、蒋德权等（2018）的经验做法，本章使用负收益偏态系数（NCSKEW）和股票收益上下波动的比例（DUVOL）度量企业的股价崩盘风险。如果负收益偏态系数（NCSKEW）的值越大，表示股票收益率的偏态系数负的程度越严重，企业股价崩盘风险越高；同理，企业股票收益上下波动的比率（DUVOL）的数值越大，表示股票收益率的左偏程度越严重，企业股价崩盘风险越高。表3.5中第（1）~（4）列的统计结果显示，总体而言，对冲性融资企业和投机性融资企业的负收益偏态系数负的程度和股票收益上下波动的比例的左偏程度较小，风险性融资企业较大；而且两组样本均值差异的检验结果显示，对冲性融资企业和投机性融资企业的负的程度和左偏程度均在1%水平下显著低于风险性融资企业。该项结果说明，由于风险性融资企业对外部融资条件和金融市场环境的变化更敏感，发生资本价值和资产价格急剧下跌甚至崩溃的概率更高，故而风险性融资企业股价崩盘风险显著高于对冲性融资企业和投机性融资企业。

其次，个股收益率。参照市场模型的计算方法，本章使用个股超额收益率（AR）来度量个股收益率，该指标等于个股持有期年收益率与持有期流通市值加权平均市场年收益率之间的差额。表3.5第（5）（6）列的统计结果显示，总体而言，对冲性融资企业和投机性融资企业的超额收益率较高，而风险性融资企业较低；而且两组样本均值差异的检验结果显示，对冲性融资企业和投机性融资企业的个股超额收益率（0.0535和0.0532）在1%水平下显著高于风险性融资企业（0.0376和0.0383）。该项结论的实践启示在于，

表 3.5   企业财务脆弱性的股票市场表现对比分析

企业融资类型和财务脆弱性		NCSKEW		DUVOL		AR		M/B	
		(1) FF_1	(2) FF_2	(3) FF_1	(4) FF_2	(5) FF_1	(6) FF_2	(7) FF_1	(8) FF_2
二分类法	对冲性融资和投机性融资	−0.2170	−0.2179	−0.1390	−0.1395	0.0535	0.0532	3.0730	3.0903
	风险性融资	−0.2754	−0.2730	−0.1894	−0.1877	0.0376	0.0383	1.7868	1.8015
	T 值	7.1240	6.7237	8.8749	8.4859	2.9431	2.7569	53.4647	53.5935
三分类法	对冲性融资	−0.2072	−0.2304	−0.1287	−0.1447	0.0759	0.0979	3.5409	3.6066
	投机性融资	−0.2265	−0.2145	−0.1491	−0.1381	0.0309	0.0407	2.6009	2.9456
	风险性融资	−0.2754	−0.2730	−0.1894	−0.1877	0.0376	0.0383	1.7868	1.8015

与投资于风险性融资企业的投资者相比，投资于对冲性融资企业的投资者能够获得较高的超额回报。

最后，公司估值水平。参照现有大多数文献的经验做法，本章采用市值与面值的比值即市账比（M/B）度量公司估值水平，该指标等于公司年均总市值除以总资产面值，非流通股的市值使用净资产面值代替。表 3.5 中第（7）（8）列的统计结果显示，总体而言，对冲性融资企业和投机性融资企业的市账比值较高，风险性融资企业较低，且两组样本均值差异的检验结果显示，前者（3.07 和 3.09）在 1% 水平下显著高于后者（1.79 和 1.80）。该研究结论的实践启示是，与从事风险性融资活动的企业相比，股票市场投资者对从事对冲性融资活动的企业给予更高估值，在一定程度上体现了中国股票市场上理性价值型投资者的行为特征；对企业高管而言，可考虑将提高对冲性融资、减少风险性融资活动以缓解企业财务脆弱性作为增加股东财富、提高公司市场估值的重要措施之一。

总而言之，对冲性融资企业的股价崩盘风险较低、个股收益和公司估值水平较高；反之，风险性融资企业的股价崩盘风险较高、个股收益和公司估值水平较低；企业财务脆弱性对应的市场表现存在明显差异。本章中的这些研究成果为股票市场投资者选择投资标的、债权人（尤其是商业银行等金融机构）有效识别企业融资类型和准确评估企业真实的财务承诺履行能力、公司管理层缓解企业财务脆弱性和提高公司价值提供了一些新的理论和实证依据。

第五节　本章小结

本章基于明斯基（Minsky）在金融不稳定假说中关于企业融资类型和企业财务脆弱性的基本思想和经典论述，根据中国企业会计准则和财务报表构建适用于度量中国企业财务脆弱性的指标（FF_1 和 FF_2），并在此基础上分析了中国沪深 A 股市场中的非金融企业财务脆弱性的分布、演变与市场表现。

研究发现：第一，总体而言，在 2006 ~ 2018 年，在中国沪深 A 股市场中，一半以上的非金融业企业从事安全等级较高的对冲性融资和风险等级低的投机性融资活动，而剩余非金融企业从事风险等级高的风险性融资活动，它们的财务相当脆弱，其中：在经济上行时期、主板以及电力、热力、燃气及水生产和供应业等公共基础行业企业的财务较脆弱。第二，从变化趋势来看，2015 年以来，中国沪深 A 股市场的非金融企业财务脆弱性已经有所缓解或已有明显改善，这不仅源于已上市的非金融企业从风险等级高的风险性融资迁移至风险等级低的投机性融资（即"存量效应"），而且源于企业还本付息导致的现金流出减少和存量现金增加。第三，从融资类型和财务脆弱性不同的企业的市场表现来看，安全等级高的对冲性融资企业的股价崩盘风险较低、股票收益率和公司估值水平较高；与之相反，风险等级高的风险性融资企业的股价崩盘风险较高、股票收益率和公司估值水平则较低。这些研究发现表明，融资类型和财务脆弱性不同的企业，其市场表现（即经济后果）存在明显差异。

基于本章上述研究结果，笔者提出如下两个方面建议：第一，对央行与政府部门，尤其对证券监管和金融监管部门而言，应高度重视在中国沪深 A 股市场中交易的非金融企业（尤其是主板和公共基础行业的企业）的财务脆弱性。第二，对微观企业而言，考虑到非金融企业财务脆弱性的市场表现存在明显差异、产生重要的经济后果，故而股票市场的投资者在选择投资标的时，应当考虑企业财务脆弱性；债权人（尤其是商业银行等金融机构）应当以更加有效的方法和指标识别非金融企业的融资类型，并评价非金融企业真实的财务承诺履行能力；企业管理层可以考虑通过缓解企业财务脆弱性的方式来提高公司估值水平和实现公司价值最大化的目标。

本章构建了适用于识别在中国沪深 A 股市场中交易的非金融企业融资类型并度量其财务脆弱性的指标，并据此考察了中国非金融企业财务脆弱性的分布和演变等基本事实，还分析了企业财务脆弱性对应的市场表现，这些发现既有效论证了本书研究内容的新颖性、可行性、重要性和必要性，这为开展后续章节内容研究提供基础性工作条件，而且指出本书研究成果的经济价值所在。与此同时，本章基于动态视角考察和分析中国非金融企业财务脆弱性的基本方法和逻辑思路，不仅可以扩展至在中国上市交易的债券市场，而且可以考虑推广到世界其他主要经济体的股票市场和债券市场，从而为海外乃至国际金融市场主要参与者（如政策制定者和监管者、投资者和债权人、企业管理者）提供一个新的分析方法或增加一个新的观察视角。

第四章

企业财务脆弱性的决定因素

第一节　引　　言

　　第三章中的研究成果表明，在中国沪深 A 股市场中，一半以上的非金融类上市公司从事安全等级高的对冲性融资和风险等级低的投机性融资活动，而剩余非金融上市公司从事风险等级高的风险性融资，这些企业的财务较为脆弱。因此，理论分析和实证检验企业财务脆弱性的决定因素，这对缓解企业财务脆弱性将具有重要的现实价值。为此，基于明斯基（Minsky）在金融不稳定假说（FIH）中关于企业融资类型和企业财务脆弱性的基本思想和经典论述和借鉴最新实证文献的研究成果，并参照公司财务与会计研究的上市公司资本结构决定因素的经典研究范式，本章尝试性地先从微观层面入手，分析并实证检验了 2006～2018 年在中国沪深 A 股市场中交易的非金融企业财务脆弱性的决定因素。

研究发现：首先，企业的盈利能力、自由现金流、流动比率对企业财务脆弱性产生了显著的负向影响；其次，企业负债水平、企业规模对企业财务脆弱性产生了显著的正向影响；再次，从回归系数的大小来看，提高企业盈利能力、降低企业负债水平、增强企业清偿能力在缓解企业财务脆弱性中的作用（经济效应）尤其明显；最后，进一步研究发现，与非国有企业相比，企业盈利能力和企业流动比率、企业规模对国有企业财务脆弱性的缓解作用分别更大、更小。在使用三分类重新定义被解释变量企业财务脆弱性、将解释变量进行滞后一期处理缓解反向因果关系、控制遗漏变量估计偏误等计量问题后，本章的研究结论仍然成立。

本章的边际贡献主要体现在如下三个方面：第一，从研究视角和研究内容来看，本章尝试性从微观层面入手，理论分析并实证检验了 2006～2018 年在中国沪深 A 股市场中交易的非金融企业财务脆弱性的决定因素；研究成果不仅为本书后续内容开展实证研究、也为其他学者今后在该领域开展更加富有成效的研究提供一些工作基础。第二，从研究对象来看，本章研究成果提供了中国沪深 A 股市场中非金融企业财务脆弱性决定因素的经验证据，有助于与明斯基（Minsky）在金融不稳定假说中关于企业融资类型与企业财务脆弱性的理论学说与仁志（Nishi，2018）、戴维斯等（Davis et al.，2019）等以资本市场较发达国家上市公司为研究对象的实证文献形成良好的互补关系，有助于弥补或者进一步丰富该领域的理论成果和实证文献。第三，从企业经营和财务管理实践的角度来看，对企业管理层努力寻找从事对冲性融资活动的途径以缓解企业财务脆弱性的措施也具有一定的实践参考价值。

第二节 文献回顾与研究假设

正如前面所述，明斯基（Minsky，2008，2015）一系列研究成果奠定了企业融资类型和企业财务脆弱性度量方法的基本思想，国内外学术界关于企业财务脆弱性的影响因素研究还刚刚处于起步阶段，仍然处于萌芽之中。因此，如何结合中国的制度背景、最新的企业会计准则和一般企业财务报表格式的列报，探讨企业财务脆弱性的影响因素，具有很重要的学术价值和应用价值。为此，参照公司资本结构决定因素①的研究范式，本章率先尝试性地从微观层面入手分析并实证检验中国非金融企业财务脆弱性的决定因素。

一、企业盈利能力与企业财务脆弱性

一般企业利润表的编制依据是权责发生制，现金流量表的编制依据是收付实现制。虽然利润表和现金流量表的编制依据不同，利润表中的利润科目与现金流量表中的现金流科目也不一致，例如：净利润与经营活动产生的现金流量净额（经营净现金流）②，但较强的盈利能力至少有助于增加现金流入量，即两者在理论上应该是正相关关系。在已有的实证文献中，一些学者甚至直接将企业的利润作为其现金来源，例如：穆里根（Mulligan，2013）使

---

① 企业资本结构影响因素的实证文献诸多，但弗兰克和戈亚尔（Frank and Goyal，2009）研究发现，当使用市场杠杆率度量资本结构时，最可靠的6个影响因素是行业杠杆率、市账比、有形资产占比、盈利能力、总资产的对数、预期通货膨胀率；当使用账面杠杆率度量资本结构时，公司规模、市账比、通货膨胀率的影响不再可靠。

② 以净利润和经营净现金流之间的关系为例，按照间接法计算公式，经营净现金流是净利润、利息支出、资产减值准备、信用减值损失、资产处置损益和非付现成本（如折旧和摊销）等会计科目的相加之和。因此，在理论上，如果仅就两者的绝对规模（金额）而言，经营净现金流应该大于净利润。

用净利润、仁志（Nishi，2018）使用营业利润、特日－菲洛等（Torres-Filho et al.，2019）使用息税折旧摊销前利润（EBITDA）作为现金净流入的替代性指标。戴维斯等（Davis et al.，2019）发现，美国创业公司在盈利之前进入股票市场进行权益融资可能影响研究样本的融资类型，因为这些创业公司当前的现金流量很可能低于其财务承诺，从而被归类为风险性融资。因此，如果企业利润为正和/或利润（现金）水平更高，至少会具有如下四个方面功能：第一，净利润可以作为企业留存收益的主要来源之一，有助于增加企业的权益资本规模、降低负债水平和企业对金融资本的依赖性，并减少还本付息导致的现金流出；第二，更高的利润水平、更多的现金流量，这将有助于提高企业将来还本付息的能力，以便降低企业对外部融资条件和金融市场环境变化的敏感性；第三，更高的利润水平、更多的现金流，有助于保障企业扩大（新增资本性）投资对现金的需求，以保证正常生产经营，并提高自我可持续发展能力；第四，更高的利润水平、更多的现金流可以作为现金储备，以提高企业现金持有水平、改善资产质量和流动性、降低财务风险、增加财务弹性。利润和现金流的上述四项功能都将有助于缓解企业财务脆弱性。基于上述分析，提出本章的第一个假设：

假设4.1：企业盈利能力与企业财务脆弱性负相关。

二、企业负债水平与企业财务脆弱性

资产负债率虽不是预测企业风险性融资发生概率的良好指标，但它是后者的重要影响因素（Pedrosa，2019）。企业负债水平越高，这通常意味着对债权人还本付息的财务承诺越多；此外，与企业对投资者的财务承诺（股息支付或分红派现）相比，债务还本付息的刚性兑付特性更明显。因此，企业负债水平较高或提高，不仅增加了现金流出规模，而且其债务还本付息的刚性特征也增强了现金流出的刚性。仁志（Nishi，2018）研究发现，资本资产比率（即股东权益比率）越高（表示负债水平越低），日本企业从事风险性融资的概率越低、而从事对冲性融资的概率越高，这说明企业负债水平与日本企业风险性融资发生概率之间为正相关关系。且本书第三章表3.4统计结果显示，中国沪深A股市场中交易的非金融企业债务本金偿还和利息支出的变化方向与其财务脆弱性的演变相似。基于上述分析，提出本章的第二个假设：

假设4.2：企业负债水平与企业财务脆弱性正相关。

三、企业自由现金流与企业财务脆弱性

企业自由现金流量是指在不危及企业生存和发展的前提下可供分配给债权人和投资者的最大金额。如果企业自由现金流量为正，表示在扣除所有经营支出和投资需要与税收之后、在清偿债务之前的现金流量还有剩余；企业自由现金流量越大，其对资本供应者的清偿能力越强，换言之，企业对债权人和投资者的财务承诺履行能力越强。与之相反，如果企业自由现金流量为负值，说明处于资金缺口状态（吴超鹏等，2012）、现金流量无法满足自身生产与发展的需要，可供分配给债权人和投资者的现金更是无法保证；而且资金缺口规模越大，对债权人和投资者利益的保护程度越低，换言之，在履行对债权人和投资者财务承诺方面的能力越弱，对金融资本更加依赖，对外部融资条件和金融市场环境的变化也会更加敏感，企业财务越脆弱。基于上述分析，提出本章的第三个假设：

假设4.3：企业自由现金流与企业财务脆弱性负相关。

四、企业流动比率与企业财务脆弱性

正如前面所述，即使企业当期现金净流入无法满足在履行对债权人和投资者财务承诺时对现金的需求，但可以启用过去累积的存量现金来满足其在

履行财务承诺时对现金的需求，甚至可以满足扩大投资规模对现金的部分需求，以应对直接进入金融市场融资时受外部融资条件和金融市场环境变化的冲击。而且本书第三章表3.4的统计结果显示，在中国沪深A股市场中，非金融企业存量现金的变化方向与其财务脆弱性的演变几乎相反。此外，如果企业资产结构以流动资产为主即资产的流动性较强，通常意味着这些资产的变现（变换成现金）速度较快、变现成本较低，即使企业确实需要通过出售资产才能履行其对债权人和投资者的财务承诺，那么，流动资产的变现能力也相对较强。基于上述分析，提出本章的第四个假设：

假设4.4：企业流动比率与企业财务脆弱性负相关。

五、企业规模与企业财务脆弱性

尽管明斯基（Minsky）很少谈及企业规模与财务脆弱性的关系，但他在文献中经常提到政府规模；由此可见，企业规模可能会影响到其财务脆弱性。仁志（Nishi，2018）基于日本企业的研究成果也表明，资本规模越大，企业财务越稳健。戴维斯等（Davis et al.，2019）基于美国上市公司的研究成果也表明，1970年后风险性融资公司份额显著增长，而且集中在中小公司，因为它们（即中小企业）越来越可能通过首次公开发行（IPO）成为上市公司，从而以风险性融资的形式进入研究样本、成为研究对象，影响着金融市场的不稳定性。但本书第三章表3.2中C栏的统计结果显示，与中小板上市公司和创业板上市公司相比，在主板上市交易的大型企业的财务更加脆弱。根据信息不对称理论和规模效应，大型企业的信息披露相对更加规范和完整，而且信息披露的平均成本较低，其债务资本可获得性和负债水平较高，故而还本付息导致的现金流出更多。与之不同的是，小企业因为规模劣势和面临信息不对称程度更高导致的外部融资约束更加严重，它们为保持财务弹性，以便更好地抓住将来投资机会和满足成长对现金的需求，往往会通过制定更加谨慎的财务政策，比如：负债水平更低和现金持有水平更高，以便节约或减少其现金流出。综上所述可知，企业规模通常是企业财务脆弱性的重要影响因素，更加直接地说，与小企业相比，大企业的财务更脆弱。基于上述分析，提出本章的第五个假设：

假设4.5：企业规模与企业财务脆弱性正相关。

第三节　研究设计

一、数据来源与样本选择

本章研究所需要的微观企业数据来自万得资讯（Wind）。由于在构建识别企业融资类型和度量企业财务脆弱性指标时用到的"期初现金及现金等价物余额"会计科目及其数据自 2006 年起才开始编制和公布，因此，本章将 2006~2018 年在中国沪深 A 股市场交易的企业作为研究对象，并按照下列标准筛选样本：首先，剔除证券、银行、保险等金融行业企业；其次，剔除关键数据缺失和已退市的企业样本。根据中国证监会制定的《上市公司行业分类指引》（2012 年修订版），制造业取两位代码，其他行业均取一位代码。本章最终获得了 30004 个样本观测值，它们来自 13 个年度、21 个行业的 3487 家企业。为缓解极端值对估计结果的潜在影响，本章在 1% 和 99% 水平下对企业层面的连续型变量进行缩尾处理。

二、模型设定与变量界定

基于明斯基（Minsky，2008、2015）在金融不稳定假说中关于企业融资类型和企业财务脆弱性的基本思想和经典论述，参照仁志（Nishi，2018）、戴维斯等（Davis et al.，2019）的经验做法，本章尝试性地通过模型（4.1）来检验中国非金融企业财务脆弱性的微观层面决定因素（即假设 4.1～假设 4.5）：

$$FF_{i,t} = \beta_0 + \beta_1 ROA_{i,t} + \beta_2 Lev_{i,t} + \beta_3 FCF_{i,t} + \beta_4 CR_{i,t}$$

$$+ \beta_5 Size_{i,t} + \sum Ind + \sum Year + \varepsilon_{i,t} \quad\quad (4.1)$$

模型（4.1）的被解释变量为企业财务脆弱性（FF），该变量的两种定义详见本书第三章中表 3.1。二分类法下的被解释变量属于二值选择（binary choice）数据，故而使用 Logit 模型进行回归能提高估计效率。三分类法下的被解释变量属于离散型排序（ordered data）数据，故而使用有序 Logit 模型（ordered logit model）进行回归的效率会更高。参照仁志（Nishi，2018）、戴维斯等（Davis et al.，2019）的实证研究方法，本章将以二分类法为主，以三分类法为辅（稳健性检验），且在展示回归结果时直接报告概率。解释变量包括：企业资产净利率（ROA）、企业资产负债率（Lev）、企业自由现金流（FCF）、企业流动比率（CR）、企业规模（$Size$）。根据公司财务与会计研究的研究范式，考虑到不同行业之间潜在的差异、不同年度宏观经济因素可能会对回归结果的潜在影响，模型（4.1）还控制了行业（Ind）和年度（$Year$）这两个虚拟变量。模型（4.1）中所有变量的具体定义详见表 4.1。

表 4.1 变量定义

变量类型	变量名称	符号	计算公式
被解释变量	企业财务脆弱性	FF	将对冲性融资和投机性融资企业赋值为 0、风险性融资企业赋值为 1
解释变量	企业资产净利率	ROA	净利润÷总资产均值
	企业资产负债率	Lev	负债总额÷总资产

续表

变量类型	变量名称	符号	计算公式
解释变量	企业自由现金流	FCF	［息税前利润×（1－所得税率）+折旧与摊销－（营运资金增加+购建固定、无形和其他长期资产支付的现金）］÷总资产均值
	企业流动比率	CR	流动资产÷流动负债
	企业规模	$Size$	总资产加1后的自然对数
控制变量	行业	Ind	该行业赋值为1，其他行业赋值为0
	年度	$Year$	当年赋值为1，其他年度赋值为0

第四节　实证结果及分析

一、关键变量的描述性统计

关键变量的描述性统计如表4.2所示。

表4.2　　　　　　　　　关键变量的描述性统计

变量类型	变量名称	符号	平均值	中位数	最小值	最大值	标准差	样本量
被解释变量	企业财务脆弱性	FF_1	0.4907	0	0	1	0.4999	30004
		FF_2	0.5031	1	0	1	0.5000	30004
解释变量	企业资产净利率	ROA	0.0417	0.0396	-0.2546	0.2343	0.0668	30004
	企业资产负债率	Lev	0.4474	0.4388	0.0480	1.1285	0.2252	30004
	企业自由现金流	FCF	-0.0234	-0.0095	-0.5469	0.3623	0.1362	30004
	企业流动比率	CR	2.4155	1.5542	0.2049	17.9966	2.7418	30004
	企业规模	$Size$	21.9004	21.7491	19.0706	25.8789	1.3056	30004

表 4.2 统计结果显示：第一，2006 ~ 2018 年，对冲性融资和投机性融资样本量占全样本的比例（FF_1、FF_2）分别为 0.5093、0.4969，风险性融资样本量占全样本的比例（FF_1、FF_2）分别为 0.4907、0.5031，这表示中国沪深 A 股市场中，一半以上的非金融类上市公司从事安全等级高的对冲性融资和风险等级低的对冲性融资；而剩余非金融上市公司从事风险等级高的融资活动，说明这些非金融企业财务较脆弱。第二，企业资产净利率（ROA）的平均值为 0.0417，最大值和最小值分别为 0.2343 和 - 0.2546，标准差为 0.0668，该结果表示不同年度或不同非金融上市公司的盈利能力波动较大或差异较大。第三，企业资产负债率（Lev）的均值为 0.4474，这表示中国上市公司资本结构以权益资本为主。第四，企业自由现金流（FCF）的平均值和中位数分别为 - 0.0234 和 - 0.0095，表示大多数上市公司处于资金缺口的状况，这说明经营活动产生的现金流量净额不足以同时满足生存和发展对现金的需求，对债权人和投资者的清偿能力相当弱，这无疑将会加剧企业的财务脆弱性。第五，企业流动比率（CR）的平均值和中位数分别为 2.42 和 1.55①，而且最大值和最小值分别为 18.00 和 0.20，标准差为 2.74，这表示中国上市公司的流动比率（即流动负债的偿付能力）较强，但不同年度或不同上市公司的流动比率波动较大或差异较大。第六，企业规模（$Size$）平均值和中位数分别为 21.90 和 21.75，最大值和最小值分别为 25.88 和 19.07，标准差为 1.31，这表示不同年度或不同公司的规模差异比较大。

二、单变量相关系数检验

表 4.3 报告了模型（4.1）中主要变量之间皮尔逊（Pearson）单变量相关系数检验结果。从单变量相关系数检验结果可知：第一，企业财务脆弱性

---

① 根据国外经验研究的成果，流动比例保持在 2 倍左右是比较合适的，有利于保障流动负债的偿付。

度量指标一（FF_1）和二（FF_2）之间在5%水平下显著正相关且相关系数高达0.9555；该结果说明，企业财务脆弱性的度量方法和指标之间的信息含量相当接近，因此，它们的决定因素也应该一致。第二，企业资产净利率（ROA）、企业自由现金流（FCF）、企业流动比率（CR）与企业财务脆弱性（FF_1和FF_2）之间均在5%水平显著负相关；该结果说明，盈利能力越强、清偿能力越高、流动性越好，企业从事对冲性融资和投机性融资活动的概率将会越高、从事风险性融资活动的概率将会越低。第三，企业负债水平（Lev）、企业规模（$Size$）与企业财务脆弱性（FF_1和FF_2）之间均在5%水平显著正相关。该项结果说明，企业负债水平越高、资产规模越大，企业从事对冲性融资和投机性融资活动的概率将越低，从事风险性融资活动的概率将越高。总体而言，单变量相关系数检验结果与本章研究假设4.1~假设4.5基本相符。鉴于尚未控制不同年度宏观经济和不同行业差异的潜在影响，故而需要在多元回归后才能得到更稳健和可靠的研究结论。

表4.3　　　　　　　　皮尔逊（Pearson）单变量相关系数检验

变量	FF_1	FF_2	ROA	Lev	FCF	CR	$Size$
FF_1	1.0000						
FF_2	0.9555*	1.0000					
ROA	−0.2871*	−0.2683*	1.0000				
Lev	0.4683*	0.4521*	−0.4050*	1.0000			
FCF	−0.0775*	−0.0794*	0.0183*	0.0526*	1.0000		
CR	−0.3442*	−0.3395*	0.2556*	−0.6207*	−0.1125*	1.0000	
$Size$	0.1902*	0.2021*	0.0205*	0.3426*	0.1016*	−0.2807*	1.0000

注：＊表示相关系数在5%水平下显著（双尾）。

三、全样本检验

表4.4第（1）（2）列的回归结果显示：第一，企业资产净利率

（*ROA*）、企业自由现金流（*FCF*）、企业流动比率（*CR*）与企业财务脆弱性之间的回归系数均在1%水平下显著为负，表示企业盈利能力、企业自由现金流、企业流动性对企业财务脆弱性产生显著的负向影响，该结果说明，企业的盈利能力越强、清偿能力越高、流动性越好，企业从事安全等级高的对冲性融资和风险等级低的投机性融资活动的概率将会越高、从事风险性融资活动的概率将会越低，有助于降低企业财务脆弱性。第二，企业负债水平（*Lev*）、企业规模（*Size*）与企业财务脆弱性之间的回归系数在1%水平下显著为正，这表示企业负债水平、企业规模对企业财务脆弱性产生显著的正向影响，该结果说明企业负债水平越高、企业规模越大，企业从事安全等级高的对冲性融资和风险等级低的投机性融资活动的概率将明显越低，而从事风险等级高的风险性融资活动的概率将明显越高，从而会加剧企业财务脆弱性。第三，从回归系数的大小来看，企业盈利能力、企业负债水平、企业自由现金流对企业财务脆弱性的影响更大、经济效应尤为明显，换言之，企业盈利能力、企业负债水平、企业自由现金流增加一单位，企业从事风险性融资活动的概率将分别下降6.23%和5.51%、上升3.35%和3.12%、下降2.47%和2.47%。综上所述可知，本章提出的假设4.1~假设4.5均得到支持。

表4.4　　　　　　　　企业财务脆弱性决定因素的回归结果

| 变量 | 全样本 | | 样本分组检验 | | | |
| | | | 国有企业 | | 非国有企业 | |
	(1) FF_1	(2) FF_2	(3) FF_1	(4) FF_2	(5) FF_1	(6) FF_2
$ROA_{i,t}$	−6.2334*** (0.000)	−5.5074*** (0.000)	−8.5223*** (0.000)	−8.1701*** (0.000)	−5.8574*** (0.000)	−5.0296*** (0.000)
$Lev_{i,t}$	3.3452*** (0.000)	3.1165*** (0.000)	3.2879*** (0.000)	2.8913*** (0.000)	3.2042*** (0.000)	3.0215*** (0.000)
$FCF_{i,t}$	−2.4714*** (0.000)	−2.4690*** (0.000)	−2.4319*** (0.000)	−2.5437*** (0.000)	−2.3709*** (0.000)	−2.3292*** (0.000)

续表

变量	全样本		样本分组检验			
			国有企业		非国有企业	
	(1) FF_1	(2) FF_2	(3) FF_1	(4) FF_2	(5) FF_1	(6) FF_2
$CR_{i,t}$	−0.2245 ***	−0.2026 ***	−0.5799 ***	−0.6087 ***	−0.1846 ***	−0.1621 ***
	(0.000)	(0.000)	(0.000)	(0.000)	(0.000)	(0.000)
$Size_{i,t}$	0.1507 ***	0.1947 ***	0.0977 ***	0.1376 ***	0.2996 ***	0.3560 ***
	(0.000)	(0.000)	(0.000)	(0.000)	(0.000)	(0.000)
常数项	−3.0909 ***	−3.9375 ***	−1.3467 ***	−1.8372 ***	−6.0724 ***	−7.2755 ***
	(0.000)	(0.000)	(0.010)	(0.000)	(0.000)	(0.000)
Ind	控制	控制	控制	控制	控制	控制
$Year$	控制	控制	控制	控制	控制	控制
Pseudo R^2	0.2373	0.2245	0.2590	0.2544	0.2392	0.2261
Wald chi^2	4822.87 ***	4806.85 ***	1808.47 ***	1795.88 ***	3028.16 ***	3044.53 ***
观测值	30004	30004	11638	11638	11638	18366

注：*** 、** 、* 分别表示在1%、5%、10%水平下显著；括号内为经公司聚类异方差调整的 p 值。

四、样本分组检验

鉴于二元经济结构（企业产权分为国有和非国有）在中国仍然是一个较为普遍的现象，两者（国有企业和非国有企业）的治理结构和目标存在较大差异，而且已有的研究成果表明，企业产权性质是商业银行等金融机构在信贷发放决策过程中的重要考虑，也是一般企业信贷资本可得性的重要影响因素，而且这种影响主要表现在两个方面。一方面，与国有企业相比，民营企业往往承担着更高的债务成本；且企业被民营化后的债务资本成本率明显增加。另一方面，魏志华等（2012）的研究成果表明，国有企业存在"预算软约束"，同时国有企业在获取银行信贷等方面拥有政策优势。与国有企业相比，民营企业往往面临着更大的外部融资约束（魏志华等，2014）。综上所述，与民营企业面临的"融资难，融资贵"相比，国有企业在债务融资成本和债务融资规模方面具有优势，其融资约束程度更低。这通常会产生以下两种后果：第一，与非国有企业相比，国有企业对外部融资条件和金融市场环境变化的敏感性相对较低；第二，国有企业因为更容易获得更多的信贷资本而造成负债水平更高以及还本付息导致的现金流出更多。在此情境下，上述五个变量（决定因素）对国有企业和非国有企业财务脆弱性的影响程度可能存在差异。为此，本章根据最终实际控制人性质将全样本分为国有企业组和非国有企业组，以检验企业财务脆弱性决定因素的影响程度（即经济效应）是否存在差异。

表4.4第（3）~（6）列的回归结果显示：第一，不管是在国有企业组还是在非国有企业组，企业盈利能力、企业自由现金流、企业流动比率仍然均在1%水平下对企业财务脆弱性产生显著的负向影响，且企业负债水平、企业规模与仍然均在1%水平下对企业财务脆弱性产生显著的正向影响。第二，从回归系数大小情况来看，与非国有企业相比，企业盈利能力和企业流动比率对国有企业财务脆弱性的影响较大，企业规模对国有企业财务脆弱性的影响较小。该结果说明，从统计学的角度来看，企业盈利能力、企业负债水平、企业自由现金流、企业流动性、企业规模对国有企业和非国有企业财务脆弱性均产生了显著影响，但从影响大小或经济效应来看，企业盈利能力、企业流动性、企业规模对两组样本的影响力存在一定差异。

五、稳健性检验

针对上述研究过程中潜在的计量等问题，本章还进行如下三个步骤的稳健性检验：

（1）使用三分类法重新定义被解释变量企业财务脆弱性。根据非金融企业融资类型，将当年从事对冲性融资、投机性融资、风险性融资的企业，分别赋值为1、2、3。考虑到被解释变量企业财务脆弱性此时为排序型数据，使用有序Logit模型（ordered logit model）进行回归，有助于提高估计效率。表4.5第（1）（2）列的回归结果显示，企业资产净利率（ROA）、企业自由现金流（FCF）、企业流动比率（CR）与企业财务脆弱性之间的回归系数仍然均在1%水平下显著为负，企业负债水平（Lev）、企业规模（Size）与企业财务脆弱性的回归系数仍在1%水平下显著为正。

表4.5　　　　　　　　　　　　　　稳健性检验

变量	(1) FF_1	(2) FF_2	(3) FF_1	(4) FF_2	(5) FF_1	(6) FF_2
	更换企业财务脆弱性定义		缓解反向因果关系		控制遗漏变量估计偏误	
$ROA_{i,t}$	− 9.0761 *** (0.000)	− 6.0613 *** (0.000)	− 6.1869 *** (0.000)	− 5.0121 *** (0.000)	− 3.8963 *** (0.000)	− 3.9458 *** (0.000)
$Lev_{i,t}$	3.6534 *** (0.000)	3.4334 *** (0.000)	2.1014 *** (0.000)	1.7591 *** (0.000)	3.7492 *** (0.000)	3.3344 *** (0.000)
$FCF_{i,t}$	− 2.9759 *** (0.000)	− 3.7035 *** (0.000)	− 2.8413 *** (0.000)	− 2.7790 *** (0.000)	− 1.7776 *** (0.000)	− 1.9851 *** (0.000)
$CR_{i,t}$	− 0.1014 *** (0.000)	− 0.0605 *** (0.000)	− 0.7237 *** (0.000)	− 0.7463 *** (0.000)	− 0.2463 *** (0.000)	− 0.2293 *** (0.000)
$Size_{i,t}$	0.1428 *** (0.000)	0.2262 *** (0.000)	0.1370 *** (0.000)	0.1785 *** (0.000)	0.4943 *** (0.000)	0.5949 *** (0.000)
$FF_{i,t-1}$					0.9437 *** (0.000)	0.9648 *** (0.000)
常数项	—	—	− 1.4453 *** (0.000)	− 2.1162 *** (0.000)	—	—
Ind	控制	控制	控制	控制	控制	控制
Year	控制	控制	控制	控制	控制	控制
Pseudo R^2	0.1924	0.1726	0.2899	0.2825	—	—
Wald/LR chi^2	7117.32 ***	9875.11 ***	3722.84 ***	3649.70 ***	2867.84 ***	2926.27 ***
观测值	30004	30004	26517	26517	17216	17216

　　注：*** 、** 、* 分别表示在1%、5%、10%水平下显著；括号内为经公司聚类异方差调整的p值。

（2）缓解反向因果关系。考虑到被解释变量和解释变量同属微观企业层面的度量指标，它们之间可能存在同期相互影响或联合决策问题，同时考虑到解释变量对被解释变量的影响不仅可能发生在当期，也可能因为存在传导过程而发生在下一期或下一期的影响可能更大，以及为了缓解首次公开发行（IPO）对企业当年财务状况的潜在影响，本章将解释变量进行了滞后一期处理（即使用解释变量的上期值）。表 4.5 第（3）（4）列的回归结果显示，企业资产净利率（ROA）、企业自由现金流（FCF）、企业流动比率（CR）与企业财务脆弱性之间的回归系数仍然均在 1% 水平下显著为负，企业负债水平（Lev）、企业规模（Size）与企业财务脆弱性之间的回归系数仍均在 1% 水平下显著为正。

（3）控制遗漏变量估计偏误。遗漏变量通常来源于不可观测的个体差异（即异质性），而且遗漏变量导致的估计偏差是公司财务和会计研究领域面临的一个普遍问题。面板数据为解决该问题提供了一个利器，当然，这也会导致样本观测值的减少（陈强，2014）。此外，正如本书第三章表 3.3 统计结果所示，企业当期的融资类型和财务脆弱性还取决于其过去情况，换言之，存在路径依赖或具有惯性作用（动量效应），故而本章将企业财务脆弱性的上期值作为工具变量（IV）加入模型（4.1）。综合上述原因并结合已有文献的经验做法，本章使用动态面板数据的固定效应（DPD-FE）模型进行回归。表 4.5 中第（5）（6）列的回归结果显示，企业资产净利率（ROA）、企业自由现金流（FCF）、企业流动比率（CR）与企业财务脆弱性之间的回归系数仍然全部在 1% 水平下显著为负，企业负债水平（Lev）、企业规模（Size）与企业财务脆弱性之间的回归系数仍在 1% 水平下显著为正；更重要的是，企业上期的融资类型和财务脆弱性（$FF_{i,t-1}$）与本期的融资类型和财务脆弱性（$FF_{i,t}$）之间的回归系数在 1% 水平下显著正相关，而且相关系数达到 0.9437 和 0.9648；该结果再次或进一步证实了企业融资类型和财务脆弱性的惯性作用或路径依赖性。

总而言之，上述三项稳健性检验的结果与表 4.4 第（1）（2）列的回归结果相似。因此，本章关于企业财务脆弱性决定因素的研究结论是稳健和可靠的。这将为后面考察外部市场对企业财务脆弱性的冲击的研究内容做好了充分和必要准备工作。

第五节　研究结论与政策建议

基于明斯基（Minsky）在金融不稳定假说（FIH）中关于企业融资类型和财务脆弱性的基本思想和经典论述并借鉴国内外已有实证文献的研究发现，参照公司财务和会计研究中的基本范式，本章从微观层面入手，理论分析并实证检验了 2006～2018 年在中国沪深 A 股市场中交易的非金融企业财务脆弱性的决定因素。研究结果表明：第一，企业盈利能力、企业自由现金流、企业流动比率对企业财务脆弱性产生显著的负向影响。第二，企业负债水平、企业规模对企业财务脆弱性产生显著的正向影响。第三，从实证检验模型回归系数大小来看，提高企业盈利能力、降低企业负债水平、增强企业清偿能力在缓解企业财务脆弱性过程中的作用明显更大、经济效应尤为明显。第四，与非国有企业相比，企业盈利能力和企业流动比率、企业规模对国有企业财务脆弱性的影响分别更大、更小。在用三分类法重新定义被解释变量企业财务脆弱性、缓解反向因果关系、控制遗漏变量估计偏误等计量问题后，本章研究结论仍然成立。本章的研究内容和研究成果提供了在中国沪深 A 股市场交易的非金融企业财务脆弱性决定因素的最新经验证据，这不仅为本书开展后续内容的研究做好准备，也为其他学者今后在该领域开展更富成效的实证研究提供了必要的前期研究工作。

根据本章研究结论，笔者提出如下三项建议：第一，企业应更加努力增强自身的盈利能力、增加自由现金流量、提高流动性，以增加现金净流入量、提高清偿力和短期债务偿付能力，缓解企业财务脆弱性。第二，企业管理层应该致力于降低企业负债水平，以减少还本付息导致的现金流出和缓解企业财务脆弱性。第三，基于进一步缓解一般企业财务脆弱性的角度而言，企业规模并非越大越好，反而应当高度重视或需要警惕企业越大、财务越脆弱的经营和财务管理实践问题，以降低行业和市场的整体财务脆弱性。

本章研究可能的不足之处和未来展望。正如前面所述，关于企业财务脆弱性影响因素的实证研究还刚刚处于起步阶段、仍然处于萌芽之中。本章基于明斯基（Minsky）在其金融不稳定假说中关于企业融资类型和企业财务脆弱性的基本思想和经典论述，借鉴国外已有实证文献的研究成果，参照公司财务和会计研究中上市公司资本结构决定因素的经典研究范式，理论分析并实证检验了在中国沪深 A 股市场交易的非金融企业财务脆弱性的微观层面决定因素，虽然这五个决定因素可能并不十分完整，但它们至少在反复检验之后被证实是稳健可靠的，故而，本书将它们当作中国非金融企业财务脆弱性的关键决定因素。当然，对该领域感兴趣的学者亦可本章中的这五个决定因素当作抛砖引玉。相关学者今后还可以将宏观经济政策和制度变迁、公司治理、公司管理层特质、心理行为和社会文化习俗等方面的因素（变量指标）纳入非金融企业财务脆弱性影响因素的研究范围，从而进一步补充和继续丰富企业融资类型与企业财务脆弱性领域的理论和实证研究。

第五章

宽松货币政策对企业财务脆弱性的影响及其作用机制研究

第一节 引 言

中国金融体系以商业银行等金融机构为主，银行信贷资金仍然是非金融企业资本的主要来源，银行业对实体经济的影响大于证券市场，而且自2007年以来，企业权益融资占比下降，银行信贷资金发放规模在总体上呈现出较快的发展速度（Allen et al.，2005；易纲，2020）。商业银行等金融机构不良贷款率从2012年的0.95%上升至2018年末的1.83%，债券市场自2014年开始陆续有公募债本金偿还或利息支付等违约事件发生。

中国金融资产的风险有向金融机构集中、向债务融资集中的趋势。有鉴于此，2015 年 2 月 17 日，国务院公布了《存款保险条例》，并于 5 月 1 日起正式施行；同年 12 月，中央提出了供给侧结构性改革和"三去一降一补"政策。自此之后，"去杠杆"成为守住中国不发生系统性金融风险底线的重要抓手之一，而且企业部门成为"去杠杆"的重点对象（周菲等，2019）。2017 年 10 月 18 日，党的十九大报告对中国未来五年金融稳定与货币政策的要求中包括"健全金融监管体系，坚决守住不发生系统性金融风险的底线"；次日，中国人民银行行长周小川在介绍中国应该如何守住不发生系统性金融风险时表示，中国要重点防止"明斯基瞬间（时刻）"出现所引发的剧烈调整。[①] 2019 年 2 月 21 日，中国人民银行在金融稳定工作会议指出，防范和化解金融风险，特别是防范系统性金融风险，要将防范和化解重大金融风险攻坚战向纵深推进。为进一步贯彻落实党中央、国务院关于防范化解金融风险、健全金融法治的决策部署，建立维护金融稳定的长效机制，中国人民银行会同国家发展改革委、司法部、财政部、银保监会、证监会、国家外汇管理局积极推进金融稳定法的立法工作，在深入研究论证、多方听取意见、充分凝聚共识之后，负责牵头起草《中华人民共和国金融稳定法（草案征求意见稿）》（以下简称《金融稳定法》），并已于 2022 年 4 月 6 日印发通知，向社会公开征求意见，而且已经被列入第十四届全国人民代表大会常务委员会的立法规划。在此背景下，如何更加有效落实党中央、国务院的"去杠杆"政策、防范和化解金融风险（尤其是系统性金融风险）、守住中国不发生系统性金融风险的底线是央行和政府部门当前和未来一段时间的重要工作内容之一。

《中华人民共和国中国人民银行法》第一章总则第一条规定，为了确立中国人民银行的地位，明确其职责，保证国家货币政策的正确制定和执行，建立和完善中央银行宏观调控体系，维护金融稳定，制定本法。由此可知，

---

① 周锐：《周小川谈系统性金融风险：重点防止"明斯基时刻"》，中国新闻网，2017 年 10 月 19 日。

维护国家金融稳定是中国人民银行的重要职责和工作目标之一。中国人民银行在其发布的《中国金融稳定报告（2019）》中也非常明确指出，2008年全球金融危机之后，长期宽松的金融环境导致世界主要经济体企业债务累积、经济整体脆弱性上升。而管住货币被认为是防范和化解系统性金融风险的关键所在（汪勇等，2018）。有鉴于此，本章从货币市场资金供给规模的角度入手，理论分析并实证检验了宽松货币政策对2006～2018年在中国沪深A股市场交易的非金融企业财务脆弱性的影响及其作用机制，具体而言，本章将聚焦于研究如下三个方面问题：第一，分析宽松货币政策对非金融企业财务脆弱性的影响。第二，进一步探讨宽松货币政策影响非金融企业财务脆弱性的作用机制。第三，区分宽松货币政策对非金融企业财务脆弱性影响的异质性。

研究发现：首先，宽松货币政策一定程度上加剧了企业财务脆弱性；其次，作用机制检验结果显示，宽松货币政策通过强化企业管理层过度自信和增加企业净债务规模加剧企业财务脆弱性；最后，影响异质性的检验结果显示，宽松货币政策对企业财务脆弱性的影响与宏观经济周期和微观企业个体特征有关。具体而言，宽松货币政策在经济上行时期加剧了企业财务脆弱性、在经济下行时期有效缓解了企业财务脆弱性，而且在经济下行时期的缓解作用大于其在经济上行时期的加剧作用；基于微观企业个体特征的角度，与抵押担保能力较强、商业信用较多、营收规模较大、成长性较低的企业相比，宽松货币政策对抵押担保能力较弱、商业信用较少、营收规模较小、成长性较高的企业财务脆弱性的加剧作用更明显。在分析商业银行风险承担渠道、使用三分类法重新定义被解释变量企业财务脆弱性、更换解释变量宽松货币政策定义、考虑滞后效应和缓解首次公开发行（IPO）效应、控制遗漏变量估计偏误等计量问题后，本章研究结论仍然成立。

本章主要创新之处和边际贡献主要体现在以下三个方面：第一，本章研究内容拓展了宏观经济政策与微观企业行为关系的研究内容，研究成果不仅提供了宽松货币政策微观经济效应的经验证据，而且丰富了企业财务脆弱性宏观货币政策层面影响因素的理论和实证文献。第二，本章分析了宏观经济政策信号传导作用下的企业管理层过度自信及其对企业财务脆弱性的影响，该项研究成果将有助于深入理解微观企业从事不同类型融资活动的行为逻辑和内在作用机制。第三，本章研究较好兼顾了宏观经济周期和微观企业个体特征在宽松货币政策影响一般企业财务脆弱性中的调节效应，这将对中国人民银行实施稳健货币政策、在总体方针基础上进行适时预调微调和精准施策、守住不发生系统性金融风险的底线、维护金融稳定和安全、促进经济和社会持续高质量可持续发展等也有一定的政策启示或实践参考价值。

第二节 文献回顾与研究假设

明斯基在货币与银行理论中指出，货币的本质是一种债务形式，体现了债权债务关系，换言之，现代经济中的"货币"本质上是债务的一种"融资面纱"，是商业银行等金融机构为企业投资提供债务融资的结果，而且这主要取决于企业家和银行家的利润预期（Minsky，2008）。因此，货币不太可能是中性的：一方面，货币的创造，使非金融企业能够为其投资提供融资，从而将企业的投资意愿转变成有效的投资需求，进而带来实际产出和就业增长；另一方面，货币在产生的同时意味着债务才产生，能否按时足额地偿还债务本金和支付利息将会影响到货币市场体系、金融体系乃至整个经济体系的稳定和安全。

作为宏观调控的基本手段之一，货币政策及其变动对经济活动和经济产出具有重要影响。中国金融市场体系以商业银行等金融机构为主，银行业发放贷款是将货币投放到信贷市场的主要渠道，会同时创造货币和债务。总体而言，中国银行业对实体经济的影响大于证券市场（Allen et al.，2005；易纲，2020），对微观企业的投资、筹资和现金管理政策产生重要影响（陆正飞等，2009；祝继高和陆正飞，2009）。考虑到商业银行等金融机构的信贷资金仍然是企业资本的主要来源，且在 2007 年后总体呈现较快发展速度（易纲，2020），以及政府和央行对银行业的影响仍然较大的基本事实，在利率尚未完全市场化的情境下，货币政策的信贷传导渠道仍然起到了主导作用（蒋瑛琨等，2005；盛松成和吴培新，2008；叶康涛和祝继高，2009；饶品贵和姜国华，2013；战明华和应诚炜，2015）。鉴于此，本章将重点理论分析货币政策信贷渠道的资金供给规模（即货币政策松紧度）对非金融企业财务脆弱性的潜在影响及可能的作用机制，并据此提出研究假设和开展实证检验。

一、宽松货币政策对企业财务脆弱性的影响分析

尽管货币政策可能会通过熨平金融资产价格波动的方式来降低金融市场的系统性风险（童中文等，2017），但明斯基（Minsky，2008，2015）认为，宽松的货币政策和通过扩大投资规模拉动经济增长的方式，可以熨平经济危机或经济衰退造成的负面冲击，但是，无法从根本上降低企业财务脆弱性和金融不稳定性。货币政策信贷渠道包括银行贷款渠道和资产负债表渠道。根据银行贷款渠道的基本观点，货币政策变动将直接影响到银行信贷发放规模和信贷配置决策，进而影响到企业的信贷资本可获得性和债务资本成本率。拉詹（Rajan，2006）指出，在宽松货币政策环境中，商业银行等金融机构存在为获取更高收益而主动承担风险的动机。博里奥和朱（Borio and Zhu，2012）首次使用"风险承担渠道"（risk taking channel）描述商业银行等金融机构的该行为，换言之，较为宽松的货币政策不仅直接影响商业银行等金融机构的信贷供给能力及其供给规模，而且会影响商业银行等金融机构的风险偏好程度。如果风险偏好水平相同，在宽松货币政策的刺激下，货币市场流动性将会增加，商业银行等金融机构向非金融企业发放更多信贷资本；如果信贷资

本发放规模相同，商业银行等金融机构将会采取更低的信贷发放审核标准，从而增加总体经营风险和整个银行业的系统性风险。综上可知，宽松的货币政策增加了作为最后贷款人的中央银行对商业银行等金融机构的货币供给规模，这不仅能提高了商业银行等金融机构对非金融企业的信贷供给能力，而且提高了商业银行等金融机构本身的风险承担水平（王晋斌和李博，2017），从而提高了非金融企业信贷资本可获得性、将缓解了非金融企业外部融资约束。作为债务人，随着信贷规模增加，非金融企业在履行其对债权人还本付息的财务承诺时导致的现金流出相应增加，从而会加剧非金融企业财务脆弱性。

资产负债表渠道侧重于货币政策对企业财务状况的影响。从宏观角度来讲，商业银行等金融机构对宏观经济发展的乐观预期，将会使它们降低信贷审核标准和扩大信贷发放规模，它们的顺周期行为加剧了宏观经济波动和金融不稳定。从微观的角度来讲，宽松的货币政策提高了资产价格与抵押物的价值和分布，降低了外部融资溢价，减少了信贷市场的逆向选择和道德风险。此时，商业银行等金融机构容易低估潜在的违约概率和损失率，从而放松信贷审查、降低信贷资本的发放标准和对债务人的监督力度，这不仅使企业容易高估预期收益和现金流入并降低现金持有水平（祝继高和陆正飞，2009），而且可能在某种程度上默许企业从事风险等级更高的投融资活动，促进企业扩大投资规模和增加项目的投资预算（黄志忠和谢军，2013；徐光伟和孙峥，2015）。全怡等（2016）还发现，在央行实施宽松货币政策时，企业的现金股利支付率更高、收益留存比例更低；与之相反，在央行实施紧缩货币政策时，企业的现金股利支付率更低、收益留存比例更高。综上所述，宽松货币政策不仅使企业容易高估未来收益水平和现金流入规模，而且将增加现金流出规模，这些行为将会提高企业外部融资需求和对金融市场的敏感性、加剧企业财务脆弱性。为此，提出本章的第一个假设：

假设 5.1：宽松货币政策将加剧企业财务脆弱性。

二、宽松货币政策影响企业财务脆弱性的作用机制分析

（一）宽松货币政策的预期引导效应

货币政策将通过预期管理来影响企业财务脆弱性。明斯基（Minsky）在"广义理性行为假设"中认为，经济主体的行为通常由更广意义上的理性所驱动，即"干中学"机制或"启发法"，人们通常会综合已有经验、推理和心理等因素构建知识，从而为自身行为提供最合理的依据，例如：在经济上行时期高估收益增幅、在经济下行时期低估收益降幅，长期的成功会滋生出对潜在失败的漠视；在很长一段时期未陷入严重的财务困境会导致经济主体产生情绪高涨，甚至进入亢奋状态（Minsky，2008）。陈彦斌和唐诗磊（2009）研究发现，宏观经济基本面是企业家信心的主要决定因素。货币政策不仅直接影响到商业银行等金融机构的信贷资金发放规模，还可能改变经济主体对宏观经济走势的心理预期，具体而言，货币政策具有预期管理的功能，即央行将货币政策调整的信号准确、完整地传递给经济主体，并借此方式调整他们的经济行为和经济产出（徐亚平和朱力，2019）。当然，货币政策实施效果，也取决于经济主体对货币政策的预期和为此而采取的经济行动。货币供应增加和利率下降将影响到投资者和企业家信心，并通过他们的信心影响宏观经济行为和经济产出；当宽松货币政策效应开始扩散时，企业家信心将因乐观预期或感到经济景气提升而相应提高，由此产生的情绪高涨、乐观预期和经营信心，以及对经济繁荣的渴望将提高他们的风险容忍度和风险承担水平（江曙霞和陈玉婵，2012；Lutz，2015；林朝颖等，2015；徐雨婧和胡珺，2019；张迎春等，2019），抑或强化企业管理层的过度乐观和投机心理，使之更加容易产生或加剧资本错配，例如：热衷"短贷长投"、进行过度投资和

过度金融化（钟凯等，2016；耿中元和朱植散，2018；王少华和上官泽明，2019）。综上所述，宽松货币政策作用下的企业管理层过度自信很容易高估预期收益水平和现金流入规模，使之倾向较激进的投融资方案或项目预算，这会提高非金融企业对金融资本的依赖性与对外部融资条件和金融市场环境变化的敏感性，从而加剧企业财务脆弱性。为此，提出本章第二个假设：

假设5.2：宽松货币政策将通过提高企业管理层过度自信加剧企业财务脆弱性。

（二）宽松货币政策对企业净债务规模的影响

货币政策将通过企业净债务规模影响企业财务脆弱性。考虑到企业对投资产生的利润的分配存在差异，从而导致企业净债务水平不同，进而形成宏观经济波动性的基础（Toporowski，2008）。具体而言，首先，宽松货币政策不仅能够帮助企业（尤其是规模小、民营化程度高、担保能力弱的企业）获得更多商业银行等金融机构的信贷资本和提高企业负债率（曾海舰和苏冬蔚，2010），而且有助于加快企业的资本结构调整速度（伍中信等，2016）；与之相反，紧缩货币政策限制了企业的债务融资能力，进而降低了企业负债率（Cai and Zeng，2013；刘莉亚等，2019）。其次，宽松货币政策不仅提高了货币市场流动性、改善了外部融资环境，也提高了商业银行等金融机构的信贷资本可获得性、缓解了非金融企业外部融资约束程度、弱化了企业预防性动机，并降低了企业现金储备规模（祝继高和陆正飞，2009）；与之相反，在货币政策紧缩时期，企业将会因为预防性动机增强而提高现金持有水平（陈栋和陈运森，2012；蔡卫星等，2015）。综上所述，宽松的货币政策不仅提高了企业负债水平，而且降低了企业现金持有量。参照贝茨等（Bates et al.，2009）的研究方法，本章通过使用企业净债务规模反映企业债务融资决策和现金管理政策的最终结果①，即宽松货币政策将会提高企业净债务规模和增加履行还本付息财务承诺时导致的现金流出，并从而加剧非金融企业对金融资本和金融市场的依赖性和财务脆弱性。为此，提出本章第三个假设：

假设5.3：宽松货币政策将通过增加企业净债务加剧企业财务脆弱性。

第三节　研 究 设 计

一、数据来源与样本选择

本章所需的微观企业数据来自万得资讯（Wind），宏观经济和货币政策数据分别来自国家统计局和中国人民银行网站。在构建识别企业融资类型和度量企业财务脆弱性指标时用到的"期初现金及现金等价物余额"会计科目及其数据自2006年起开始编制和对外公布。因此，本章以2006~2018年在中国沪深A股市场中交易的企业为研究对象，并且按照下列标准筛选样本：首先，剔除了证券、银行、保险等金融行业的企业；其次，剔除了关键数据缺失和已经退市的企业样本。根据中国证监会制定的《上市公司行业分类指引》（2012年修订），制造业取两位代码，其他行业取一位代码。本章最终获得30004个样本观测值，它们来自13个年度、21个行业的3487家企业。为了缓解极端值对估计结果的潜在影响，本章在1%和99%水平下对企业层面连续型变量进行缩尾处理。

---

① 根据阿查里亚等（Acharya et al. , 2007）、汪金祥等（2016）的研究成果：如果资本市场是完美的，不存在融资摩擦，可以将现金视为一种负的负债；但如果资本市场并非完美，存在融资摩擦，现金不应被视为一种负的负债。对中国上市公司而言，零负债政策（即货币资金超过负债合计）并不完全因为外部融资约束，也是为保持财务弹性而采取的一种主动战略选择。

二、模型设定与变量界定

（一）宽松货币政策对企业财务脆弱性的影响检验模型

在非金融企业财务脆弱性决定因素即模型（4.1）的基础上，本章通过模型（5.1）检验宽松货币政策对企业财务脆弱性的影响（即假设5.1）：

$$FF_{i,t} = \beta_0 + \beta_1 \, MP_{i,t} + \beta_2 \, ROA_{i,t} + \beta_3 \, Lev_{i,t} + \beta_4 \, FCF_{i,t}$$

$$+ \beta_5 \, CR_{i,t} + \beta_6 \, Size_{i,t} + \sum Ind + \sum Year + \varepsilon_{i,t} \qquad (5.1)$$

模型（5.1）的被解释变量为企业财务脆弱性（FF），该变量的两种定义详见本书第三章中表3.1。二分类法下的被解释变量属于二值选择（binary choice）数据，故而使用 Logit 模型进行回归能够提高估计效率。三分类法下的被解释变量属于离散型排序数据（ordered data），故而使用有序 Logit 模型（ordered logit model）进行回归分析，能够提高模型的估计效率和研究结论的准确性。参照仁志（Nishi，2018）、戴维斯等（Davis et al.，2019）、汪金祥等（2021）的研究方法，本章以二分类法为主，以三分类法为辅（稳健性检验），而且在展示回归结果时都直接报告概率。

解释变量为宽松货币政策（MP）。货币政策的代理变量与货币政策的中介目标是不同的概念，这主要表现三个方面：第一，货币政策的代理变量用于代表货币政策立场，中介目标只是货币政策传导的中间变量。第二，货币政策代理变量需要同时满足"响应"和"传导"要求（Bernanke and Blinder，1992），具体而言：该变量属于货币政策制定部门调控宏观经济时盯住的指标，而且该项指标能对实体经济冲击做出及时响应。该变量被用来调控宏观经济时必须有效，即能够有效地影响经济主体的心理和行为；中介目标需要满足可测性、可控性及相关性。第三，货币政策的中介目标可以作为货币政策代理变量，但后者不局限于中介目标变量（武鹏飞和戴国强，2019）。尽管部分学者使用 HP（Hodrick-Prescott）滤波或泰勒（Taylor）缺口来反映货币政策松紧程度，但这些适用于分析发达国家货币政策效应的方法和指标未必完全适用于中国（王晋斌和李博，2017）。因此，参考祝继高和陆正飞（2009）、钟凯等（2016，2017）、吕明晗等（2019）的研究方法，本章将使用中国人民银行每季发布的银行家问卷调查报告中披露的货币政策感受指数度量货币政策宽松度。该调查采用全面调查和抽样调查相结合的方式，即对全国地市级以上各类银行机构采取全面调查，对农村信用合作社采用分层PPS方法（probability proportionate to size sampling）进行抽取。调查对象为3200家左右的各类银行机构（含外资商业银行等金融机构）的总部负责人，及其一级分支机构、二级分支机构的行长或主管信贷业务的副行长。货币政策感受指数反映银行家对货币政策的感受程度，计算方法是在接受调查的银行家中，首先分别计算认为本季货币政策"偏松"和"适度"的占比，接着分别赋予权重1和0.5后求和得出。本章将取四个季度的平均值作为年度值。该项指标不仅直接反映了银行家对货币政策宽松度的判断，在一定程度上影响着银行家的信贷决策（钟凯等，2016；钟凯等，2017），而且准确反映了企业在某一时期真实的外部融资环境、有效地克服了货币供应量传导至实体经济所需时间难以准确估计的问题（吕明晗等，2019）。

控制变量包括企业资产净利率（ROA）、企业资产负债率（Lev）、企业自由现金流（FCF）、企业流动比率（CR）、企业规模（Size），以及行业（Ind）和年度（Year）等虚拟变量，这些变量的定义详见表5.1。

表5.1　　　　　　　　　　　　　　变量定义

变量类型	变量名称	符号	计算公式
被解释变量	企业财务脆弱性	FF	将对冲性融资企业和投机性融资企业赋值为0、风险性融资企业赋值为1
	企业管理层过度自信	$MgtE$	将管理层本期持股比例大于上期的企业赋值为1，否则赋值为0
	企业净债务规模	$NetDebt$	（有息负债－货币资金）÷总资产

续表

变量类型	变量名称	符号	计算公式
解释变量	宽松货币政策	MP	央行发布的银行家问卷调查报告中的货币政策感受指数
控制变量	企业资产净利率	ROA	净利润÷总资产均值
	企业资产负债率	Lev	负债总额÷总资产
	企业自由现金流	FCF	［息税前利润×（1–所得税率）+折旧与摊销–（营运资金增加+购建固定、无形和其他长期资产支付的现金）］÷总资产均值
	企业流动比率	CR	流动资产÷流动负债
	企业规模	$Size$	总资产加1后的自然对数
	企业大股东持股比例	LSR	第一大股东持股数量÷总股本
	企业独董比例	IDR	独立董事人数÷董事会董事人数
	企业营收增长率	RG	（本期营业收入–上期营业收入）÷上期营业收入
	企业有形资产占比	$Tang$	（固定资产+存货）÷总资产
	企业非债务税盾	$NDTS$	（折旧+摊销）÷总资产
	行业	Ind	该行业赋值为1，其他行业赋值为0
	年度	$Year$	当年赋值为1，其他年度赋值为0

在模型（5.1）中，被解释变量非金融企业财务脆弱性和控制变量（不包含行业和年度）既随着时间变化、也随着个体特质变化，解释变量货币政策仅随时间变化，且被解释变量和控制变量（不包括行业和年度虚拟变量）的样本观测值（30004个）远大于解释变量的样本观测值（13个），为了避免回归结果被高估，本章将在公司层面对回归系数的 p 值进行聚类异方差（cluster）调整。模型（5.2）、模型（5.3）中回归系数对应的 p 值也将进行同样处理。

（二）宽松货币政策影响企业财务脆弱性的作用机制检验模型

参照贾德和肯尼（Judd and Kenny，1981）、巴伦和肯尼（Baron and Kenny，1986）、温忠麟和叶宝娟（2014）的实证研究方法，本章按照如下三个步骤来检验宽松货币政策对企业财务脆弱性的影响机制（即中介效应）：第一，检验宽松货币政策对企业财务脆弱性的影响，即模型（5.1）。第二，检验宽松货币政策对中介变量（企业管理层过度自信和企业净债务规模）的潜在影响。参照李丹蒙等（2018）、吕明晗等（2019）的研究方法，本章使用企业管理层当年是否增持所在企业的股票度量企业管理层过度自信（$MgtE$），如果企业管理层持股比例的本期值大于上期值，表示企业管理层增持并且赋值为1，否则赋值为0。参照贝茨等（Bates et al.，2009）、汪金祥等（2016）的研究方法，本章使用企业净债务规模（等于有息负债与货币资金的差额除以企业总资产）反映企业债务融资决策和企业现金管理政策的最终结果，该指标反映了企业需要使用现金偿还的待偿有息负债规模。参照现有许多文献的经验做法，当中介变量即模型（5.2）被解释变量为使用企业管理层增持度量的企业管理层过度自信时，控制变量（CV）包括企业资产净利率、企业资产负债率、企业规模、企业大股东持股比例、企业独董比例、行业虚拟变量和年度虚拟变量；当中介变量为使用企业净债务率度量的企业净债务规模时，控制变量（CV）包括企业盈利能力、企业营收增长率、企业有形资产占比、企业规模、企业的非债务税盾、行业虚拟变量和年度虚拟变量。第三，在将中介变量加入模型（5.1）后，形成了模型（5.3）。当宽松货币政策与企业财务脆弱性之间的回归系数仍然显著为正（但有所减小）、不显著且中介变量与企业财务脆弱性之间的回归系数也显著为正时，分别表示宽松货币政策部分地、完全地通过中介目标影响到企业财务脆弱性，换言之，存在部分、完全中介效应。

$$MgtE_{i,t}/NetDebt_{i,t} = \beta_0 + \beta_1 MP_{i,t} + \sum CV_{i,t} + \varepsilon_{i,t} \qquad (5.2)$$

$$FF_{i,t} = \beta_0 + \beta_1 MP_{i,t} + \beta_2 MgtE_{i,t}/NetDebt_{i,t} + \beta_3 ROA_{i,t} + \beta_4 Lev_{i,t} + \beta_5 FCF_{i,t}$$
$$+ \beta_6 CR_{i,t} + \beta_7 Size_{i,t} + \sum Ind + \sum Year + \varepsilon_{i,t} \qquad (5.3)$$

第四节 实证结果及分析

一、关键变量的描述性统计

表 5.2 关键变量的描述统计结果显示：第一，2006～2018 年对冲性融资和投机性融资样本量占全样本的比例（FF_1、FF_2）分别为 0.5093、0.4969，风险性融资样本量占全样本的比例（FF_1、FF_2）分别为 0.4907、0.5031，表示在中国沪深 A 股市场中一半以上的非金融类上市公司从事安全等级高的对冲性融资和风险等级低的投机性融资活动，而剩余非金融业上市公司从事风险等级高的融资活动，这些非金融企业的财务较脆弱。第二，公司管理层增持的概率均值和中位数分别为 0.2991 和 0，说明企业管理层在企业上市后的增持概率较低；企业净债务率的均值和中位数分别为 0.0325 和 0.0311，最大值和最小值分别为 0.6426 和 -06870，标准差为 0.2600，表示上市公司的有息负债规模超过货币资金储备规模，而且不同年度或不同上市公司的债务融资决策和现金管理政策波动或差异相当大。第三，2006～2018 年，货币政策感受指数（MP）分别为 0.6748、0.5275、0.4108、0.5508、0.6015、0.3835、0.5438、0.4375、0.4218、0.5935、0.5728、0.4040、0.4625，最高值和最低值分别为 2006 年的 0.6748 和 2011 年的 0.3835，该统计结果在一定程度上反映了在中国经济繁荣期和后（2008 年）金融危机阶段（方先明和权威，2017）银行家对货币政策宽松度的真实感受和在中国沪深 A 股市场交易的非金融企业所面临的实际融资环境；该指标的平均值和中位数分别为 0.5065 和 0.5275，表示样本期内中国货币政策总体上偏向宽松。第四，控制变量的描述统计详见表 5.2。

表 5.2 关键变量的描述性统计

变量类型	变量名称	符号	平均值	中位数	最小值	最大值	标准差	样本量
被解释变量	企业财务脆弱性	FF_1	0.4907	0	0	1	0.4999	30004
		FF_2	0.5031	1	0	1	0.5000	30004
	企业管理层过度自信	$MgtE$	0.2991	0	0	1	0.4579	28663
	企业净债务规模	$NetDebt$	0.0325	0.0311	−0.6870	0.6426	0.2600	30004
解释变量	宽松货币政策	MP	0.5065	0.5275	0.3835	0.6748	0.0921	13
控制变量	企业资产净利率	ROA	0.0417	0.0396	−0.2546	0.2343	0.0668	30004
	企业资产负债率	Lev	0.4474	0.4388	0.0480	1.1285	0.2252	30004
	企业自由现金流	FCF	−0.0234	−0.0095	−0.5469	0.3623	0.1362	30004
	企业流动比率	CR	2.4155	1.5542	0.2049	17.9966	2.7418	30004
	企业规模	$Size$	21.9004	21.7491	19.0706	25.8789	1.3056	30004
	企业大股东持股比例	LSR	0.3509	0.3308	0.0876	0.7486	0.1500	30004
	企业独董比例	IDR	0.3600	0.3529	0.1250	0.6250	0.0982	30004
	企业营收增长率	RG	0.1659	0.1150	−0.6561	2.2133	0.3802	30004
	企业有形资产占比	$Tang$	0.3826	0.3724	0.0134	0.8240	0.1874	30004
	企业非债务税盾	$NDTS$	0.0248	0.0208	0.0000	0.1199	0.0195	30004

二、直观的经验证据

根据货币政策感受指数"适度"值（0.5），本章将当年的货币政策划分为宽松货币政策和紧缩货币政策，比较分析非金融企业在不同类型货币政策作用下从事风险性融资活动的概率即企业财务脆弱性是否存在显著差异。表 5.3 中的统计结果显示：在宽松货币政策作用下，从事对冲性融资和投机性融资活动的样本量占比分别为 0.4816 和 0.4698，而从事风险性融资活动的样本量所占比例分别达到 0.5184 和 0.5302；在紧缩货币政策作用下，从事对冲性融资和投机性融资活动的样本量所占比例分别为 0.5351 和 0.5223，而从事风险性融资活动的样本量所占比例分别为0.4649和0.4777，且宽松货币政策和紧缩货币政策下从事风险性融资活动的概率的两组样本均值差异检验的结果显示，前者在1%水平下显著高于后者。该项结果说明：第一，不管采取宽松货币政策还是采取紧缩货币政策，中国沪深A股市场中始终存在上市公司从事风险性融资活动的情形；第二，与采取紧缩货币政策相比，宽松货币政策作用下企业从事对冲性融资和投机性融资活动的概率显著更低、从事风险性融资活动的概率显著更高，即企业财务更脆弱。但考虑到此时尚未控制其他因素的潜在影响，因此，需要进行多元回归分析后才可能得出两者之间为因果关系的研究结论（见表5.3）。

表5.3　　　　　　　　　　货币政策类型与企业财务脆弱性

货币政策类型		宽松货币政策	紧缩货币政策	T值
企业财务脆弱性	FF_1	0.5184	0.4649	9.2676
	FF_2	0.5302	0.4777	9.1207

三、宽松货币政策对企业财务脆弱性的影响检验

表5.4第（1）（2）列的回归结果显示：货币政策感受指数（MP）与企业财务脆弱性（FF_1、FF_2）之间的回归系数均在1%水平下显著为正，表示货币政策感受指数对企业财务脆弱性产生显著的正向影响，且该影响在经济意义上很明显，货币政策感受指数增加1个单位，企业从事风险性融资活动的概率将分别上升3.18%、3.34%。由此可知，宽松货币政策显著降低了企业从事对冲性融资和投机性融资活动的概率、显著提高了企业从事风险性融资活动的概率，即加剧了企业财务脆弱性。本章假设5.1得到支持。

表5.4 宽松货币政策对企业财务脆弱性的影响检验

变量	(1) FF_1	(2) FF_2	(3) FF_1	(4) FF_2
	MP 为货币政策感受指数（连续性变量）		MP 是否为宽松货币政策（二值变量）	
$MP_{i,t}$	3.1842 *** (0.000)	3.3433 *** (0.000)	0.6758 *** (0.000)	0.7096 *** (0.000)
$ROA_{i,t}$	−6.2334 *** (0.000)	−5.5074 *** (0.000)	−6.2334 *** (0.000)	−5.5074 *** (0.000)
$Lev_{i,t}$	3.3452 *** (0.000)	3.1165 *** (0.000)	3.3452 *** (0.000)	3.1165 *** (0.000)
$FCF_{i,t}$	−2.4714 *** (0.000)	−2.4690 *** (0.000)	−2.4714 *** (0.000)	−2.4690 *** (0.000)
$CR_{i,t}$	−0.2245 *** (0.000)	−0.2026 *** (0.000)	−0.2245 *** (0.000)	−0.2026 *** (0.000)
$Size_{i,t}$	0.1507 *** (0.000)	0.1947 *** (0.000)	0.1507 *** (0.000)	0.1947 *** (0.000)
常数项	−5.2394 *** (0.000)	−6.1934 *** (0.000)	−3.7667 *** (0.000)	−4.6471 *** (0.000)
Ind	控制	控制	控制	控制
$Year$	控制	控制	控制	控制
Pseudo R^2	0.2373	0.2245	0.2373	0.2245
Wald chi^2	4822.87 ***	4806.85 ***	4822.87 ***	4806.85 ***
观测值	30004	30004	30004	30004

注：*** 、** 、* 分别表示在1%、5%、10%水平下显著；括号内为经公司聚类异方差调整的 p 值。

此外，根据表5.3中的货币政策分类法，本章将宽松货币政策和紧缩货币政策分别赋值为1和0，以便在控制其他变量的情形下验证不同类型货币政策对企业财务脆弱性的影响。表5.4中第（3）（4）列的回归结果显示，宽松货币政策与企业财务脆弱性之间的回归系数仍均在1%水平下显著为正。

该结果说明，与紧缩货币政策相比，宽松货币政策显著降低了企业从事对冲性融资和投机性融资活动的概率，显著提高了企业从事风险性融资活动的概率，换言之，加剧了企业财务脆弱性。假设5.1再次得到支持。

表5.4中控制变量的回归结果显示：企业资产净利率（ROA）、企业自由现金流（FCF）、企业流动比率（CR）与企业财务脆弱性之间的回归系数均在1%水平下显著为负，企业负债水平（Lev）、企业规模（$Size$）与企业财务脆弱性之间的回归系数均在1%水平下显著为正。该结果说明，企业盈利能力越低、企业清偿能力越弱、企业流动性越差、企业负债水平越高、企业规模越大，企业从事对冲性融资和投机性融资活动的概率越低、从事风险性融资活动的概率越高，换言之，企业财务越脆弱。

四、宽松货币政策影响企业财务脆弱性的作用机制检验

（一）企业管理层过度自信的中介效应检验

正如前文所述，货币政策具有预期管理功能，宽松的货币政策能够产生乐观预期效应，"塑造"或强化企业管理层对企业未来盈利水平和现金流入预期以及风险承担水平，加剧了企业财务脆弱性。表5.5第（1）列的Logit模型进行回归后的结果显示，货币政策感受指数与企业管理层过度自信（$MgtE$）之间的回归系数在1%水平下显著为正，表示宽松货币政策显著提高了企业管理层的过度自信。更加重要的是，第（2）（3）列的回归结果显示，企业管理层乐观预期与企业财务脆弱性之间的回归系数均在1%水平下显著为正，而且货币政策感受指数与企业财务脆弱性之间的回归系数均在1%水平下显著为正、但有所减小。该统计结果则说明，宽松货币政策确实通过强化企业管理层的过度自信来降低企业从事对冲性融资和投机性融资活动、提高企业从事风险性融资活动的概率，加剧企业财务脆弱性。本章中的假

设 5.2 得到支持。

（二）企业净债务规模的中介效应检验

表 5.5 第（4）列的非平衡面板数据固定效应模型（*FE*）回归结果显示：货币政策感受指数与企业净债务率（*NetDebt*）之间的回归系数在 1% 水平下显著为正，意味着宽松的货币政策明显提高了企业的净债务规模。更重要的是，表 5.5 第（5）（6）列的回归结果显示，企业净债务率与企业财务脆弱性之间的回归系数仍然均在 1% 水平下显著为正，且货币政策感受指数与企业

表 5.5　　宽松货币政策影响企业财务脆弱性的作用机制（中介效应）检验

变量	（1）*MgtE*	（2）*FF$_1$*	（3）*FF$_2$*	（4）*NetDebt*	（5）*FF$_1$*	（6）*FF$_2$*
	企业管理层过度自信			企业净债务规模		
MP$_{i,t}$	2.3783 *** (0.008)	2.0730 *** (0.000)	2.1111 *** (0.000)	0.5431 *** (0.000)	1.2644 *** (0.001)	1.5857 *** (0.000)
MgtE$_{i,t}$		0.3563 *** (0.000)	0.3944 *** (0.000)			
NetDebt$_{i,t}$					5.4097 *** (0.000)	5.4075 *** (0.000)
常数项	− 1.7948 *** (0.000)	− 4.8225 *** (0.000)	− 5.7436 *** (0.000)	− 1.9995 *** (0.000)	− 2.0338 *** (0.000)	− 3.1345 *** (0.000)
控制变量	控制	控制	控制	控制	控制	控制
固定效应	控制	控制	控制	控制	控制	控制
Pseudo R^2	0.0386	0.2401	0.2280	0.2589	0.3110	0.3005
Wald chi^2	1096.51 ***	4898.30 ***	4908.41 ***	264.27 ***	5097.15 ***	5094.68 ***
观测值	28663	28663	28663	30004	30004	30004

注：第（1）列的控制变量包括企业资产净利率、企业资产负债率、企业规模、企业大股东持股比例、企业独立董事占比。第（4）列的控制变量包括企业资产净利率、企业营业收入同比增长率、企业有形资产占比、企业规模、企业非债务税盾。第（2）（3）（5）（6）列的控制变量仍是企业资产净利率、企业资产负债率、企业自由现金流、企业流动比率、企业规模。第（1）~（6）列的固定效应均为行业和年度虚拟变量。*** 、** 、* 分别表示在 1%、5% 和 10% 水平下显著。

财务脆弱性之间的回归系数仍然均在 1% 水平下显著为正、但已有所减小。该结果说明，宽松货币政策确实通过增加企业净债务规模一定程度上加剧企业财务脆弱性。本章提出的假设 5.3 得到支持。

综上所述，宽松货币政策确实通过强化企业管理层过度自信和增加企业净债务规模两种机制来加剧企业财务脆弱性。

五、宽松货币政策对企业财务脆弱性影响的异质性检验

本章接着从宏观层面分析经济周期与微观层面分析抵押担保能力强弱、商业信用多少、营收规模大小、成长性高低不同的情形下宽松货币政策对企业财务脆弱性影响的异质性。

（一）经济周期对宽松货币政策与企业财务脆弱性关系的影响

正如本书第三章中表 3.2 所发现的那样，与经济下行时期相比，企业在经济上行时期从事对冲性融资和投机性融资活动的概率更低，而从事风险性融资活动的概率和企业财务脆弱性指数均显著更高，企业财务脆弱性具有顺周期的特征。换言之，正如明斯基（Minsky，2008）认为，借款人和放款人在经济繁荣期因过度乐观预期都显得信心十足，非理性的亢奋使他们的预测错误很难被发现或很容易被忽视，从而加大了市场波动或不稳定，即"稳定中孕育着不稳定"。然而，也可能出现另一种情形：如果债务本金和利息导致的现金流出较稳定，经济繁荣有助于增加企业预期现金流入并有助于缓解非金融企业财务脆弱性（Nishi，2018），但该效应在短期内较小（Davis et al.，2019）。从实践来看，与在经济上行时期相比，扮演着最后贷款人角色的央行，在经济下行时期使用宽松货币政策进行"逆周期"调节的概率会更高，因为此时宽松货币政策有助于提高货币市场的流动性和企业的信贷资本可得性。与此同时，企业生产经营和财务管理目标往往与宏观

经济周期密切相关，具体而言，企业在宏观经济上行时期致力于追求收益和价值的最大化，但在经济下行时期以流动性最大化为目标（吴娜，2013）。根据上述逻辑推理，不同经济周期下宽松货币政策对企业财务脆弱性的影响可能不同。

为此，参照陈冬等（2016）的经验做法，本章将 GDP 增长率大于样本期间中位数（7.9%）的年度（即 2006～2011 年）视为样本期内的经济上行时期，其他年度（即 2012～2018 年）视为样本期内的经济下行时期，以此分析不同经济周期下宽松货币政策对企业财务脆弱性的影响是否存在差异。

表 5.6 中第（1）～（4）列的多元回归结果显示：第一，在经济上行时期和经济下行时期，货币政策感受指数与企业财务脆弱性之间的回归系数在 1% 水平下分别显著为正、显著为负。该项结果显示，在经济上行时期，宽松货币政策显著加剧了企业财务脆弱性，但在经济下行时期，宽松货币政策有效缓解了企业财务脆弱性。该项结果说明，在宏观经济的上行时期，宽松货币政策提高了借款人和放款人的乐观预期，从而高估了将来预期收益水平和现金流入规模，最终加剧了企业财务脆弱性；但在宏观经济下行时期，宽松货币政策有效提高了市场流动性和信贷资金可获得性，这被企业用来实现流动性最大化的生产经营和财务管理目标，故而有效缓解了企业财务脆弱性。第二，从回归系数大小来看，宽松货币政策在宏观经济下行时期对非金融企业财务脆弱性的缓解作用大于其在宏观经济上行时期对企业财务脆弱性的加剧作用，存在较为明显的非对称性。该结论在政策层面或实践方面的启示是，考虑到不同经济周期下宽松货币政策效应的非对称性与非金融企业生产经营和财务管理目标的异质性，中国人民银行可根据宏观经济形势和走势进行货币政策的预调微调，换言之，在宏观经济的上行时期采用适度紧缩的货币政策，在宏观经济的下行时期采用适度量化宽松的货币政策，以更精准货币政策，缓解企业财务脆弱性，提高金融稳定性和促进经济社会持续高质量发展（见表 5.6）。

表 5.6 　　　　　宽松货币政策对企业财务脆弱性影响的异质性检验：

按经济周期分组检验

变量	经济上行时期（2006~2011 年）		经济下行时期（2012~2018 年）	
	（1）FF_1	（2）FF_2	（3）FF_1	（4）FF_2
$MP_{i,t}$	3.3985 *** (0.000)	3.9553 *** (0.000)	−7.1941 *** (0.005)	−6.8052 *** (0.007)
常数项	−5.0766 *** (0.000)	−6.3856 *** (0.000)	0.3126 (0.794)	−0.5073 (0.669)
控制变量	控制	控制	控制	控制
固定效应	控制	控制	控制	控制
Pseudo R^2	0.1961	0.1819	0.2755	0.2662
Wald chi^2	1780.85 ***	1758.18 ***	3184.75 ***	3175.39 ***
观测值	12529	12529	17475	17475

注：控制变量为企业资产净利率（ROA）、企业资产负债率（Lev）、企业自由现金流（FCF）、企业流动比率（CR）、企业规模（Size）；固定效应仍然均为行业虚拟变量（Ind）和年度虚拟变量（Year）。***、**、* 分别表示在 1%、5% 和 10% 水平下显著。

（二）企业抵押担保能力对宽松货币政策与企业财务脆弱性关系的影响

中国金融市场体系以商业银行等金融机构为主，商业银行等金融机构的信贷资金仍是企业资本的主要来源（Allen et al.，2005）。作为债权人的商业银行等金融机构在信贷发放和信贷资金定价决策过程高度依赖贷款企业（债务人）抵押品分布和价值。换言之，抵押品的分布和价值成为商业银行等金融机构资金流向和资金配置的重要影响因素（易纲，2020），企业的抵押资产价值、担保能力很大程度上决定着企业的信贷资本获取能力（Kiyotaki and Moore，1997），当抵押资产价值和担保能力下降时，非金融企业从商业银行等金融机构获取信贷资本的能力将下降。因此，对抵押资产价值较小、担保能力较弱的企业而言，货币政策对其信贷资本获取能力的影响应较大；与之相反，货币政策对抵押资产价值较大、担保能力较强的企业的影响应较小。曾海舰和苏冬蔚（2010）发现，抵押资产价值较小、担保能力较弱的企业，在 1998 年信贷扩张后获得更多信贷资金，从而提高了负债水平，而在 2004 年信贷紧缩后负债水平（即有息负债率）显著下降。按此思路，货币政策对抵押担保能力弱、抵押担保能力强的企业财务脆弱性的影响可能分别更大、更小。

为此，按照已有文献的经典方法，本章使用企业有形资产占比度量企业的抵押担保能力，该指标的计算公式为：有形资产占比 =（固定资产 + 存货）÷总资产。考虑到不同行业企业之间的资产结构存在着一定程度差异，本章将有形资产占比大于、小于年行业中位数的企业分别视为抵押担保能力较强、抵押担保能力较弱的企业，并分别赋值为 1、0，再将有形资产占比与货币政策感受指数相乘形成交互项，以便分析抵押担保能力是否影响企业财务脆弱性以及宽松货币政策与企业财务脆弱性之间的关系。

表 5.7 中第（1）（2）列的回归结果显示，有形资产占比（X）与企业财务脆弱性之间的回归系数均在 1% 水平下显著为正。该项结果说明，抵押担保能力强的企业更加容易获得商业银行等金融机构的信贷资金规模，从而提高了企业负债水平（尤其是有息负债规模），增加了其还本付息导致的现金流出，加剧了企业财务脆弱性。更为重要的是，有形资产占比和货币政策感受指数的交互项（$MP \times X$）与企业财务脆弱性之间的回归系数分别在 10%、5% 水平下显著为负。该结果说明，与抵押担保能力较强的企业相比，宽松货币政策对抵押担保能力较弱的企业财务脆弱性的加剧作用明显更大。出现该结果的原因，可能有如下两个方面：一是在宽松货币政策作用下，抵押担保能力较弱的企业不仅更加容易获得商业银行等金融机构的信贷资金，而且能够获得更多商业银行等金融机构的信贷资金（曾海舰和苏冬蔚，2010）；二是抵押担保能力较弱的企业的债务成本（利息支出与有息负债的比值为 6.15%）在 5% 水平下显著高于抵押担保能力较强的企业（5.82%）。在债务资本成本更高、债务规模增幅更大的情况下，还本付息导致的现金流出更多。因此，与抵押担保能力较强的企业相比，宽松货币政策对抵押担保能力较弱企业的财务脆弱性的加剧作用明显更大。

表 5.7　宽松货币政策对企业财务脆弱性影响的异质性检验：微观企业特征的调节效应

变量	(1) FF_1	(2) FF_2	(3) FF_1	(4) FF_2	(5) FF_1	(6) FF_2	(7) FF_1	(8) FF_2
	X 为抵押担保能力强弱		X 为商业信用多少		X 为营收规模大小		X 为成长性高低	
$MP_{i,t}$	3.6377 ***	3.8021 ***	3.8761 ***	4.0829 ***	3.4994 ***	3.7060 ***	2.6480 ***	2.7079 ***
	(0.000)	(0.000)	(0.000)	(0.000)	(0.000)	(0.000)	(0.000)	(0.000)
$X_{i,t}$	0.8876 ***	0.9079 ***	-0.4905 ***	-0.4342 ***	0.2498	0.3672 **	-0.8147 ***	-0.8944 ***
	(0.000)	(0.000)	(0.004)	(0.009)	(0.139)	(0.028)	(0.004)	(0.000)
$(MP \times X)_{i,t}$	-0.6465 *	-0.6458 **	-0.6754 **	-0.7721 **	-0.5544 *	-0.7218 **	0.8111 **	0.9865 ***
	(0.051)	(0.049)	(0.042)	(0.019)	(0.092)	(0.027)	(0.014)	(0.003)
常数项	-5.7515 ***	-6.7160 ***	-6.0422 ***	-7.0372 ***	-5.5366 ***	-6.3275 ***	-3.0911 ***	-4.0109 ***
	(0.000)	(0.000)	(0.000)	(0.000)	(0.000)	(0.000)	(0.000)	(0.000)
控制变量	控制	控制	控制	控制	控制	控制	控制	控制
固定效应	控制	控制	控制	控制	控制	控制	控制	控制
Pseudo R^2	0.2471	0.2352	0.2542	0.2414	0.2374	0.2246	0.2408	0.2280
Wald chi^2	5223.19 ***	5238.82 ***	4952.69 ***	5007.15 ***	4821.39 ***	4815.75 ***	5141.13 ***	5114.20 ***
观测值	30004	30004	30004	30004	30004	30004	30004	30004

注：控制变量为企业资产净利率（ROA）、企业资产负债率（Lev）、企业自由现金流（FCF）、企业流动比率（CR）、企业规模（$Size$）；固定效应仍然均为行业虚拟变量（Ind）和年度虚拟变量（$Year$）。***、**、*分别表示在1%、5%和10%水平下显著。

（三）企业商业信用对宽松货币政策与企业财务脆弱性关系的影响

已有研究成果表明，在货币政策紧缩期，大企业会为小企业提供商业信用以及通过延长收款期限的方式提供商业支持，使得商业信用在某种程度上发挥着平滑和削弱紧缩货币政策的经济效应（Meltzer，1960），换言之，在货币政策紧缩期，上市公司使用商业信用来代替商业银行等金融机构的信贷资金（饶品贵和姜国华，2013）。如果企业拥有较多商业信用，一方面，作为商业信用提供者即债权人之一的上游供应商比商业银行等金融机构更有动机和更有能力监督债务人的资金使用行为，这将有助于减少企业盲目扩张、降低投资失败风险（Aktas et al.，2012）。且上游供应商通常提供的是存货（原材料）等有形资产，有助于抑制大量企业自由现金流引发的过度投资，并且有助于进一步提高企业的资本配置效率（王彦超和林斌，2008）和投资效率。另一方面，如果企业拥有较多商业信用，这不仅能够降低其对金融资本和金融市场的依赖程度，还可以通过"无本经营"节约还本付息导致的现金流出，甚至还可能通过"无本赚息"增加现金流入[①]，从而降低其对外部融资条件和金融市场环境变化的敏感性和缓解企业财务脆弱性，并可能影响宽松货币政策与企业财务脆弱性的关系。

为此，参照已有文献的研究方法，本章使用净商业信用反映企业商业信用多少，该指标计算公式为：净商业信用=[（应付账款＋应付票据＋预收账款）－（应收账款＋应收票据＋预付账款）]÷总资产。如果净商业信用为正值，表示企业从上游供应商和下游购买者处获得的商业信用规模超过其向上游供应商和下游购买者提供的商业信用规模，意味着企业的净商业信用较多；

---

① 在对《财富》"世界500强企业"中的一些优秀企业进行分析后发现，它们在其财务报表通常具有一些较为明显的"异象"，而且这些特征与传统财务分析评价的观点并不完全一致，例如：基于资产负债表中的净营运资本为负值，利润表中的（净）财务费用为负值，现金流量表中的"销售商品、提供劳务收到的现金"超过了利润表中的"营业（总）收入"。

与之相反，如果净商业信用为负值，表示企业的净商业信用较少。本章将当年净商业信用大于0（正值）、小于0（负值）的企业分别赋值为1、0，并将净商业信用与货币政策感受指数相乘形成交互项，以分析企业商业信用是否影响企业财务脆弱性以及宽松货币政策与企业财务脆弱性之间的关系。

表5.7第（3）（4）列的回归结果显示，企业净商业信用（X）与企业财务脆弱性之间的回归系数均在1%水平下显著为负。该结果说明，商业信用较少的企业更依赖商业银行等金融机构的信贷资金，还本付息导致的现金流出更多、财务更加脆弱。更为重要的是，企业净商业信用和货币政策感受指数的交互项（$MP \times X$）与企业财务脆弱性之间的回归系数在5%水平下显著为负。该结果说明，与商业信用较多的企业相比，宽松货币政策对商业信用较少企业的财务脆弱性的加剧作用更大，主要原因在于，由于商业信用较多的企业对金融资本和金融市场的依赖性较低，故而货币政策信贷渠道对其财务脆弱性的影响较小。但对商业信用较少的企业而言，虽然宽松货币政策有助于提高它们从商业银行等金融机构获取信贷资金的能力（即信贷资金可获得性），但也增加了它们还本付息导致的现金流出，从而加剧了该类企业的财务脆弱性。该项结论在政策层面或实践方面的启示是，企业可以通过增加商业信用以缓解自身财务脆弱性并缓解货币政策变动对自身财务脆弱性的影响。

（四）企业营收规模对宽松货币政策与企业财务脆弱性关系的影响

国内外已有学者研究发现，货币政策对不同规模企业的政策效应存在一定差异，例如：紧缩性货币政策对规模较大企业的影响并不显著，但对小企业产生显著的影响（Gertler and Gilchris，1994），货币政策对小规模企业的政策效应比对大中型规模企业的政策效应更强（Horváth，2006）。在货币政策宽松时期，企业风险承担水平更高；但在货币政策紧缩时期，企业风险承担水平更低。此外，规模较大企业的议价能力往往更强（陈胜蓝和马慧，

2018），小规模企业的议价能力往往较弱，故而小规模企业对货币政策的风险敏感程度大于大企业（林朝颖等，2015）。因此，企业规模可能影响宽松货币政策与企业财务脆弱性之间的关系。

参照《财富》（Fortune）杂志每年评选的"全球最大五百家公司"（国内通常将入选该评选榜单的企业称为"世界500强"企业）的评价标准与陈胜蓝和马慧（2018）的经验做法，本章使用企业营业收入的自然对数度量该企业营收规模，并且将营收规模大于、小于当年中位数的企业分别视为营收规模较大的企业和营收规模较小的企业，然后分别赋值为1、0。将企业营收规模与货币政策感受指数相乘形成交互项，以分析企业营收规模是否影响企业财务脆弱性以及宽松货币政策与企业财务脆弱性之间的关系。

表5.7第（3）（4）列的回归结果显示，企业营收规模（X）与企业财务脆弱性（FF_2）之间的回归系数在5%水平下显著为正，这说明营收规模较大的企业从事对冲性融资和投机性融资活动的概率更低、从事风险性融资活动的概率更高，而营收规模较小的企业从事对冲性融资和投机性融资活动的概率更高、从事风险性融资活动的概率更低，即大企业财务更加脆弱、小企业财务较为稳健，可能因为中小企业在通常情况下考虑到信息披露平均成本较高、信息不对称程度较高和规模劣势，使之难以获得贷款资金或面临更加严重的"融资难、融资贵"问题，故而还本付息导致的现金流出较少，并表现出"被动"的稳健。更为重要的是，企业营收规模和货币政策感受指数的交互项（$MP \times X$）与企业财务脆弱性之间的回归系数分别在10%、5%水平下显著为负。该结果表示，与营收规模较大的企业相比，宽松货币政策对营收规模较小企业财务脆弱性的加剧作用明显更大。该结果说明，宽松货币政策加速了小企业风险膨胀，降低了它们从事对冲性融资和投机性融资活动的概率、提高了它们从事风险性融资活动的概率，加剧了企业财务脆弱性。

（五）企业成长性对宽松货币政策与企业财务脆弱性关系的影响

从宏观角度来讲，如明斯基（Minsky，2008，2015）所言，金融不稳定是顺周期现象，换言之，在经济繁荣或商业扩张阶段就已经开始孕育金融不稳定。从微观角度来讲，企业为研发产品、建立或开拓市场，往往要投入巨额资金。宽松的货币政策提高了商业银行的信贷发放规模和信贷资金的可获得性和便利性并降低了资金价格（贷款利率），从而提高了企业的负债水平并降低了企业的预防性动机和现金持有量（祝继高和陆正飞，2009；蔡卫星等，2015）。而紧缩的货币政策或者在银根紧缩期，一方面，高成长行业企业的信贷规模大幅度下降（叶康涛和祝继高，2009）；另一方面，为缓解外部融资约束和满足未来投资需要，高成长企业往往拥有更多的现金储备量（祝继高和陆正飞，2009）。因此，企业因成长性不同而采取不同的债务融资决策和现金管理政策，这很可能使之财务脆弱性不同，并影响着宽松货币政策与企业财务脆弱性之间的关系。

为此，借鉴祝继高和陆正飞（2009）、钟凯等（2017）的研究方法，本章使用托宾 Q（M/B）度量企业成长性，将托宾 Q 值高于、低于当年中位数的企业分别视为成长性较高、成长性较低的企业，并分别赋值为 1、0。然后将企业成长性与货币政策感受指数相乘形成交互项，以检验成长性是否影响企业财务脆弱性以及宽松货币政策与企业财务脆弱性之间的关系。

表 5.7 中第（5）（6）列的回归结果显示，企业成长性（X）与企业财务脆弱性之间的回归系数均在 1% 水平下显著为负。该项结果说明，成长性较高的企业，其财务更加稳健，因为它们的现金储备规模往往更高，以保持较高财务弹性和未来能够抓住更好的投资机会。更重要的是，企业成长性和货币政策感受指数的交互项（$MP \times X$）与企业财务脆弱性之间的回归系数分别在 5%、1% 水平下显著为正。该项实证结果说明，与成长性较低的企业相比，宽松货币政策对成长性较高企业财务脆弱性的加剧作用更明显；出现该结果的主要原因是，成长性较高企业的投资机会较多，在宽松货币政策诱导之下，更可能发生为满足过度投资对现金的需求而进行过度举债，从而造成企业负债水平增加幅度和现金持有量下降幅度更大，激进的财务政策（投资

政策、融资政策、现金管理决策）加剧了财务脆弱性。

六、稳健性检验

针对本章研究过程可能存在的问题，本章还进行了如下五项稳健性检验：

（1）银行风险承担的影响。商业银行等金融机构发放信贷资金是货币投放的主要渠道，会同时创造出货币和债务规模（易纲，2020）。在研究货币政策对微观企业行为的影响时，国内外大多数文献将商业银行等金融机构的作用假定为中性。但拉詹（Rajan，2006）指出，在宽松货币政策作用下，商业银行等金融机构具有为获取更高收益而主动承担风险的动机，例如：2008年美国次贷危机爆发前，长期低利率加强了商业银行等金融机构主动承担风险的意愿，致使美国房价和以房地产为基础的信贷发放规模及其资产证券化衍生品市场价格不断攀升，并最终引发了次贷危机和金融危机。由此可知，宽松的货币政策不仅直接提高了商业银行等金融机构的信贷资金发放规模和企业的信贷资本可获得性，也提高了商业银行等金融机构的风险偏好，换言之，存在"银行风险承担渠道"（Borio and Zhu，2012）。金鹏辉等（2014）、林朝颖等（2015）、王晋斌和李博（2017）、潘攀等（2020）的研究成果均表明，中国也存在商业银行风险承担渠道。为此，参照金鹏辉等（2014）、潘攀等（2020）的经验做法，本章使用银行贷款审批指数度量整个商业银行业表内风险承担水平，用之替换货币政策感受指数并作为模型（5.1）的解释变量。与货币政策感受指数一样，该指标数据源于中国人民银行的银行家调查问卷报告。该指标计算方法是，在全部接受调查的银行家中，先分别计算认为本行本季度审批条件"放松"与"基本不变"的占比，然后分别赋予权重1.0和0.5后求和得出。类似地，本章取该指数四个季度的平均值作为年度值。银行贷款审批指数年度值越大，表示信贷发放标准更加宽松、银行风险承担意愿更加强烈。该指数从2009年起开始公布，且2009～2018年的银行贷款审批指数年度数值分别为 0.5418、0.4388、0.3503、0.4735、0.4798、0.4465、0.4688、0.4755、0.4638、0.4653，该指标在样本期内的最低值为 2011 年的 0.3503，而且出现年度与货币政策感受指数最低值一样。表 5.8 第（1）（2）列的回归结果显示，银行贷款审批指数与企业财务脆弱性之间的回归系数仍均在 1% 水平下显著为正，且该影响在经济意义上也很明显，银行贷款审批指数上升 1 个单位，企业从事风险性融资活动的概率将分别上升 8.64% 和 8.48%，说明银行风险承担确实加剧了企业财务脆弱性。

（2）使用三分类法重新定义被解释变量企业财务脆弱性。根据非金融企业融资类型，将当年从事对冲性融资、投机性融资、风险性融资的企业，分别赋值为 1、2、3。考虑到被解释变量企业财务脆弱性此时为排序型数据，使用有序 Logit 模型（ordered logit model）进行回归，有助于提高估计效率。表 5.8 中第（3）（4）列的回归结果显示，货币政策感受指数与企业财务脆弱性指数之间的回归系数仍然均在 1% 水平显著为正，该项结果表示宽松货币政策加剧了企业财务脆弱性。

（3）更换解释变量宽松货币政策的定义。考虑到中国人民银行货币政策工具包括货币发行量和存款准备金率、基准利率和再贴现率等，其中一项指标很可能难以完整地反映货币政策的宽松或紧缩程度。因此，参照陆正飞和杨德明（2011）、黄兴孪等（2016）、吕明晗等（2019）的经验做法，本章使用经 GDP 增长率和 CPI 增长率调整后的广义货币供应量（M2）增长率度量货币政策松紧度，其中：GDP 增长率反映了商品实物量，CPI 增长率反映了价格水平；调整后的 M2 增长率越高，表示货币政策越宽松或货币超发量越多。表 5.8 第（5）（6）列的回归结果显示，调整后的 M2 增长率与企业财务脆弱性之间的回归系数仍均在 1% 水平下显著为正，而且这种影响在经济意义上更加明显，调整后的 M2 增长率上升 1 个单位，企业从事风险性融资活动的概率将分别上升 20.24% 和 21.25%。

表5.8

稳健性检验

变量	(1) FF_1	(2) FF_2	(3) FF_1	(4) FF_2	(5) FF_1	(6) FF_2	(7) FF_1	(8) FF_2	(9) FF_1	(10) FF_2
	银行风险承担		更换被解释变量定义		更换解释变量定义		缓解滞后和IPO效应		控制遗漏变量估计偏误	
$MP_{i,t}$	8.6428*** (0.000)	8.4759*** (0.000)	3.1638*** (0.000)	3.6216*** (0.000)	20.2350*** (0.000)	21.2460*** (0.000)	1.1391*** (0.000)	1.1838*** (0.000)	6.6601*** (0.000)	7.8262*** (0.000)
常数项	-7.6038*** (0.000)	-8.3624*** (0.000)	—	—	-3.0909*** (0.000)	-3.9375*** (0.000)	-2.2139*** (0.000)	-2.9150*** (0.000)	—	—
控制变量	控制	控制	控制	控制	控制	控制	控制	控制	控制	控制
固定效应	控制	控制	控制	控制	控制	控制	控制	控制	控制	控制
Pseudo R²	0.2507	0.2376	0.1924	0.1726	0.2373	0.2245	0.2899	0.2825	—	—
Wald/LR chi²	4435.48***	4431.13***	7117.32***	9875.11***	4822.87***	4806.85***	3722.84***	3649.70***	2207.71***	2146.38***
观测值	25698	25698	30004	30004	30004	30004	26517	26517	20510	20510

注：控制变量为企业资产净利率（ROA）、企业资产负债率（Lev）、企业自由现金流（FCF）、企业流动比率（CR）、企业规模（$Size$）；固定效应仍然均为行业虚拟变量（Ind）和年度虚拟变量（$Year$）。***、**、*分别表示在1%、5%和10%水平下显著。

（4）考虑货币政策滞后效应和缓解首次公开发行（IPO）效应。考虑到宽松货币政策对企业财务脆弱性的影响，不仅可能发生在当期，也可能因为存在传导过程而在下一期实现或在下一期的加剧作用更大，以及为了缓解首次公开发行（IPO）对企业当年财务状况的潜在影响，本章将货币政策感受指数和控制变量（不含行业和年度）均进行滞后一期处理。表5.8中第（7）（8）列的回归结果显示，货币政策感受指数与企业财务脆弱性之间的回归系数仍然均在1%水平下显著为正。该项结果说明，宽松货币政策持续影响企业财务脆弱性，但其影响力已经有所减弱。

（5）控制遗漏变量导致的估计偏误。遗漏变量问题通常源于不可观测的个体差异（即异质性），而且遗漏变量导致的估计偏差是公司财务和会计研究领域面临的一个普遍问题。但面板数据为解决该问题提供了一个"利器"，当然，这也会减少样本观测值（陈强，2014）。鉴于上述原因，并参考现有文献的研究方法，本章将使用非平衡面板数据的固定效应（FE）模型进行重新回归。表5.8第（9）（10）列的多元回归结果显示，货币政策感受指数与企业财务脆弱性之间的回归系数仍然均在1%水平下显著为正。该项结果表示，宽松货币政策对非金融企业财务脆弱性仍然产生加剧作用。

上述五项稳健性检验的结果均显示，本章关于宽松货币政策对非金融企业财务脆弱性的影响的研究结论是稳健和可靠的。

第五节　研究结论与政策建议

2008年国际金融危机爆发后，长期宽松的金融环境导致世界主要经济体企业债务积聚、经济整体脆弱性上升，提高金融稳定性和促进经济社会持续高质量发展成为各国央行和政府的主要关切和学术界研究的最新课题。鉴于此，本章从货币市场资金供给规模角度入手，通过理论分析和实证检验结合的方式，深入考察了宽松货币政策对2006~2018年在中国沪深A股市场中交易的非金融企业财务脆弱性的影响以及影响的作用机制和异质性。研究发现：第一，宽松货币政策降低了非金融企业从事对冲性融资和投机性融资活动的概率，提高了非金融企业从事风险性融资活动的概率，在一定程度上加剧了企业财务脆弱性。第二，影响机制检验结果显示，宽松货币政策通过强化企业管理层的过度自信和增加企业的净债务规模加剧企业财务脆弱性。第三，影响异质性的检验结果显示，宽松货币政策对企业财务脆弱性的影响与宏观经济周期和微观企业个体特征密切相关，具体而言，宽松货币政策在宏观经济的上行时期加剧了企业财务脆弱性，在宏观经济的下行时期有效缓解了企业财务脆弱性，且在宏观经济下行时期的缓解作用大于其在宏观经济上行时期的加剧作用；与抵押担保能力强、商业信用较多、营收规模较大、成长性较低的企业相比，宽松货币政策对抵押担保能力较弱、商业信用较少、营收规模较小、成长性较高的企业财务脆弱性的加剧作用更加明显。在分析了商业银行风险承担渠道、更换了被解释变量企业财务脆弱性和解释变量宽松货币政策定义、考虑了滞后效应和缓解了首次公开发行（IPO）效应、控制了遗漏变量估计偏误等计量问题之后，本章研究结论仍然成立。本章研究内容和研究成果，不仅提供了宽松货币政策微观经济后果与企业财务脆弱性宏观货币政策层面影响因素的最新经验证据，也将为中国人民银行继续实施稳健货币政策并且在总体方针的基础上适时预调微调和精准施策、守住中国不发生系统性金融风险底线、促进经济社会持续高质量发展提供一些新的理论和实证依据。

根据本章研究发现，笔者提出如下三项政策建议：第一，对中国人民银行和金融监管部门来说，尤其是对承担着国家金融稳定职责的中国人民银行而言，一方面，应当持续地将引导和鼓励非金融企业从事对冲性融资以缓解非金融企业财务脆弱性、提高金融稳定性和促进经济社会持续高质量可持续发展纳入货币政策目标范围，紧紧围绕"去杠杆"的政策与更好防范和化解系统性金融风险的目标，并将管住货币作为防范系统性金融风险的关键所在（汪勇等，2018）。另一方面，应当根据宏观经济形势和国际经济贸易环境的最新变化情况，在总体方针基础上，加强货币政策的预调微调，保持货币流动性合理充裕，改善货币政策信贷传导机制，尽可能根据微观企业个体特征制定差异化的货币政策或使用差异化的货币政策工具，以便更好地发挥货币政策信贷渠道作用和预期管理功能，解决好企业（尤其是民营和中小企业）"融资难，融资贵"的现实难题。第二，基于企业财务风险控制的角度，企业管理层应该根据宏观经济形势变化趋势，加强预期管理，避免过度乐观和高估收益水平及现金流入规模，并持续优化企业投资决策和债务融资决策与现金管理政策，减少实体企业外部融资需求和对金融资本的依赖程度，降低对外部融资条件和金融市场环境变化的敏感性，企业通过从事对冲性融资活动而非风险性融资活动以缓解企业财务脆弱性。第三，对商业银行等金融机构而言，在进行贷款发放决策时，应当加强对企业现金来源、现金流出和储备现金规模的分析，以准确识别非金融企业融资类型和评价非金融的企业财务脆弱性，并提前做好风险甄别和采取预防性措施，以降低2012年起逐渐上升的不良贷款率。

第六章

贷款利率市场化对企业财务脆弱性的影响及其影响途径研究

第一节 引 言

20世纪八九十年代以来，许多国家开始利率市场改革。基于国际的经验研究成果表明，利率市场化在提高资本配置效率和促进社会经济发展的同时，也加剧了金融体系不稳定性，导致银行危机和经济危机（Kaminsky and Reinhart，1999；Romain et al.，2006）。在中国，金融体系以商业银行等金融机构为主，银行信贷资金仍然是企业资本的主要来源，而且，2007年以来，企业权益融资占比下降，商业银行等金融机构发放的信贷资金在总体上呈现较快发展速度（易纲，2020）。作为中国金融体制改革的重要内容之一，利率市场化被认为是货币市场资金定价机制的一项重要改革举措，而且已有学者分析了利率市场化对发生银行挤兑和系统性银行危机的直接影响（黄金老，2001；刘莉亚等，2017；王道平，2016；尹雷和卞志村，2016；韩永辉等，2016），但尚未有文献关注到利率市场化中的贷款利率市场化对非金融企业财务脆弱性的影响。与本书第五章中分析货币市场资金供给规模（宽松货币政策）对非金融企业财务脆弱性的影响不同，本章将基于货币市场资金价格形成机制变迁的视角，理论分析并运用双重差分模型实证检验了贷款利率市场化中的贷款利率下限放开这一外生事件对 2006~2018 年在中国沪深A股市场交易的非金融企业财务脆弱性的影响以及潜在的影响途径，具体而言，本章主要研究如下三个方面问题：第一，分析贷款利率市场化对企业财务脆弱性的影响。第二，讨论贷款利率市场化对企业财务脆弱性的潜在影响途径。第三，区分贷款利率市场化对企业财务脆弱性影响的异质性。

　　研究发现：第一，中国人民银行放开贷款利率下限显著提高了非金融企业从事对冲性融资和投机性融资的概率，显著降低了非金融企业从事风险性融资活动的概率，说明贷款利率市场化有效缓解了非金融企业财务脆弱性，而且与国有企业相比，贷款利率市场化对非国有企业财务脆弱性的缓解作用更明显。第二，影响途径的检验结果显示，贷款利率市场化是通过降低企业负债水平、减少企业负债总额中的有息负债规模、缓解企业外部融资约束等三种途径缓解企业（尤其是非国有企业）财务脆弱性。第三，影响异质性检验结果显示，贷款利率市场化对企业（尤其是非国有企业）财务脆弱性的缓解效应受微观企业个体特征的影响较大，具体而言，与资金剩余、商业信用较多、营收规模较大、亏损的企业（尤其是非国有企业）相比，贷款利率市场化对资金短缺、商业信用较少、营收规模较小、盈利的企业（尤其是非国有企业）财务脆弱性的缓解作用更明显。在使用三分类法重新定义被解释变量企业财务脆弱性、更换解释变量贷款利率市场化定义、安慰剂效应等多项稳健性检验后，本章的研究结论依然成立。

本章的特色和可能的边际贡献主要表现在如下三个方面：第一，从研究对象和视角来看，已有学者分析了利率市场化对商业银行等金融机构的直接影响，并且得到了利率市场化加剧银行挤兑和系统性银行风险或银行业危机的研究结论（王道平，2016；尹雷和卞志村，2016；韩永辉等，2016）。与之不同，本章主要分析利率市场化中贷款利率下限放开对非金融企业财务脆弱性的影响，并且得到了贷款利率市场化将有助于提高非金融企业从事对冲性融资，抑制非金融企业从事风险性融资以缓解企业财务脆弱性的研究结论。因此，本章的研究成果，提供了利率市场化微观经济后果具有正外部性的最新经验证据，这不仅是对贷款利率市场化宏观经济后果的有益补充，也能够与之形成良好的互补关系，进一步丰富了在中国沪深 A 股市场交易的非金融企业财务脆弱性货币政策层面影响因素的理论与实证研究文献。第二，从研究方法来看，本章将央行在利率市场化改革中放开贷款利率下限这一外生事件作为准自然实验，这在一定程度上有助于克服已有实证文献中关于企业财务脆弱性影响因素的内生问题，从而提高研究结论的稳健性和可靠性。第三，从政策启示角度来看，本章的研究内容和研究成果能够为央行和金融监管部门进一步深化财政金融体制（尤其是货币市场的资金定价机制）市场化改革、提高资金使用效率、守住中国不发生系统性金融风险底线、实现经济社会持续高质量发展提供一些新的理论和实证依据。

第二节　制度背景、文献回顾与研究假设

一、制度背景

与西方主流经济学家认为"看不见的手"即市场能够通过自我调节实现

充分就业均衡和对外部冲击迅速做出有效反应、无须政府干预的观点不同，明斯基（Minsky）在其经济理论中认为，市场不仅无法实现均衡，还会滋生内在的去稳定性力量，因而需要在政府干预下才能实现"稳定不稳定的经济"。明斯基在考察美国"大萧条"之后提出了政府干预资本主义的两项基本制度安排，即"大政府"和"大银行"①政策。其中："大政府"是指政府支出和赤字通过收入和就业效应或总需求效应、预算效应或现金流效应（即"卡莱茨基机制"）、资产组合效应或资产负债表效应避免发生债务通缩和"大萧条"，当然，也可能伴随出现通货膨胀。"大银行"指作为最后贷款人的央行通过影响资本价值、资产价格和金融市场资本可获得性的方式来稳定经济，当然，这也可能产生通货膨胀压力和道德风险困境。如果央行提高利率，那么，利率上升将通过多种途径降低企业投资水平，并会通过偏差放大机制导致企业投资、利润、资产价格和债务规模的螺旋式下降，从而引发金融危机和债务通缩，最后很可能会因触发企业倒闭潮而陷入经济大萧条（Minsky，2008）。

事实上，学术界很早就开始研究利率市场化是否、如何服务实体经济和影响居民消费。例如：金融抑制理论（McKinnon，1973）和金融深化理论（Shaw，1973）认为，利率管制会扭曲信贷市场的资金供求关系，进而抑制创新活动和经济增长。金融自由化和利率市场化可以使利率对投资机会的反应更加准确，有利于提高市场资源配置效率、促进经济增长（Koo and Shin，2004；杨筝等，2017）。中国曾经在一段时期内进行利率管制，利率很难发挥其在企业投资与居民跨期消费决策中的信号作用，货币政策的利率传导渠道被扭曲（盛松成和吴培新，2008），例如：由于利率管制，商业银行等金融机构缺乏改善经营业绩的动力，企业也普遍存在资金饥渴和投资不足，以及正

---

① 明斯基还提出了诸如"投资的社会化""最后雇佣者计划"等政策举措。且这些政策制度的首要目标是"稳定不稳定的经济"，更大目标是通过构建一个通往人本社会的人本经济来提高人类福利。

规金融与大量非正规金融并存等问题（王东静和张祥建，2007）。作为财政金融体制改革中的重要一环，利率市场化改革可以提高以利率为操作目标的价格型货币政策工具的有效性，有力强化货币政策价格渠道的传导作用（战明华和应诚炜，2015）。

利率市场化主要指政府放松乃至解除对利率的管制，总体上提高利率弹性，使利率充分反映金融市场的资金供需情况，引导资金流动合理化、效益化，并以此完善宏观调控手段，实现金融市场化。2003年10月，党的十六届三中全会《关于完善社会主义市场经济体制若干问题的决定》指出，利率市场化改革的目的是逐步建立起由市场供求决定的金融机构存贷款利率的利率形成机制，通过货币政策工具（含数量型和价格型）调控和引导市场利率，使市场机制在金融资本配置过程发挥主导作用，以此促进实体经济健康发展。2013年11月，党的十八届三中全会明确提出改革的主旨是要使"市场在资源配置中起决定作用"，明确表示要"加快推进利率市场化"。2017年10月，党的十九大报告中明确指出，要健全货币政策和宏观审慎政策双支柱调控框架，深化利率和汇率市场化改革，健全金融监管体系，守住不发生系统性金融风险的底线。2019年8月16日，国务院常务会议提出改革完善贷款市场报价利率（LPR）形成机制；8月17日，中国人民银行很快发布了公告，改革完善贷款市场报价利率形成机制，并于8月20日起实施，以降低实体经济的融资成本。2021年8月，中国人民银行表示，要加强政策研究储备，加强金融法治和基础设施建设，以加快推进制定《金融稳定法》，且该法已于2023年3月通过全国人大的第一次审议，将由央行推动出台。

从改革进程来看，中国利率市场化的基本思路和主要步骤是"先外币、后本币，先贷款、后存款，先长期、后短期，先大额、后小额"（李萍和冯梦黎，2016）。利率市场化从放松到最终放开的过程大致可以分成四个阶段。

第一，稳步推进阶段。1993年，党中央《关于建立社会主义市场经济体制改革若干问题的决定》和国务院《关于金融体制改革的决定》提出了利率市场化改革的设想。该阶段初始改革的主要内容是，以国债利率招标为起点，债券利率市场化。具体而言，以银行间市场债券利率的市场化，全面开设调节利率以外的资金搭配机制，使得利率市场化规模不断扩大，银行间市场利率的建立和健全创造了基准利率的收益率曲线，可以提高商业银行等金融机构的自主定价水平。之后，开始放开银行间同业拆借市场，推动完成资金批发市场的利率市场化。具体而言，1996 年 1 月 3 日，中国建立统一的同业拆借市场；同年 6 月 1 日开始，中国人民银行不再全权管理银行之间的同业拆借市场利率，即不再设定同业拆借利率上限，改由拆借双方根据货币市场供求状况自行计算确定同业拆借利率，以强化利率在货币市场资金供求中的调节作用；接着，实施外币市场利率市场化的改革，其主要内容是，首先实行 300 万美元以上大额外币存款利率协商确定机制，逐渐过渡到放开对一部分小额外币存款的利率管制，另外一部分外币存款利率实行上限管理，并逐步放开外币贷款利率。上述三项举措，标志着中国正式开始了利率市场化改革的具体实践。

第二，贷款利率市场化阶段。经国务院批准，从 2004 年 10 月开始，中国人民银行不再设定金融机构（城乡信用社除外）一般人民币贷款利率上限，实行贷款利率下限管理，将一般人民币贷款利率下限下调至基准利率的 0.9 倍。从 2006 年 8 月开始，将贷款利率下限下调至基准利率的 0.85 倍。2008 年 10 月，进一步提升了个人住房按揭抵押贷款的自主定价权，将个人住房贷款利率下限下调的幅度扩大到基准利率的 0.7 倍。2012 年 6 月，中国人民银行允许将一般人民币贷款利率下限下调至基准利率的 0.8 倍；从同年 7 月 5 日开始，中国人民银行允许贷款利率下限下调至基准利率的 0.7 倍。在国务院批准之后，从 2013 年 7 月 20 日开始，中国人民银行全面放开金融机构贷款利率管制，由金融机构根据自身情况自主确定贷款利率水平，并且取消了票据贴现利率管制，改为在再贴现利率基础上加减点的方式确定。这些举措标志着，中国基本完成贷款利率市场化改革的目标。

第三，存款利率市场阶段。2012 年 6 月 7 日，中国人民银行允许存款利率上限上浮至基准利率的 1.1 倍，中国正式开始存款利率市场化改革工作。经国务院批准，2015 年 10 月 24 日起，中国人民银行不再设置商业银行和农村合作金融机构存款利率浮动上限，这意味着中国人民银行完全取消利率管制，同时标志着中国基本完成利率市场化改革。

第四，利率并轨阶段。2016 年至今，是利率市场化改革的最终深化阶段，这一阶段是实现利率并轨这一终极目标，最终完成利率市场化"最后一公里"的关键阶段。2019 年 8 月，中国人民银行推动改革完善贷款市场报价利率（LPR）报价形成机制。改革后的 LPR 由报价银行根据对最优质客户实际执行的贷款利率，综合考虑资金成本、市场供求关系、风险溢价等因素，在中期借贷便利（MLF）利率的基础上市场化报价形成。自此之后，LPR 成为银行贷款利率的定价基准，金融机构绝大部分贷款已参考 LPR 定价。LPR由银行报价形成，可更为充分地反映市场供求变化，市场化程度更高，在市场利率整体下行背景下，无疑有利于促进降低商业银行等金融机构对实体经济的实际贷款利率。此后，中国人民银行将继续深入推进利率市场化改革，持续释放 LPR 改革效能，加强存款利率监管，充分发挥存款利率市场化调整机制重要作用，推动提升利率市场化程度；逐渐减少对存款和贷款基准利率波动幅度的管制，健全利率走廊体系，促进金融市场稳定健康发展。

但国内也有一些学者（陈学胜和罗润东，2017）认为，中国利率市场化的判断标准主要有两个：一是由市场（而非货币政策制定当局）成为货币市场资金价格的制定主体；二是在市场主导下金融资本实现了有效配置。鉴于此，中国人民银行放开利率管制等相关措施，并不意味着中国完全实现利率市场化改革工作，改革还应向更深层次推进（刘明康等，2018）。

二、文献回顾与研究假设

现有实证文献主要通过检验利率市场化对商业银行和银行业的影响来分析利率市场化与系统性金融风险和金融不稳定之间的关系。具体而言，首先，利率市场化对商业银行等金融机构存贷款利差的影响，例如：在利率市场化后，商业银行等金融机构的存贷款利差先扩大后缩小，即利率市场化与商业银行等金融机构存贷款利差之间为倒 U 形关系（彭建刚等，2016；顾海峰和朱莉莉，2019）。其次，利率市场化与商业银行风险承担之间的关系，例如：在利率市场化后，商业银行风险承担非但没有加剧、反而趋于下降（李成和刘生福，2016）；但吴国平（2016）研究发现，贷款利率市场化降低了银行风险承担、存款利率市场化加剧了银行风险承担，即利率市场化对商业银行风险承担的影响先降低、后提高，两者之间为 U 形关系。最后，利率市场化与银行挤兑和商业银行风险之间的关系，例如：虽然利率市场化赋予商业银行等金融机构的信贷资金定价自主权，但同时也会衍生出利率风险（黄金老，2001），利率市场化中的竞争促使商业银行追求信贷扩张的冒险行为，这会加剧商业银行等金融机构的经营风险（刘莉亚等，2017），从而会提高银行发生系统性危机的概率（王道平，2016；尹雷和卞志村，2016；韩永辉等，2016）。上述文献对本章研究具有重要的参考价值，但并不属于本章的研究重点，故而不对它们进行更加具体和深入的评述，即本章将主要基于贷款利率市场化与微观企业决策之间的关系分析利率市场化（尤其是贷款利率下限放开）对企业财务脆弱性的影响以及潜在的主要影响途径，并据此提出相应的研究假设和开展实证检验。

（1）贷款利率市场化会通过资金价格渠道影响企业财务脆弱性。具体表现在如下两个方面：第一，利率上升和贷款利率上限放开对非金融企业的影响。一些学者的研究成果表明，在银行贷款实际利率升高后，偏好风险的风险性融资借款人更可能成为商业银行等金融机构的潜在客户，并将会由此引发"逆向风险效应"（Stiglitz and Weiss，1981）。原本厌恶风险的对冲性融资企业，也倾向于改变自身拟投资项目的性质，使之承担更高的风险水平，要求得到更高的必要收益率，从而产生"风险激励或转移效应"。在央行放开贷款利率上限之后，商业银行等金融机构能更好地将风险水平和资金成本等经济因素，融入资金价格制定过程，贷款利率上升提高了民营企业融资成本（杨昌辉和张可莉，2016）。第二，利率下降和中国人民银行放开贷款利率下限对信贷市场和非金融企业的潜在影响。一些学者的研究成果表明，从资本供给方的角度看，中国人民银行放开贷款利率下限的举措，会激发信贷市场的竞争激烈程度，增大非金融企业与商业银行等金融机构之间的议价空间，并直接缩小银行业的存贷款利差（邢光远等，2014；王欢和郭建强，2014）。更加具体地说，与合理水平相比，利率市场化使商业银行等金融机构的净利差缩小了 29.31%，且对地方性商业银行的这种影响大于对全国性商业银行的影响（傅利福和魏建，2014）。从资本需求方的角度看，在放开贷款利率下限后，高融资约束企业与低融资约束企业之间的债务资本成本差异明显地缩小了，因为利率市场化加剧了信贷市场竞争激烈程度和更有效地控制了非金融企业融资中的隐性成本、提高了信贷市场的定价效率（陈学胜和罗润东，2017）。在此背景下，作为信贷资本需求方的非金融企业，将致力于降低与商业银行等金融机构之间的信息不对称程度、控制经营风险、评估财务状况，以争取在与商业银行等金融机构谈判时降低每笔贷款的筹资费用和用资费用。张伟华等（2018）研究成果表明，利率市场化降低了企业债务资本成本，而且这种影响在没有内部资本市场和小规模的企业中更加明显。此外，利率市场化有助于抑制金融化对实体企业经营利润的侵蚀（杨筝等，2019）。仁志（Nishi，2018）研究发现，银行贷款利率与日本小型制造业企业财务脆弱性之间为显著的正相关关系。总而言之，放开贷款利率下限为商业银行等金融机构向企业提供优惠贷款利率和贷款方案提供了外部制度保障，这应会有助于非金融企业节约利息支出和减少现金流出，进而提高非金融企业从事对冲性融资和投机性融资活动的概率，降低非金融企业的风险性融资发生概率，即有效缓解企业财务脆弱性。

（2）贷款利率市场化会通过货币政策信贷渠道影响企业财务脆弱性。在放开贷款利率下限后，企业（尤其是经营业绩佳和信用等级高的企业）通常会对比分析商业银行等金融机构提供的各种贷款方案，从中选择贷款利率最优惠或性价比最高的贷款方案，这无疑会提高商业银行等金融机构的营销推广难度，从而加剧银行业内部的竞争激烈程度（He and Wang，2012），银行业竞争越激烈、银行承担的风险水平越高（江曙霞和刘忠璐，2016），在一定程度上有助于消除信贷市场摩擦和提高企业资本结构调整速度，使企业的实际资本结构更加逼近其最优资本结构、抑制过度负债（王红建等，2018；郑曼妮等，2018），这同样应该有助于企业减少还本付息导致的现金流出，进而缓解企业财务脆弱性。

（3）贷款利率市场化可能影响企业的债务期限和债务来源结构。根据金融不稳定理论，企业债务结构变化是企业债务扩张影响金融稳定的关键所在（朱太辉，2019）。鉴于此，通过分析贷款利率市场化对企业债务期限结构和债务来源结构的影响，应该有助于揭示贷款利率市场化对企业财务脆弱性影响的具体途径。第一，贷款利率市场化对非金融企业债务期限结构的影响。从资本供给方的角度来看，短期贷款有助于商业银行等金融机构提高对企业的监督能力，并且获得信息优势（Diamond and Dybvig，1983），以增加商业银行等金融机构的"代理成本效应"；长期贷款将有利于商业银行等金融机构建立与非金融企业的良好关系，能够产生留住客户（即非金融企业）的"客户争夺效应"（Rajan，1992）。在放开贷款利率下限后，如果作为债权人的商业银行等金融机构，因为存贷款利差减少而需要节约对债务人（即非金融企业）的监督成本，出现"代理成本效应"占优情形，商业银行等金融机构应该向企业发放短期贷款；如果因为市场竞争激烈程度加剧而使商业银行等金融机构更加注重维护与客户（即非金融企业）之间的长远良好关系，即出现"客户争夺效应"占优的情形，商业银行等金融机构倾向于向非金融企业发放长期贷款（马君潞等，2013）。从资本需求方的角度来看，如果短期贷款能满足非金融企业（尤其是生产具有季节性企业）营运资本增加和新增投资对资本的需求，那么，选择短期贷款不仅能够节约利息支出，而且能够根据外部融资条件和金融市场环境的变化，以更加灵活的方式调整资本来源，以更快的速度将资本结构调整至最优或目标资本结构；与之相反，如果项目投资的预期收益期较长且未来收益能够完全覆盖长期贷款的利息支出，那么，非金融企业将会选择长期贷款，以降低资本与资产之间因为"期限错配"引发的风险。一些国内学者的研究成果表明，利率市场化导致的竞争加剧促使商业银行等金融机构在信贷决策过程中倾向于增加长期贷款，这延长了企业债务期限，抑制了非金融企业的"短贷长投"，降低了企业贷款违约概率（刘莉亚等，2017；王红建等，2018），减少了企业资本结构波动并缓解了资本结构波动对企业财务困境的助推效应（王明虎和章铁生，2016）。第二，贷款利率市场化对企业债务来源结构的影响。在中国人民银行放开贷款利率下限后，外部融资环境得以改善，信贷资金可得性得以提高，这种变化不仅有效地减少了企业的债务融资成本，进一步降低了企业（尤其是高风险企业）的信贷规模及其未来有息负债水平，提高了商业信用（王红建等，2018；陈胜蓝和马慧，2018）。

基于上述分析，本章提出一个总体性的假设和三个相关的推论：

假设6.1：贷款利率市场化有助于缓解企业财务脆弱性。

推论6.1：贷款利率市场化有助于降低企业负债水平。

推论6.2：贷款利率市场化有助于延长企业债务期限。

推论6.3：贷款利率市场化有助于减少企业有息负债。

第三节 研究设计

一、数据来源与样本选择

本章研究所需的微观企业数据主要来自万得资讯（Wind）。在构建识别企业融资类型和度量企业财务脆弱性指标时需要使用到的"期初现金及现金等价物余额"科目及其数据自 2006 年起才开始编制和公布，因此，本章以 2006～2018 年（主检验时为 2010～2015 年）在中国沪深 A 股市场中交易的企业为研究对象，并按照下列两项标准对样本进行筛选：首先，剔除证券、银行、保险等金融行业的企业；其次，剔除关键数据缺失和已经退市的企业样本。根据中国证监会制定的《上市公司行业分类指引》（2012 年修订），制造业取两位代码，其他行业均取一位代码。本章最终获得了 30004 个样本观测值（在主检验时使用到 14261 个样本观测值），它们来自 13 个年度、21 个行业的 3487 家企业。为了缓解极端值对回归结果的潜在影响，本章在 1% 和 99% 水平下对企业层面的连续型变量进行缩尾处理。

二、模型设定与变量界定

（一）贷款利率市场化对企业财务脆弱性的影响检验模型

在企业财务脆弱性决定因素即模型（4.1）的基础上以及陈胜蓝和马慧

（2018）的做法，本章通过模型（6.1）来检验贷款利率市场化对非金融企业财务脆弱性的影响（即假设6.1），具体如下：

$$FF_{i,t} = \beta_0 + \beta_1 IRL_{i,t} + \beta_2 SOE_{i,t} + \beta_3 (IRL \times SOE)_{i,t} + \beta_4 ROA_{i,t} + \beta_5 Lev_{i,t}$$

$$+ \beta_6 FCF_{i,t} + \beta_7 CR_{i,t} + \beta_8 Size_{i,t} + \sum Ind + \sum Year + \varepsilon_{i,t} \qquad (6.1)$$

模型（6.1）的被解释变量为企业财务脆弱性（FF），该变量的两种定义详见第三章中表3.1。二分类法下的被解释变量属于二值选择（binary choice）数据，故而使用 Logit 模型进行回归有助于提高估计效率。三分类法下的被解释变量属于离散型排序数据（ordered data），故而使用有序 Logit 模型（ordered logit model）进行回归的效率更高。参照仁志（Nishi，2018）、戴维斯等（Davis et al.，2019）的做法，本章将以二分类法为主，以三分类法为辅（稳健性检验），而且在展示回归结果时都直接报告概率。

解释变量包括贷款利率市场化（IRL）、贷款利率市场化和企业产权性质的交互项（$IRL \times SOE$）。由于本章研究的样本期间为 2006~2018 年，故而将中国人民银行利率市场化改革过程的贷款利率下限放开产生的微观政策效应作为主要研究内容，参照陈学胜和罗润东（2017）、王红建等（2018）、郑曼妮等（2018）、杨筝等（2019）的经验做法，按中国人民银行全面放开金融机构贷款利率下限时间将样本期间分为两个阶段，同时为了降低其他宏观政策（例如：2015 年推出的显性存款保险制度、2016 年实施的"三去一降一补"政策）对企业财务脆弱性的潜在影响、提高贷款利率下限放开这一外生事件微观经济效应的清洁度，本章将贷款利率下限放开之前的前三年（即 2010~2012 年）和放开之后的前三年（即 2013~2015 年）分别视为贷款利率市场化之前和贷款利率市场化之后，并分别赋值为 0 和 1。根据企业实际控制人性质将全样本（企业）分为非国有企业和国有企业，并分别赋值为 0 和 1。在此基础上，将贷款利率市场化与企业产权性质相乘形成交互项并据此构造双重差分模型。本章选择企业产权性质作为横截面差异的主要原因是，国有企业在获取信贷资本方面具有优势并由此衍生的预算软约束，非国有企业在贷款利率市场化前，由于信息不对称程度差异和规模劣势而使之在获取信贷资本方面遇到困难，往往承担更高的债务资本成本率（Ge and Qiu，2007；李广子和刘力，2009；魏志华等，2012；陆正飞等，2015）。如果贷款利率市场化、贷款利率市场化和企业产权性质的交互项与企业财务脆弱性之间的回归系数分别显著为负、显著为正时，意味着全面放开贷款利率下限的政策改革措施有效缓解了非金融企业的财务脆弱性，且缓解效应在非国有企业中更加明显。

控制变量包括企业资产净利率（ROA）、企业资产负债率（Lev）、企业自由现金流（FCF）、企业流动比率（CR）、企业规模（Size），以及行业（Ind）和年度（Year）等虚拟变量，这些变量的定义详见表6.1。

表6.1　　　　　　　　　　　　　　变量定义

变量类型	变量名称	符号	计算公式
被解释变量	企业财务脆弱性	FF	将对冲性融资和投机性融资企业赋值为0、风险性融资企业赋值为1
	企业负债水平	Lev	负债总额÷总资产
	企业债务期限结构	DMS	非流动性负债÷负债总额
	企业债务来源结构	DSS	有息负债÷负债总额
解释变量	贷款利率市场化	IRL	将央行放开贷款利率下限放开之前的前三年（2010～2012年）、放开之后的前三年（2013～2015年）的年度分别赋值为0、1
	企业产权性质	SOE	非国有企业赋值为0，国有企业赋值为1
控制变量	企业资产净利率	ROA	净利润÷总资产均值
	企业自由现金流	FCF	［息税前利润×（1－所得税率）＋折旧与摊销－（营运资金增加＋购建固定、无形和其他长期资产支付的现金）］÷总资产均值
	企业流动比率	CR	流动资产÷流动负债
	企业规模	Size	总资产加1后的自然对数
	企业营收增长率	RG	（本期营业收入－上期营业收入）÷上期营业收入

变量类型	变量名称	符号	计算公式
控制变量	企业有形资产占比	$Tang$	（固定资产 + 存货）÷总资产
	企业非债务税盾	$NDTS$	（折旧 + 摊销）÷总资产
	年份 – 行业负债水平中位数	$Ilev$	年份 – 行业负债水平的中位数
	行业	Ind	该行业赋值为 1，其他行业赋值为 0
	年度	$Year$	当年赋值为 1，其他年度赋值为 0

（二）贷款利率市场化对企业负债水平和债务结构的影响检验模型

参照王红建等（2018）的研究方法，本章构建模型（6.2）检验贷款利率市场化对非金融企业负债水平、债务期限结构和债务来源结构的影响（即推论 6.1 ~ 推论 6.3），具体如下：

$$Lev_{i,t}/DMS_{i,t}/DSS_{i,t} = \beta_0 + \beta_1 IRL_{i,t} + \beta_2 ROA_{i,t} + \beta_3 RG_{i,t} + \beta_4 Tang_{i,t}$$
$$+ \beta_5 Size_{i,t} + \beta_6 NDTS_{i,t} + \beta_7 ILev_{i,t}$$
$$+ \sum Ind + \sum Year + \varepsilon_{i,t} \tag{6.2}$$

模型（6.2）中的被解释变量分别为企业负债水平（Lev）、企业债务期限结构（DMS）和企业债务来源结构（DSS）。鉴于这三个指标均为连续型数据和数据结构为非平衡面板数据，为控制公司个体效应和缓解遗漏变量估计偏误等潜在计量问题，故而使用非平衡面板数据的固定效应模型（FE）进行多元回归。模型（6.2）中的解释变量为贷款利率市场化（IRL）。控制变量包括企业资产净利率（ROA）、企业营业收入增长率（RG）、企业有形资产占比（$Tang$）、企业规模（$Size$）、企业非债务税盾（$NDTS$）、企业负债水平的年份 – 行业中位数（$ILev$），以及行业（Ind）和年度（$Year$）虚拟变量，这些变量的具体定义，详见表 6.1。

第四节　实证结果及分析

一、关键变量的描述性统计

表 6.2 关键变量的描述统计结果显示：第一，2010～2015 年，对冲性融资和投机性融资样本量占全样本的比例（FF_1、FF_2）分别为 0.5165、0.5042，风险性融资样本量占全样本的比例（FF_1、FF_2）高达 0.4835、0.4958，表示一半以上的非金融类上市公司从事安全等级高的对冲性融资和风险等级低的投机性融资；而剩余非金融类公司从事风险等级高的融资活动，说明财务较脆弱。第二，企业负债水平（Lev）的平均值和中位数分别为 0.4383 和 0.4304，最大值和最小值分别为 1.1285 和 0.0480，标准差为 0.2304，说明不同年度或不同上市公司负债水平的波动或差异较大；企业债务期限结构（DMS）和企业债务来源结构（DSS）的平均值分别为 0.1722 和 0.4336，说明上市公司负债总额中的流动负债份额较高、非流动负债占比相当低，有息负债占比略低于无息负债。第三，贷款利率市场化（IRL）的平均值为 0.5371，表示 0.5371 的样本分布在贷款利率下限放开后；企业产权性质（SOE）的均值为 0.3836，说明国有上市公司占全样本的比例为 0.3836，其余的 0.6164 为非国有企业。

表 6.2　　　　　　　　　　关键变量的描述性统计

变量类型	变量名称	符号	平均值	中位数	最小值	最大值	标准差	样本量
被解释变量	企业财务脆弱性	FF_1	0.4835	0	0	1	0.4997	14261
		FF_2	0.4958	0	0	1	0.5000	14261
	企业资产负债率	Lev	0.4383	0.4304	0.0480	1.1285	0.2304	14261
	企业债务期限结构	DMS	0.1722	0.1073	0	0.7432	0.1817	14261
	企业债务来源结构	DSS	0.4336	0.4644	0	0.9077	0.2711	14261

续表

变量类型	变量名称	符号	平均值	中位数	最小值	最大值	标准差	样本量
解释变量	利率市场化	*IRL*	0.5371	1	0	1	0.4986	14261
	企业产权性质	*SOE*	0.3836	0	0	1	0.4863	14261
控制变量	企业资产净利率	*ROA*	0.0437	0.0400	−0.2546	0.2343	0.0614	14261
	企业自由现金流	*FCF*	−0.0337	−0.0207	−0.5469	0.3623	0.1265	14261
	企业流动比率	*CR*	2.7022	1.6290	0.2049	17.9966	3.1835	14261
	企业规模	*Size*	21.8748	21.7203	19.0706	25.8789	1.2860	14261
	企业营收增长率	*RG*	0.1522	0.1071	−0.6561	2.2133	0.3579	14261
	企业有形资产占比	*Tang*	0.3860	0.3753	0.0134	0.8240	0.1877	14261
	企业非债务税盾	*NDTS*	0.0239	0.0206	0.0000	0.1199	0.0171	14261

二、贷款利率市场化对企业财务脆弱性的影响检验

表6.3第（1）（3）列的回归结果显示：贷款利率市场化（*IRL*）与企业财务脆弱性（FF_1、FF_2）之间的回归系数均在5%水平下显著为负，这表示中国人民银行放开贷款利率下限对非金融企业从事对冲性融资和投机性融资活动的概率产生显著的正向影响，对从事风险性融资的概率产生显著的负向影响。该项结果说明，中国贷款利率市场化改革有效缓解了企业财务脆弱性。企业产权性质（*SOE*）与企业财务脆弱性之间的回归系数均在1%水平下显著为负，该结果表示，与国有企业相比，非国有企业从事对冲性融资和投机性融资活动的概率更低，而从事风险性融资活动的概率更高、财务更加脆弱。更加为重要的是，第（2）（4）列的回归结果显示：贷款利率市场化和产权性质的交互项（*IRL* × *SOE*）与企业财务脆弱性之间的回归系数均在5%水平下显著为正，该结果表示贷款利率市场化对国有企业和非国有企业从事对冲性融资和投机性融资活动的概率均产生显著的正向影响、从事风险性融资活动的概率均产生显著的负向影响，而且对非国有企

业从事对冲性融资和投机性融资活动的概率的正向影响显著更强、从事风险性融资活动概率的负向影响显著更强。上述结果说明，与国有企业相比，贷款利率市场化（央行放开贷款利率下限）对非国有企业财务脆弱性的缓解效应明显更强。本章提出的总体性假设6.1得到支持。该结果与郭路等（2015）得出的中国利率市场化改革有助于减少真实经济变量波动的研究结论具有内在逻辑一致性（见表6.3）。

表6.3　　　　　　　　贷款利率市场化对企业财务脆弱性的影响检验

变量	FF_1		FF_2	
	（1）	（2）	（3）	（4）
$IRL_{i,t}$	−0.1937 ** （0.012）	−0.2751 *** （0.001）	−0.1816 ** （0.018）	−0.2562 *** （0.003）
$SOE_{i,t}$	−0.4502 *** （0.000）	−0.5558 *** （0.000）	−0.4781 *** （0.000）	−0.5757 *** （0.000）
$(IRL \times SOE)_{i,t}$		0.1963 ** （0.017）		0.1816 ** （0.026）
$ROA_{i,t}$	−6.9789 *** （0.000）	−6.9643 *** （0.000）	−6.2912 *** （0.000）	−6.2764 *** （0.000）
$Lev_{i,t}$	4.1510 *** （0.000）	4.1487 *** （0.000）	3.9767 *** （0.000）	3.9744 *** （0.000）
$FCF_{i,t}$	−2.9659 *** （0.000）	−2.9533 *** （0.000）	−2.9006 *** （0.000）	−2.8891 *** （0.000）
$CR_{i,t}$	−0.1447 *** （0.000）	−0.1464 *** （0.000）	−0.1203 *** （0.000）	−0.1218 *** （0.000）
$Size_{i,t}$	0.1901 *** （0.000）	0.1892 *** （0.000）	0.2348 *** （0.000）	0.2340 *** （0.000）
常数项	−4.2578 *** （0.000）	−4.1875 *** （0.000）	−5.1789 *** （0.000）	−5.1132 *** （0.000）

续表

变量	FF_1		FF_2	
	（1）	（2）	（3）	（4）
Ind	控制	控制	控制	控制
Year	控制	控制	控制	控制
Pseudo R^2	0.2593	0.2596	0.2253	0.2456
Wald chi^2	2582.88 ***	2588.52 ***	2570.96 ***	2575.27 ***
观测值	14261	14261	14261	14261

注：***、**、*分别表示在1%、5%、10%水平下显著；括号内为经公司聚类异方差调整的 p值。

控制变量的回归结果还显示：企业资产净利率（*ROA*）、企业自由现金流（*FCF*）、企业流动比率（*CR*）与企业财务脆弱性之间的回归系数在1%水平下显著为负，而企业负债水平（*Lev*）、企业规模（*Size*）与企业财务脆弱性之间的回归系数均在1%水平下显著为正。这些结果说明，企业盈利能力越低、企业清偿能力越弱、企业流动性越差、企业负债水平越高、企业规模越大，企业从事对冲性融资和投机性融资活动的概率更低、从事风险性融资活动的概率更高，即企业财务越脆弱。

三、贷款利率市场化对企业负债水平和债务结构的影响检验

一方面，本书第三章表3.4统计结果所示，还本付息导致的现金流出减少是企业财务脆弱性近年有所改善的一个重要微观原因；还本付息减少的原因主要表现在如下三个方面：一是债务资本成本率下降；二是债务规模减小；三是债务结构优化，例如：无息负债或低息债务规模增加，而有息负债或高息债务规模减小。另一方面，利率市场化被认为是中国货币市场资金定价机制的一项重要改革举措，该项改革举措不仅直接影响企业债务资本成本率，

还可能通过降低企业负债水平和优化企业债务结构这两个途径来减少企业还本付息导致的现金流出和有效地缓解企业脆弱性。具体而言：首先，利率市场化显著降低企业债务资本成本（张伟华等，2018）；其次，有效消除信贷市场摩擦，抑制企业过度负债、提高实际资本结构趋向目标资本结构速度（王建红等，2018）、延长企业债务期限，在降低一般企业信贷规模和未来有息负债水平的同时，有助于增加企业（尤其是高风险企业）的商业信用（王红建等，2018；陈胜蓝和马慧，2018）。基于上述两个方面原因以及鉴于张伟华等（2018）已得到利率市场化能够降低企业债务资本成本的研究结论。因此，本章将仅聚焦于检验贷款利率市场化对国有企业和非国有企业负债水平、债务期限结构、债务来源结构的影响方向和影响程度，以确认贷款利率市场化缓解中国非金融企业财务脆弱性的途径并提供该效应在非国有企业更大的经验证据。

（一）贷款利率市场化对企业负债水平的影响检验

表 6.4 第（1）（2）列的回归结果显示：贷款利率市场化与非国有企业负债水平（*Lev*）之间的回归系数在 1% 水平下显著为负，与国有企业负债水平之间的回归系数虽然为负但并不显著。该结果表示，贷款利率市场化降低了非国有企业负债水平，对国有企业负债水平的影响并不明显。该结果说明，利率市场化中贷款利率下限放开加剧了银行业竞争激烈程度，改善了外部融资环境，提高了非金融企业的信贷资本可得性，降低了企业的负债水平，减少了企业还本付息导致的现金流出，从而有效地提高了企业从事对冲性融资和投机性融资活动的概率，降低了企业风险性融资的概率，缓解了企业（尤其是非国有企业）的财务脆弱性。本章推论 6.1 得到支持。

（二）贷款利率市场化对企业债务期限结构的影响检验

表 6.4 第（3）（4）列的回归结果显示：贷款利率市场化与国有企业和非国有企业债务期限结构（*DMS*）之间的回归系数均不显著。该结果说明，

表 6.4　　　　贷款利率市场化对企业负债水平和债务结构的影响检验

变量	对企业负债水平（Lev）的影响		对债务期限结构（DMS）的影响		对债务来源结构（DSS）的影响	
	（1）国有企业	（2）非国有企业	（3）国有企业	（4）非国有企业	（5）国有企业	（6）非国有企业
$IRL_{i,t}$	−0.0157 (0.132)	−0.0233*** (0.009)	−0.0147 (0.102)	−0.0115 (0.141)	−0.0481*** (0.000)	−0.0662*** (0.000)
$ROA_{i,t}$	−0.7896*** (0.000)	−0.6597*** (0.000)	−0.1507*** (0.004)	−0.1673*** (0.000)	−0.5271*** (0.000)	−0.4749*** (0.000)
$RG_{i,t}$	0.0300*** (0.000)	0.0410*** (0.000)	−0.0107 (0.118)	0.0024 (0.573)	0.0007 (0.918)	0.0078 (0.151)
$Tang_{i,t}$	0.0881*** (0.000)	0.2452*** (0.000)	0.0049 (0.876)	−0.0735*** (0.001)	0.0855** (0.032)	0.1110*** (0.001)
$Size_{i,t}$	0.0171 (0.268)	0.0689*** (0.000)	0.0582*** (0.000)	0.0630*** (0.000)	0.0910*** (0.000)	0.1188*** (0.000)
$NDTS_{i,t}$	−0.0491 (0.933)	1.1161*** (0.006)	−0.4196 (0.169)	0.3437 (0.174)	−0.8064* (0.079)	0.8603** (0.033)
$ILev_{i,t}$	0.3878*** (0.000)	0.2695*** (0.000)	−0.0224 (0.829)	−0.0646 (0.451)	0.2691* (0.058)	0.1565 (0.124)
常数项	−0.0462 (0.893)	−1.2811*** (0.000)	−1.0514*** (0.000)	−1.1566*** (0.000)	−1.6824*** (0.000)	−2.2027*** (0.000)
Ind	控制	控制	控制	控制	控制	控制
Year	控制	控制	控制	控制	控制	控制
R^2	0.1566	0.2557	0.0594	0.0778	0.1127	0.1232
F-value	23.24***	82.77***	8.29***	18.65***	14.26***	31.76***
观测值	8791	5470	8791	5470	8791	5470

注：***、**、*分别表示在1%、5%、10%水平下显著；括号内为经公司聚类异方差调整的 p 值。

贷款利率下限放开并未对非金融企业债务期限结构产生显著的影响。本章的推论 6.2 并未得到支持。出现该结果的主要原因可能包括如下两点：第一，中国金融体系以商业银行等金融机构为主，商业银行等金融机构的信贷资金仍然是企业的主要资本来源，银行业对实体经济的影响大于股票和债券等直接融资市场（Allen et al.，2005）。而且，自 2007 年以来，企业权益融资占比下降，银行信贷规模总体上呈现较快发展（易纲，2020），换言之，作为信贷资本供给方的商业银行等金融机构在信贷发放决策中的影响力更大。此外，与权益资本提供者（即所有者）相比，商业银行等金融机构更加注重风险控制和稳健经营，即仍然存在着"代理成本效应"占优的情形。因此，贷款利率下限放开尚未改变中国企业负债以短期债务为主的基本现状。第二，本章在定义利率市场化指标时，为缓解其他宏观经济政策的潜在影响，提高利率市场化政策效应的清洁度，更侧重于考察中国人民银行放开贷款利率下限前后三年的政策效应，这与王红建等（2018）考察利率市场化更长期限（2000～2015 年）政策效应的做法不尽一致。

（三）贷款利率市场化对企业债务来源结构的影响检验

表 6.4 中第（5）（6）列的回归结果显示：贷款利率市场化与国有企业、非国有企业的债务来源结构（DSS）之间的回归系数全部在 1% 水平下显著为负，这表示贷款利率市场化显著降低了负债总额中有息负债的占比，而且该影响在非国有企业中更明显。该结果说明，贷款利率下限放开有效地改善了外部融资环境，缓解了外部融资约束，在此背景下，企业有更多机会或更大可能减少使用来自商业银行等金融机构的信贷资金，增加使用来自供应商和购买者的商业信用（陈胜蓝和马慧，2018），减少利息支出导致的现金流出，从而有效缓解企业（尤其是非国有企业）财务脆弱性。本章推论 6.3 得到支持。

综上可知，利率市场化（贷款利率下限放开）通过降低企业负债水平和有息负债比例等途径，减少还本付息导致的现金流出，从而有效缓解企业

（尤其是非国有企业）财务脆弱性。

（四）贷款利率市场化对企业融资约束的影响检验

本章在理论分析和实证检验贷款利率市场化对企业负债水平、债务来源结构和债务期限结构的具体影响时，其重要假设是贷款利率市场化能够改善外部融资环境，提高信贷资本的可获得性和缓解企业外部融资约束，但尚未直接检验该项前提假设是否必然成立。鉴于此，借鉴陈和陈（Chen and Chen，2012）的研究方法，本章使用阿尔梅达等（Almeida et al.，2004）提出的现金－现金流敏感性，来反映企业外部融资约束程度。现金－现金流敏感性模型中的被解释变量为现金净增加（等于现金及现金等价物净增加额与总资产期初值之比，NCF）。解释变量为经营净现金流（等于经营活动产生的现金流量净额与总资产期初值之比，$NCFO$），如果企业经营净现金流与现金净增加之间的回归系数显著为正且越大时，就意味着当期现金的增加主要来自经营净现金流，而非对外融资所得，这意味着企业由于面临外部融资约束，不得不依赖于内源性融资（即经营净现金流）。控制变量包括企业资产净利率（ROA）、企业营业收入增长率（RG）、企业负债水平（Lev）、企业规模（$Size$）、企业的上市年龄（Age）、企业管理费用率（ME），与行业（Ind）和年度（$Year$）虚拟变量。本章在企业现金－现金流敏感性模型中加入了贷款利率市场化（IRL）及其与经营净现金流的交互项（$IRL \times NCFO$），如果交互项的回归系数显著为负，这意味着贷款利率市场化显著降低了企业的现金－现金流敏感性，换言之，中国人民银行放开贷款利率下限的改革举措，有效改善了外部融资环境，提高了信贷资本可得性，有效缓解了企业融资约束。

表6.5中第（1）～（3）列的非平衡面板数据固定效应模型的回归结果显示：第一，经营净现金流（$NCFO$）与现金净增加（NCF）之间的回归系数在1%水平下显著为正，这表示中国上市公司具有明显的现金－现金流敏感性，总体上面临外部融资约束。第二，贷款利率市场化与全样本组、国有企

业组和非国有企业组现金净增加之间的回归系数分别在1%、5%和1%水平下显著为负，表示贷款利率市场化提高了非金融企业（尤其是非国有企业）的信贷资本可获得性，降低了预防性动机和现金净增加。第三，更重要的是，在全样本组和非国有企业组，贷款利率市场化和经营净现金流的交互项（$IRL \times NCFO$）与全样本组、非国有企业组的现金净增加之间的回归系数均在1%水平下显著为负，与国有企业组现金净增加之间虽为负相关关系，但并不显著。该结果说明，贷款利率市场化明显降低了现金净增加对经营净现金流即内源性融资的依赖性，意味着贷款利率下限放开提高了信贷资本可获得性、缓解了企业融资约束，但该项效应主要存在于非国有企业组。该研究发现满足了在理论分析和实证检验贷款利率市场化（即贷款利率下限放开）对企业负债水平和债务结构影响时需要成立的前提假设。

表6.5   **贷款利率市场化对企业融资约束的影响检验**

变量	（1）全样本	（2）国有企业	（3）非国有企业
$NCFO_{i,t}$	0.3415 *** (0.000)	0.3652 *** (0.000)	0.4008 *** (0.000)
$IRL_{i,t}$	−11.1192 *** (0.000)	−2.5695 ** (0.049)	−14.4843 *** (0.000)
$(IRL \times NCFO)_{i,t}$	−0.0970 *** (0.008)	−0.0638 (0.141)	−0.1578 *** (0.003)
$ROA_{i,t}$	0.4840 *** (0.000)	0.2748 *** (0.000)	0.5527 *** (0.000)
$RG_{i,t}$	−0.0133 *** (0.010)	0.0020 (0.786)	−0.0126 * (0.060)
$Lev_{i,t}$	−0.01278 *** (0.000)	−0.0053 (0.792)	−0.1765 *** (0.000)
$Size_{i,t}$	0.0408 *** (0.000)	0.0320 *** (0.000)	0.0522 *** (0.000)
$Age_{i,t}$	2.2015 *** (0.000)	0.5073 * (0.052)	2.8621 *** (0.000)

变量	（1）全样本	（2）国有企业	（3）非国有企业
$ME_{i,t}$	0.0232 (0.483)	0.0596 *** (0.000)	0.0204 (0.642)
常数项	− 15.9486 *** (0.000)	− 6.0324 ** (0.028)	14.2770 *** (0.000)
Ind	控制	控制	控制
Year	控制	控制	控制
R^2	0.1458	0.1132	0.1945
F-value	71.97 ***	30.07 ***	58.80 ***
观测值	14261	5470	8791

注：*** 、** 、* 分别表示在 1%、5%、10% 水平下显著；括号内为经公司聚类异方差调整的 p 值。

四、贷款利率市场化对企业财务脆弱性影响的异质性检验

贷款利率市场化对非金融企业财务脆弱性的缓解作用，是否受到微观企业个体特征的影响呢？就此问题，本章将继续分析和实证检验企业的资金余缺状态、商业信用多少、规模大小、盈亏情况等方面，在贷款利率市场化与企业财务脆弱性关系中的潜在调节效应。

（一）资金余缺对贷款利率市场化与企业财务脆弱性关系的影响

根据企业资本结构理论中的优序融资理论（pecking order theory）（Myers and Majluf，1984），企业在内源融资和外源融资中将首选内源融资，在外源融资中优先选择债务融资，最后才会采用权益融资。如果企业内源融资能够满足其营运资本增加和新增投资需求、能够保证其生存和发展且清偿能力较强，其对外融资需求较少，故而利率市场化对此类企业财务脆弱性的影响应该不明显。与之相反，对内源融资无法满足其营运资本增加和新增投资需求、

无法保证其生存和发展且清偿能力较弱的企业而言，它们具有对外融资需求，故而贷款利率市场化对它们财务脆弱性的影响应该较大。

借鉴吴超鹏等（2012）的经验做法，本章使用企业自由现金流来反映其资金余缺状态。如果企业的自由现金流为正值（大于零），说明企业内部现金流在满足营运资本增加和新增投资支出之后还有剩余；与之相反，如果企业自由现金流为负值（小于零），说明企业处于资金缺口状态，故而需要对外融资。然后，根据资金的余缺状态分组检验贷款利率市场化（即贷款利率下限放开）对非金融企业（尤其是非国有企业）财务脆弱性的影响。

表6.6第（1）~（4）列的回归结果显示：贷款利率市场化、贷款利率市场化和企业产权性质的交互项与资金缺口组企业财务脆弱性之间的回归系数分别在1%水平下显著为负、在5%水平下显著为正，与资金剩余组企业财务脆弱性之间的回归系数均不显著。该项说明，资金缺口组的企业具有外部融资需求，央行放开贷款利率下限的改革措施，改善了外部融资环境，缓解了企业外部融资约束，减少了企业还本付息导致的现金流出，从而有效地缓解了企业（尤其是非国有企业）财务脆弱性。该结果在一定程度上也证实了贷款利率市场化（即贷款利率下限放开）与企业财务脆弱性之间的因果关系。

表6.6 贷款利率市场化对企业财务脆弱性影响的异质性检验

变量	(1) FF_1	(2) FF_2	(3) FF_1	(4) FF_2	(5) FF_1	(6) FF_2	(7) FF_1	(8) FF_2
	资金剩余的企业		资金缺口的企业		商业信用多的企业		商业信用少的企业	
$IRL_{i,t}$	0.1971 (0.170)	0.2232 (0.116)	−0.5123 *** (0.000)	−0.5106 *** (0.000)	0.1131 (0.384)	0.1647 (0.207)	−0.7284 *** (0.000)	−0.7265 *** (0.000)
$SOE_{i,t}$	−0.4098 *** (0.000)	−0.4681 *** (0.000)	−0.5830 *** (0.000)	−0.5819 *** (0.000)	−0.3515 *** (0.000)	−0.3661 *** (0.000)	−0.6651 *** (0.000)	−0.6942 *** (0.000)
$(IRL \times SOE)_{i,t}$	−0.0521 (0.700)	−0.0587 (0.659)	0.2473 ** (0.023)	0.2289 ** (0.035)	−0.1042 (0.391)	−0.1334 (0.271)	0.3871 *** (0.002)	0.3884 *** (0.001)
常数项	−2.2221 *** (0.007)	−3.2912 *** (0.000)	−4.4833 *** (0.000)	−5.2065 *** (0.000)	−4.6588 *** (0.000)	−5.4883 *** (0.000)	−4.0337 *** (0.000)	−4.8725 *** (0.000)

变量	(1) FF_1	(2) FF_2	(3) FF_1	(4) FF_2	(5) FF_1	(6) FF_2	(7) FF_1	(8) FF_2
	资金剩余的企业		资金缺口的企业		商业信用多的企业		商业信用少的企业	
控制变量	控制	控制	控制	控制	控制	控制	控制	控制
固定效应	控制	控制	控制	控制	控制	控制	控制	控制
Pseudo R^2	0.3037	0.2870	0.2457	0.2327	0.2729	0.2651	0.2968	0.2789
Wald chi^2	834.90 ***	864.42 ***	1620.72 ***	1593.06 ***	1038.85 ***	1062.57 ***	1565.81 ***	1544.12 ***
观测值	5818	5818	8443	8443	6442	6442	7819	7819

注：控制变量包括资产净利率（ROA）、负债水平（Lev）、自由现金流（FCF）、流动比率（CR）、公司规模（Size）；固定效应均为行业（Ind）和年度（Year）。***、**、* 分别表示在1%、5%、10%水平下显著。

（二）商业信用对贷款利率市场化与企业财务脆弱性关系的影响

已有学者研究成果表明，在一些国家，非金融企业使用商业信用的规模远远超过它们从商业银行等金融机构获得的信贷资本额度（Lee and Stowe，1993）。在金融体系尚未完善的发展中国家，商业信用对经济（尤其是非国有经济）的支持力度很可能超过商业银行等金融机构的信贷资本（Allen et al.，2005；Ge and Qiu，2007）。在一定条件（如货币紧缩期）下，商业信用与银行贷款之间存在替代性关系（陆正飞和杨德明，2011；Lin and Chou，2015）。央行放开贷款利率下限有效降低了企业（尤其是高风险企业）的银行信贷额度、增加了企业的商业信用规模（陈胜蓝和马慧，2018）。基于这些已有研究结论，本章预期商业信用将会影响贷款利率市场化与企业财务脆弱性的关系。具体原因是，与商业银行等金融机构相比，来自产业链上游供应商和下游购买者的商业信用，不仅不需要筹资费用，其用资费用也往往较低，甚至可以忽略不计，在此情形下，作为理性的营利性组织，如果商业信用较多或增加，企业通常会选择减少使用来自商业银行等金融机构的信贷资金，一些优秀或具有竞争优势的企业甚至已通过"无本经营"和"无本赚息"的方式，减少利息支出导致的现金流出，通过赚取投资收益来增加现金流入，这无疑有助于缓解企业财务脆弱性。

根据上述对商业关系和经济逻辑推理，本章使用净商业信用来反映企业商业信用多少，该指标的计算公式为：

$$净商业信用 = [（应付账款 + 应付票据 + 预收账款）-（应收账款 + 应收票据 + 预付账款）] \div 总资产$$

如果非金融企业的净商业信用为正值，表示非金融企业从上游供应商和下游购买者处获得的商业信用规模已超过其向上游供应商和下游购买者处提供的商业信用，企业商业信用较多；如果净商业信用为负值，则表示企业商业信用较少。然后，根据企业商业信用的多少分组检验贷款利率市场化对企业（尤其是非国有企业）财务脆弱性的影响。

表6.6第（5）~（8）列的回归结果显示：贷款利率市场化、贷款利率市场化和企业产权性质的交互项与商业信用较少组企业财务脆弱性之间的回归系数均在1%水平下显著为负，与商业信用较多组企业财务脆弱性之间的回归系数均不显著。该结果说明，贷款利率市场化对商业信用较少企业（尤其是非国有企业）财务脆弱性的缓解作用明显更大，因为此类企业对金融资本和金融市场十分依赖，对外部融资条件和金融市场环境的变化更敏感，贷款利率下限放开降低了债务资本成本率（张伟华等，2018）、负债水平和有息负债规模，这有助于减少利息支出导致的现金流出，从而有效缓解了此类企业财务脆弱性。但对商业信用较多的企业而言，其使用信贷资本原本就少、对外部融资条件和金融市场环境的变化并不十分敏感，故而贷款利率下限放开对其财务脆弱性的缓解作用并不明显。

（三）营收规模对贷款利率市场化与企业财务脆弱性关系的影响

已有学者研究发现，货币政策对不同规模企业的微观经济效应存在着一定差异，比如：紧缩性货币政策对大企业的影响并不显著，对小企业产生显著的影响（Gertler and Gilchris，1994），货币政策对小规模企业的政策效应比对大中型企业的政策效应更强（Horváth，2006），因为大企业在与供应商和商业银行等金融机构谈判过程中的议价能力更强（陈胜蓝和马慧，2018），即使在贷款利率下限放开之前，也能够取得更多商业信用和已享受贷款利率下限的优惠政策。与此不同的是，小型企业的议价能力通常较弱，对货币政策的风险敏感度往往更高（林朝颖等，2015），故而在贷款利率下限放开之后和从国家对中小企业的财税政策扶持中的受益通常也会更多，例如：债务融资成本率的下降幅度更大（张伟华等，2018）。因此，企业规模可能影响贷款利率市场化与企业财务脆弱性之间的关系。

参照《财富》（*Fortune*）杂志关于"全球最大五百家公司"（即通常所说的"世界 500 强"企业）的评价标准与陈胜蓝和马慧（2018）的经验做法，本章用营业收入（或营业总收入）加 1 后的自然对数度量企业营收规模，并将营收规模大于、小于当年中位数的企业分别视为营收规模较大的企业、营收规模较小的企业。然后，根据营收规模的大小分组检验贷款利率市场化对非金融企业（尤其是非国有企业）财务脆弱性的影响。

表 6.7 第（1）~（4）列的回归结果显示：贷款利率市场化、贷款利率市场化和企业产权性质的交互项与营收规模较小组企业财务脆弱性之间的回归系数分别在 1% 和 1% 水平下显著为负、5% 和 1% 水平下显著为正，但与营收规模较大组企业财务脆弱性之间的回归系数并不显著。该结果说明，与营收规模较大的上市公司相比，贷款利率下限放开对营收规模较小上市公司财务脆弱性的缓解作用更加明显。该研究发现对中国人民银行通过利率市场化（即贷款利率下限放开）等改革举措，缓解中小企业"融资难、融资贵"困境和企业财务脆弱性，具有一定的理论和实践启发价值。

表 6.7 贷款利率市场化对企业财务脆弱性影响的异质性检验

变量	(1) FF_1	(2) FF_2	(3) FF_1	(4) FF_2	(5) FF_1	(6) FF_2	(7) FF_1	(8) FF_2
	营收规模大的企业		营收规模小的企业		盈利企业		亏损企业	
$IRL_{i,t}$	0.0204	0.1393	-0.6021 ***	-0.6404 ***	-0.3399 ***	-0.3144 ***	0.3098	0.2514
	(0.878)	(0.298)	(0.000)	(0.000)	(0.000)	(0.000)	(0.332)	(0.423)
$SOE_{i,t}$	-0.6258 ***	-0.6031 ***	-0.5241 ***	-0.5865 ***	-0.6200 ***	-0.6433 ***	-0.2680	-0.2291
	(0.000)	(0.000)	(0.000)	(0.000)	(0.000)	(0.000)	(0.254)	(0.325)
$(IRL \times SOE)_{i,t}$	0.0283	-0.0604	0.3318 **	0.3702 ***	0.1890 **	0.1759 **	0.1135	0.0663
	(0.815)	(0.616)	(0.014)	(0.005)	(0.031)	(0.042)	(0.703)	(0.823)
常数项	3.1457 ***	3.2022 ***	-12.1576 ***	-13.6288 ***	-2.9426 ***	-3.8536 ***	-9.3295 ***	-10.0819 ***
	(0.000)	(0.000)	(0.000)	(0.000)	(0.000)	(0.000)	(0.000)	(0.000)
控制变量	控制	控制	控制	控制	控制	控制	控制	控制
固定效应	控制	控制	控制	控制	控制	控制	控制	控制
Pseudo R^2	0.2816	0.2712	0.2343	0.2192	0.2614	0.2483	0.2540	0.2513
Wald chi^2	1368.63 ***	1320.77 ***	1138.46 ***	1122.99 ***	2530.60 ***	2502.32 ***	225.05 ***	225.46 ***
观测值	7130	7130	7131	7131	12908	12908	1353	1353

注：控制变量包括资产净利率（ROA）、负债水平（Lev）、自由现金流（FCF）、流动比率（CR）、公司规模（Size）；固定效应均为行业（Ind）和年度（Year）。*** 、** 、* 分别表示在1%、5%、10%水平下显著。

（四）盈亏状况对贷款利率市场化与企业财务脆弱性关系的影响

正如前文所述，在利率市场化后，商业银行等金融机构可以根据不同企业或投资项目的风险等级确定贷款利率，使风险与收益更加匹配，例如：收益水平高、盈利能力强的低风险公司通常能够根据商业银行等金融机构提供的贷款方案选择资本来源，而且在与商业银行等金融机构的谈判过程中具有更强的议价能力，能够争取到更加优惠的银行借款，商业银行等金融机构也很愿意通过降低贷款利率的方式争夺低风险客户（即非金融企业）；与之相反，贷款利率下限放开降低了高风险公司的信贷资本可获得性（陈胜蓝和马慧，2018）。

本章根据企业净利润是否大于 0 将全样本分为盈利企业、亏损企业，以便分析盈亏状态对贷款利率市场化与企业财务脆弱性关系的影响。然后，根据盈亏状况来分组检验贷款利率市场化对企业（尤其是非国有企业）财务脆弱性的影响。

表 6.7 第（5）~（8）列的回归结果显示：贷款利率市场化、贷款利率市场化和企业产权性质的交互项与盈利组企业财务脆弱性之间的回归系数分别在 1% 水平下显著为负、在 5% 水平下显著为正，与亏损组企业财务脆弱性之间的回归系数均不显著。该结果表示，与亏损的企业相比，贷款利率下限放开对盈利型企业（尤其是非国有企业）财务脆弱性的缓解作用明显更大。该结果在一定程度上说明，央行放开贷款利率下限的改革举措，提高了金融市场资本配置效率，这为央行继续深化贷款市场报价利率的报价机制改革提供了一些新的理论和实证依据。

五、稳健性检验

针对研究过程可能存在的问题，本章还进行了如下三项稳健性检验：

第一，使用三分类法重新定义被解释变量企业财务脆弱性。根据非金融企业融资类型，将当年从事对冲性融资、投机性融资、风险性融资的企业，分别赋值为 1、2、3。考虑到被解释变量企业财务脆弱性此时为排序型数据，使用有序 Logit 模型（ordered logit model）进行回归，有助于提高估计效率。表 6.8 第（1）（2）列的回归结果显示，贷款利率市场化、贷款利率市场化和企业产权性质的交互项与企业财务脆弱性之间的回归系数仍分别均在 1% 水平下分别显著为负、显著为正。该结果说明，贷款利率市场化将有助于缓解企业（尤其是非国有企业）财务脆弱性。

表6.8　　　　　　　　　　　　　　　稳健性检验

变量	(1) FF_1	(2) FF_2	(3) FF_1	(4) FF_2	(5) FF_1	(6) FF_2
	更换企业财务脆弱性定义		更换利率市场化定义		检验安慰剂效应	
$IRL_{i,t}$	-0.3792*** (0.000)	-0.2684*** (0.000)	-0.7008*** (0.000)	-0.7592*** (0.000)	-0.0269 (0.743)	-0.0501 (0.538)
$SOE_{i,t}$	-0.5967*** (0.000)	-0.6652*** (0.000)	-0.5017*** (0.000)	-0.5343*** (0.000)	-0.4290*** (0.000)	-0.4557*** (0.080)
$(IRL \times SOE)_{i,t}$	0.2640*** (0.000)	0.2018*** (0.007)	0.1125* (0.083)	0.1058* (0.100)	-0.0516 (0.524)	-0.0802 (0.318)
常数项	—	—	-3.6827*** (0.000)	-4.6232*** (0.000)	-4.0157*** (0.000)	-4.8839*** (0.000)
控制变量	控制	控制	控制	控制	控制	控制
固定效应	控制	控制	控制	控制	控制	控制
Pseudo R^2	0.2117	0.1954	0.2475	0.2350	0.2762	0.2655
Wald chi^2	3720.75***	3401.79***	3993.12***	3992.86***	2760.06***	2761.48***
观测值	14261	14261	23748	23748	15254	15254

注：控制变量包括资产净利率（ROA）、负债水平（Lev）、自由现金流（FCF）、流动比率（CR）、公司规模（Size）；固定效应均为行业（Ind）和年度（Year）。***、**、*分别表示在1%、5%、10%水平下显著。

　　第二，更换核心解释变量贷款利率市场化定义。具体而言，将贷款利率市场化政策效应的评价窗口期从3年延长至5年，即将贷款利率下限放开之前的前5年（2008～2012年）和放开之后的前5年（2013～2017年）定义为贷款利率市场化之前和贷款利率市场化之后，并且同样分别赋值为0和1。表6.8中第（3）（4）列的回归结果显示，贷款利率市场化、贷款利率市场和企业产权性质的交互项与企业财务脆弱性之间的回归系数分别在1%、10%水平下显著为负、显著为正。该结果说明，在延长政策效应的评价窗口期后，贷款利率下限放开对企业（尤其是非国有企业）财务脆弱性的缓解作用仍然存在。

　　第三，检验安慰剂效应。为进一步验证贷款利率市场化对非金融企业财务脆弱性的影响确实是由 2013 年放开贷款利率下限放开所致，本章还进行安慰剂效应检验（placebo test）。为尽可能缓解事件发生点选择的主观性，在检验安慰剂效应时，本章将事件发生的时间点向事件发生期间移动 1 个单位年，即将贷款利率下限放开年度设为 2014 年，将 2011～2013 年和 2014～2016 年分别视为贷款利率市场化之前和贷款利率市场之后，然后继续分别赋值为 0 和 1，并将贷款利率市场化与企业产权性质相乘以形成交互项。表 6.8 第（5）（6）列的回归结果已显示，贷款利率市场化、贷款利率市场化和企业产权性质的交互项与企业财务脆弱性之间的回归系数全部不显著。该项研究发现间接证实了本章的研究结论，换言之，2013 年进行的贷款利率下限放开确实有效地缓解在中国沪深 A 股市场中交易的非金融企业（尤其是非国有企业）财务脆弱性。

上述三项稳健性检验的结果均显示，本章关于中国人民银行放开贷款利率下限（即贷款利率市场化）的改革措施对在中国沪深 A 股市场中交易的非金融企业（尤其是非国有企业）财务脆弱性影响（即缓解效应）的研究结论是稳健和可靠的。

第五节　研究结论与政策建议

2008 年国际金融危机爆发后，企业财务脆弱性和金融稳定性成为世界主要经济体央行和政府的主要关切。本章从货币市场资金定价机制的角度入手，基于中国人民银行利率市场化改革的准自然实验，理论分析并运用双重差分法实证检验了利率市场化中的贷款利率下限放开对 2006～2018 年在中国沪深 A 股市场交易的非金融企业财务脆弱性的影响以及影响的主要途径和异质性。本章研究发现：第一，中国人民银行放开贷款利率下限显著提高了中国非金融企业从事对冲性融资和投机性融资活动的概率，降低了中国非金融企业从事风险性融资活动的概率，换言之，贷款利率市场化有效缓解了企业财务脆弱性，而且缓解效应在非国有企业中更加明显。第二，影响途径的检验结果显示，贷款利率市场化通过降低企业负债水平、减少负债总额中的有息负债规模和缓解企业外部融资约束等三项途径来缓解企业（尤其是非国有企业）财务脆弱性。第三，影响异质性的检验结果还显示，贷款利率市场化对企业（尤其是非国有企业）财务脆弱性的缓解作用与微观企业的个体特征紧密相关，具体而言，与资金剩余、商业信用较多、营收规模较大、亏损的企业相比，贷款利率市场化对资金短缺、商业信用较少、营收规模较小、盈利的企业财务脆弱性的缓解作用明显更强。在使用三分类法重新定义被解释变量企业财务脆弱性、更换了核心解释变量贷款利率市场化定义、检验安慰剂效应之后，本章的研究结论依然成立。本章的研究内容和研究成果，不仅提供了贷款利率市场化在缓解企业财务脆弱性中具有积极作用（即具有正外部性）以及具体缓解途径的最新经验证据，而且丰富了贷款利率市场化改革微观经济后果与企业财务脆弱性货币政策层面影响因素研究领域的理论和实证文献。

基于本章的研究内容和研究结论，故而提出五项建议：第一，对承担着维护金融稳定职责和作为货币政策制定部门的中国人民银行而言，可以持续改革、不断完善贷款市场报价利率形成机制的举措，以便更有效地发挥贷款市场报价利率的信号作用，使企业按照对贷款市场报价利率的预期，动态调整自身的负债水平、长期负债占比和有息负债占比，减少企业利息支出导致的现金流出，以实现降低实体经济融资成本的目标。第二，对政府金融监管部门而言，一方面，提高对信贷市场中非金融企业融资类型的监测频率，大力引导并积极鼓励企业从事安全等级高的对冲性融资活动，密切关注信贷市场风险性融资企业占比的变化，加大对企业风险性融资行为的监督和管理力度；另一方面，加大与司法机关和其他执法机构之间的合作力度，合力打击企业恶意逃废债行为，坚决守住中国不发生系统性金融风险底线。第三，对商业银行等金融机构和债券持有人而言，不断优化对债务人经营管理水平的分析和财务履约能力的评价策略，有效识别和谨慎开展对"经营不善、融资为主"的非金融类企业的资金支持，以减少不良贷款的绝对规模和相对规模与本金偿还和利息支付等债券违约事件。第四，对非金融企业本身而言，需要深入认真学习和贯彻党的决策部署和政府部门出台的宏观经济政策，始终关注和持续追踪金融监管政策和金融市场环境的最新变化，加强对贷款市场报价利率的预期，控制负债水平，提倡适度负债，避免过度负债，并且持续优化债务期限结构和债务来源结构，以减少付息还本导致的现金流出，从而有效地缓解企业财务脆弱性。第五，对非金融企业高管而言，首先，需要正确认识并高度重视现金的重要性。由于报表编制依据的差异，一些盈利或盈利能力看似较强的企业，实则未必拥有现金或拥有足够的现金。分红和还本付息均需使用现金、而不是利润；如果没有现金或现金储备不足，股东不可能长期持股、债权人也不可能持续发放贷款。因此，不仅企业及其高管要关心收入规模和利润，更要关注收益质量，即收入和利润的现金含量。其次，要加深对现金及其来源内涵的理解，通过提高获取现金能力，即企业现金增加应主要来自其经营活动产生的现金流量净额（即净流入），使企业拥有真正稳定的现金来源和足够安全的现金储备，保持稳健经营和实现可持续发展。

第七章

融资融券对企业财务脆弱性的
影响及其作用机制研究

第一节 引 言

金融创新与金融风险之间的关系，不仅是金融经济学领域研究的经典课题，也是央行、证券监管部门和金融监管部门关注的热点问题。2010年3月31日正式实施融资融券交易试点以来，中国股票市场已从单边现货交易迈入双边信用交易的发展阶段。该项交易制度被认为是完善中国资本市场的一项重要举措，对资本市场定价效率和企业行为产生了重要影响。具体而言，第一，由于资本市场具有资产定价功能，融资融券对公司资本（尤其是权益资本）价值和资产价格产生重要影响，例如：融券交易机制有助于通过吸纳负面信息或投资者悲观情绪降低股价高估（孟庆斌和黄清华，2018），融资交易和融券交易分别显著提高和显著降低了未来股价崩盘风险（俞红海等，2018）。中国金融体系以商业银行等金融机构为主，商业银行等金融机构的信贷资金仍是企业资本的主要来源渠道（Allen et al.，2005），且在信贷发放决策过程高度关注抵押品，抵押品的价值及其分布成为商业银行等金融机构信贷资金流向和资金配置的重要影响因素（易纲，2020）。因此，融资融券的资产定价，将会影响企业对外部融资条件和金融市场环境变化的敏感性，进而影响企业财务脆弱性。第二，融资融券具有治理功能，会影响到企业的财务行为，例如：融券交易能够抑制盈余管理程度（陈晖丽和刘峰，2014），融券交易的"事前威慑"功能将有助于降低企业权益融资规模和债务融资规模且债务融资规模的下降幅度大于权益融资的下降幅度（Grullon et al.，2015；顾乃康和周艳利，2017）。因此，根据国内外已有学术文献的初步推导，融资融券应当有助于减少企业还本付息导致的现金流出，从而提高非金融企业从事对冲性融资和投机性融资活动的概率，降低非金融企业从事风险性融资活动的概率，以缓解企业财务脆弱性。鉴于此，本章理论分析并实证检验了作为中国多层次资本市场健康发展和近年金融创新成果之一的融资融券对2006～2018年在中国沪深A股市场中交易的非金融企业财务脆弱性的影响及其作用机制。具体而言，本章聚焦于研究如下三个方面内容：第一，分析融资融券（包括融资交易和融券交易）对企业财务脆弱性的总体影响和具体影响。第二，揭示融资融券影响企业财务脆弱性的作用机制。第三，区分融资融券对企业财务脆弱性影响的异质性。

研究发现：第一，在中国证券监管部门允许股票市场投资者同时进行融资交易和融券交易的独特情境下，融资交易显著降低了企业从事对冲性融资和投机性融资活动的概率，提高了企业从事风险性融资的概率，加剧了企业财务脆弱性，而融券交易显著提高了企业从事对冲性融资和投机性融资活动的概率，降低了企业从事风险性融资的概率，缓解了企业财务脆弱性。虽然融资交易规模大于融券交易规模，但融券交易对企业财务脆弱性的缓解效应远大于融资交易对企业财务脆弱性的加剧效应，使融资融券在总体上对企业财务脆弱性最终产生了缓解效应。第二，融资融券对企业财务脆弱性产生缓解效应的作用机制是，部分通过降低企业盈余管理程度，提高收益质量缓解企业财务脆弱性；部分通过提高企业信息披露质量，降低信息不对称程度缓解企业财务脆弱性。这说明融资融券主要通过治理机制和信息机制来缓解企业财务脆弱性。第三，融资融券对企业财务脆弱性的缓解效应受股票市场周期和公司内部治理的影响，具体而言，与在熊市期间、大股东持股比例较低和管理层尚未持股的企业相比，融资融券在牛市期间、对大股东持股比例较高和企业管理层已持股的企业财务脆弱性的缓解效应明显更强。在重新定义被解释变量企业财务脆弱性、确认融资融券的"事前威慑"治理功能（而非事后惩治效应）、通过融资融券调出事件（反证法）确认融资融券与企业财务脆弱性之间的因果关系与分阶段扩容事件的影响后，本章研究结论仍然成立。

　　本章的特色和可能的边际贡献主要体现在如下三个方面：第一，以金融创新与金融稳定的关系作为切入点，开展融资融券对企业财务脆弱性影响的大样本实证研究，不仅较早考察了企业财务脆弱性的股票市场层面的影响因素，而且揭示了融资融券对企业财务脆弱性影响的作用机制与异质性。这将为中国证券监管部门进一步通过发展多层次资本市场和金融创新，引入股票市场投资者力量，缓解企业财务脆弱性，维护金融市场稳定，提供一些新的理论和决策参考依据。第二，本书基于中国证券监管部门允许股票市场投资者同时进行融资交易和融券交易，而且融资交易规模远高于融券交易规模的独特情境下，不仅分别考察了融资融券与融资交易和融券交易对企业财务脆弱性的总体影响与具体影响，而且明确指出了融资融券对企业财务脆弱性最终产生缓解效应的作用机制包括抑制盈余管理程度和提高信息披露质量；该项研究发现不仅提供了融资融券具有"事前威慑"外部治理功能，而且融资交易和融券交易治理功能存在明显差异的经验证据，是对融资融券真实效应研究的有益补充，也证实了多层次资本市场健康发展和金融创新成果具有缓解中国非金融企业财务脆弱性和稳定金融的正外部性，这对中国证券监管部门和金融监管部门、投资者和债权人寻找增加安全等级高的对冲性融资和风险等级低的投机性融资以缓解企业财务脆弱性的途径具有一定的政策启示和现实参考价值。第三，投资者融资融券"事前威慑"功能的外生性较强，将有助于确定公司财务和会计领域实证研究领域很关注的经济变量之间的因果关系（而非仅仅相关关系），并提高实证结果和研究结论的稳健性。

第二节　制度背景、文献回顾与研究假设

一、制度背景

融资融券指客户提供担保物，向证券公司等金融中介机构借入资金以买入证券（融资）或借入证券以卖出（融券），并在约定期限内偿还所借资金或证券及利息、费用的交易活动。美国、日本和我国香港地区分别于1934年、1951年、1994年推出融资融券机制。与这些国家或地区较发达的资本市场相比，中国资本市场成立时间较晚，融资融券业务引入时间也较短。根据陈晖丽和刘峰（2014）、陈怡欣等（2018）的观点，中国融资融券大致经历了全面禁止、法律法规修订、试点和转入常规这四个阶段。

第一，全面禁止阶段。在股票市场建立之初，与之相关的法律法规等制度设计尚未完善，投资者的财务金融等相关投资知识和风险意识还较为薄弱，中国证券监管部门的工作程序逐步建立和工作效率正在提高，股票市场频繁

发生违规事件，1998 年爆发的亚洲金融危机使证券监管部门对金融创新的态度更加谨慎，1998 年 12 月通过的《中华人民共和国证券法》（以下简称《证券法》）规定证券公司不得从事向客户开展融资或融券等证券交易活动。在股票市场建立之初，虽然禁止融券交易（即卖空）在一定程度上有助于保障金融市场稳定、保护投资者利益，但随着股票市场不断向前发展，单边市场现货交易机制不利于提高资本市场定价效率和发挥治理功能，由此积聚的风险促使中国证券监管部门重新思考是否允许投资者卖空。

第二，法律法规修订阶段。随着资本市场的不断向前发展，为继续完善资本市场交易制度、提高资本市场的定价效率，2005 年 10 月修订后的《证券法》规定：证券公司为客户买卖证券提供融资融券服务，应当按照国务院有关规定并经国务院证券监督管理机构批准。2006 年 6 月，中国证监会正式发布了《证券公司融资融券试点管理办法》《证券公司融资融券业务内部控制指引》；同年 8 月，上海证券交易所和深圳证券交易所也先后发布了《融资融券交易试点实施细则》。此后不久，上海证券交易所和深圳证券交易所陆续出台的《融资融券试点登记结算业务实施细则》《融资融券合同必备条款》《融资融券交易风险揭示书必备条款》等政策较明确地规定了证券公司与证券信用交易者的法律关系。2008 年 4 月，国务院常务会议出台《证券公司监督管理条例》和《证券公司风险处置条例》。自此之后，中国基本具备了融资融券交易制度的法律法规。

第三，试点阶段。2008 年 10 月 5 日，经国务院同意，中国证监会宣布启动融资融券交易试点。2008 年 10 月 31 日，中国证监会发布了《证券公司业务范围审批暂行规定》。2010 年 1 月 8 日，国务院原则上同意证券市场开始融资融券业务试点工作；同年 3 月 31 日，中国正式启动融资融券业务试点工作，第一批融资融券标的为 90 只股票。该项事件标志着中国股票市场从单边现货交易时代正式迈入双边信用交易阶段。

第四，转入常规阶段（2011 年 11 月至今）。2011 年 10 月 26 日，中国证监会正式发布《转融通业务监督管理试点办法》，该办法允许证券公司作为金融中介将来自其他金融机构的资金和股票提供给市场上的证券信用交易者。2011 年 11 月 25 日，上海证券交易所和深圳证券交易所发布修订后的《融资融券交易实施细则》，使中国的融资融券交易从试点阶段转入常规运行阶段。

中国股票市场自 2010 年 3 月 31 日正式实施融资融券交易试点以来共经历了六次扩容，具体如下①：第一，2010 年 3 月 31 日，上证 50 指数的所有成分股、深成指的 40 只股票即沪深两市的 90 只股票作为首批融资融券标的股票。第二，2011 年 12 月 5 日进行了第一次扩容，扩容后的标的股票达到 278 只，基本覆盖了沪深 300 指数的成分股。第三，2013 年 1 月 31 日进行了第二次扩容，本次扩容首次加入了创业板的 6 只股票，大幅增加了中小企业板股票；扩容之后标的股票数量达到 500 只，此后融资融券余额快速增加。第四，2013 年 9 月 16 日进行了第三次扩容，本次扩容的一个明显特征是，将更多创业板的股票纳入融资融券标的股票名单，并推动创业板的指数当年出现快速上升，本次扩容后标的股票增加至 700 只。第五，2014 年 9 月 22 日进行了第四次扩容，扩容之后的标的股票增加至 900 只。在本次扩容后，场外配资和场内两融的操作在很大程度上推动了 2015 年出现牛市行情和股票市场的"泡沫"，从而引起证券监管部门关注，促使交易所对具备开展两融业务的证券公司进行"窗口指导"。第六，2016 年 12 月 12 日进行了第五次扩容，本次扩容仅增加一些新的权重股，扩容后标的股票数量达到 950 只。2010 年 12 月底到 2018 年 12 月底，从融资融券的规模来看，全国信用账户从 4.95 万个增加至 472.42 万个，"两融"成交额从 707.48 亿元增加至 77596.60 亿元，占沪深 A 股成交额的比例从 0.16% 上升至 8.65%，其中，2014 和 2015 年分别达到 14.40% 和 13.63%。从融资融券的交易结构来看，融资买入额和融券卖出额占 A 股成交额的比例分别达到了 6.94% 和 0.55%。

---

① 本部分的统计数据来自万得资讯（Wind），经笔者整理而得。

第七，2019 年 8 月 9 日进行了第六次扩容，扩容之后的标的股票数量增加至1600 只，虽然新增的 650 只股票的市值并不大，但这是 2015 年股灾之后的首次扩容，而且新增标的股票数量较多，本次扩容也因此被认为具有非常积极的影响。

从实践情况来看，作为中国多层次资本市场健康发展和近年来金融创新成果之一的融资融券具有如下三项明显特征：第一，融资融券标的股票同时允许融资交易和融券交易，而且融资融券逐步放开，这在时间上形成一个错层（stagger）发生事件的准自然实验情境，能够减少其他不可观察因素或替代性解释对研究结论的干扰（陈胜蓝和马慧，2017；陈胜蓝和卢锐，2018），有助于以更稳健可靠的方式开展中国股票市场投资者融资融券与上市公司行为之间因果关系的实证研究。第二，虽然中国融资融券发展速度较快（2019年 8 月 9 日，第六次扩容后的标的股票数量增加至 1600 只，占中国沪深两所股票市场年末 A 股股票总数的比例上升至 41.48%），但融券交易的绝对规模（5456.29 亿元）和相对规模（0.52%）远远小于融资交易的绝对规模（86483.43 亿元）和相对规模（7.14%），即两者之间存在较为明显差异。[①]鉴于此，在考察融资融券的总体影响时，还需要分别考察融券交易和融资交易对企业财务行为的具体影响是否存在非对称效应。第三，融资融券使股票市场中投资者的交易更加活跃，在推动股票价格上升的同时，加剧了股票市场波动，因此，深入研究金融创新与金融稳定的关系具有重要的理论意义和现实价值。

二、融资融券经济后果的文献回顾

如果股票市场存在着融券交易（卖空）限制或约束，股票价格只能够吸

---

① 本段中的统计数据来自万得资讯（Wind），经笔者整理和计算而得。

纳乐观投资者的观点，无法反映悲观投资者的看法，股票价格因此很容易被高估。引入融券交易（卖空机制）或放开卖空限制有助于股票价格吸纳悲观投资者的观点，在有效防止股票价格被高估（Miller，1977）的同时，提高股票价格对私有信息（尤其是负面信息）的反应速度（Diamond and Verrecchia，1987），进而提升股票市场的定价效率。与发达国家或地区资本市场的融资融券业务不同，中国融资融券交易制度实施时间相对较晚，而且在试点之初即受证券监管部门的严格管理，制度环境变迁和股票市场发展阶段不同，导致融资融券的经济效应也不尽一致。鉴于此，早期的学术研究从市场层面关注卖空限制与放松卖空限制（或约束）对股票市场定价效率的影响，但尚未得到较为一致的研究结论（Bris et al.，2007；Chang et al.，2007；许红伟和陈欣，2012；李志生等，2015；褚剑和方军雄，2016；顾琪和王策，2017）。

股票市场层面研究结论的不一致对微观企业层面的实证检验提出了新的需求。近年来，许多学者从微观企业层面开展研究，例如：已有文献分析了融券机制对企业盈余管理程度（陈晖丽和刘峰，2014；Massa et al.，2015；Fang et al.，2016）、融资行为（Grullon et al.，2015；顾乃康和周艳利，2017；褚剑等，2017）、投资水平和投资效率（Grullon et al.，2015；靳庆鲁等，2015）、创新投入和创新产出及创新策略（He and Tian，2015；权小锋和尹洪英，2017；郝项超等，2018）的影响。尽管中国融券规模较小，但已有的许多文献更为关注的是融券机制的"事前威慑"功能，换言之，一旦实施融券交易，潜在的卖空行为将会提高公司内部私有信息（尤其是负面信息）在股票市场上大范围传播的概率，从而造成公司股票价格承受较大的下行压力。为避免股票价格下跌，公司大股东和管理层将会主动减少不利于公司股票价格、股东财富和公司价值的行为，故而致力于改善企业经营管理决策，努力提高信息披露质量，以规避或降低将来被投资者卖空的风险，即融券机制的"约束作用"（靳庆鲁等，2015；Fang et al.，2016；权小锋和尹洪英，2017），同时也有可能造成企业融资成本上升、管理决策被迫推迟或减少投融资规模，甚至消极地减少信息披露或降低信息披露质量，以免沦为卖空交易者的"猎物"，即融券机制的"压力作用"（Grullon et al.，2015；Li and Zhang，2015；顾乃康和周艳利，2017）。理论上，虽然融券机制的"事前威慑"功能与融券交易量之间没有直接关系，但"威慑"功能本身有赖于股票市场参与者对融券交易功能的心理预期。国外学者早期的研究也主要从融券交易的治理功能开始，在此基础上才逐渐关注到和总结出融券机制具有"事前威慑"的功能。在融资融券交易机制实施十年周年后、融券机制被严格关注和融券交易规模仍然较小的独特情境下，被寄予厚望的融券机制是否仍具有"事前威慑"功能有待进一步通过实证检验加以确定。

由于中国证券监管部门允许投资者同时进行融资交易和融券交易，换言之，该制度不仅包括融券机制，还包括融资机制。而国内许多学者主要分析融券机制的功能，仅有少数学者同时关注到融资机制的功能。例如：融资交易的投机性会促使管理层进行盈余管理，中国式融资融券下的融资交易对企业盈余管理的正向影响最终抵消了融券交易对企业盈余管理的负向影响（Chen et al.，2017）；融资融券机制中的融资机制为股票市场投资者追涨或者炒高股票价格大开方便之门，融资交易的杠杆作用和"去杠杆"效应最终加剧了股票价格的崩盘风险（褚剑和方军雄，2016）；在中国融资交易规模较大、融券交易规模很小的独特情境下，融资交易对企业创新的负面影响远远大于融券交易对企业创新的正面影响，这使得融资融券总体上阻碍了企业创新（郝项超等，2018）；虽然融券机制有助于抑制实体企业的金融化，但在融资交易活动和融券交易活动之间高度不对称的特殊情形下，更加活跃的融资交易明显加剧了企业配置金融类资产的短期投机套利行为（杜勇和邓旭，2020）。这些研究发现凸显学术界在评价中国融资融券政策效果时需要同时分别关注融资交易和融券交易的必要性。

此外，虽然已有一些学者研究了融资融券对股票价格和市场波动与公司财务行为的影响，但研究结论不尽一致。例如：刘烨等（2016）发现，中国实施融资融券后的股票市场稳定性并未发生变化；褚剑和方军雄（2016）发现，中国式融资融券不仅没有降低标的股票的股票价格崩盘风险，反而加剧了标的股票的股票价格崩盘风险；俞红海等（2018）则进一步指出，融资交易提高了标的股票价格崩盘风险、融券交易降低了标的股票价格崩盘风险；权小锋和尹洪英（2017）的研究成果表明，中国式融资融券有助于提高标的股票的公司创新产出；郝项超等（2018）却得出不同的结论，即融资交易与融券交易对企业的创新数量和创新质量分别产生了正向影响和负向影响，且融资交易对企业创新数量和创新质量的负向影响超过了融券交易对创新数量和创新质量的正向影响，使融资融券在总体上最终阻碍了企业创新。

综上所述，虽然中国融资融券实践至今已经有十多年的历程，但学术界关于融资融券对股票市场稳定与公司行为的真实效应的研究结论不尽一致，仍然充满争议。

三、融资融券对企业财务脆弱性影响的研究假设

自证券监管部门允许股票市场投资者开展融资融券业务以来，融资交易和融券交易并行，但"两融"的交易规模差距和功能差异对企业财务脆弱性很可能产生不同影响。具体分析如下。

（1）融资交易对非金融企业财务脆弱性的影响。中国股票市场的投资者以散户为主，作为噪声交易者，具有较明显的投机性质，且容易发生"羊群效应"（Hirose et al.，2009）。此外，融资交易者主要是投机交易者（俞红海等，2017），且融资交易的杠杆效应为投资者在股票市场中进行"投机炒作""跟风追涨"的投机行为提供了资金和途径，推高了标的股票的市场价格。已有研究成果表明：首先，融资交易显著加剧了企业的盈余管理，且抵消了融券交易对企业盈余管理的抑制作用（Chen et al.，2017）。其次，中国融资交易加剧了管理层的短视行为（田利辉和王可第，2019），企业管理层为维

护其职业发展前景、经理人声誉与工资薪酬和财富价值，很可能调整企业投资策略，比如，通过扩大投资规模向股票市场传递公司投资机会多的"利好消息"，以此赢得市场投资者对公司发展前景的信心（Titman et al.，2004），或通过增加金融资产的方式（杜勇和邓旭，2020）粉饰业绩，维持被推高了的股票价格（柯艳蓉等，2019），为投资者（尤其是融资交易者）的短期套利操作提供了必要条件。最后，为满足扩大投资规模对资金的需求，企业需要对外融资，而且在对外融资时首选债务融资，从而增加债务规模以及由此形成的付息还本导致现金流出增多。综上所述，融资交易很可能增强企业管理层粉饰财务绩效的动机，或掩盖实际经营成果，尤其是获取经营净现金能力不佳等商业事实，或由于过度投资和付息还本等投融资活动引发了企业流出更多现金，从而最终加剧企业财务脆弱性。

（2）融券交易对非金融企业财务脆弱性的影响。已有文献研究发现：第一，融券交易的"事前威慑"有效地抑制了企业的盈余管理程度（陈晖丽和刘峰，2014；Massa et al.，2015）。第二，融券交易的"事前威慑"有助于减少企业资本性投资支出规模（Grullon et al.，2015），显著提高企业的长短期并购绩效（陈胜蓝和马慧，2017）、创新产出效率（权小锋和尹洪英，2017）和投资效率（王仲兵和王攀娜，2018）。第三，融券交易者是知情交易者（俞红海等，2017），他们不仅有动机，而且有能力挖掘企业的私有信息（尤其是负面信息），并通过交易行为和价格波动的方式，将这些信息传导至股票市场，使其他投资者产生股票价格将要下跌和股东财富面临缩水的心理预期，从而提高股东必要收益率即权益资本成本率，企业不得不减少其股权资本筹集规模（Grullon et al.，2015）。与此类似的是，金融市场上的潜在债权人因为融券交易者（即卖空交易者）提供的私有信息（尤其是负面信息）而改变其对企业财务状况、经营成果和现金流量的评估结果，从而将提高企业债务成本的必要报酬率即债务融资成本率（Erturk and Nejadmalayeri，2012），企业将因此不得不减少其债务资本的筹集规模（Grullon et al.，2015）。

在融券交易者和潜在债权人这两种力量的共同作用之下，企业外部筹资成本和用资成本上升、外部权益资本和债务资本的筹资规模下降。顾乃康和周艳利（2017）发现，在中国证券监管部门允许融券交易之后，企业在对外融资时倾向于权益融资，导致其财务杠杆明显下降。第四，融资融券标的股票公司会因为预防性动机增强而增加资金储备（Wang, 2018）。综上分析，融券交易将不仅有助于提高企业的盈余质量和投资效率、增加资金储备，而且将有助于减少企业投资和按时足额付息还本等投融资活动引发的现金外流，从而有助于缓解企业财务脆弱性。

在中国资本市场实践活动中，证券监管部门允许股票市场投资者同时进行融资交易和融券交易，且融资交易的绝对规模和相对规模均远大于融券交易的绝对规模和相对规模。在理论上，融资交易和融券交易都会影响非金融企业财务脆弱性，但它们对企业财务脆弱性的影响方向可能完全相反，且影响程度也可能不同。中国融资融券对企业财务脆弱性的最终影响（经济效应），既取决于融资交易和融券交易的规模，也取决于融资交易和融券交易对企业财务脆弱性的影响方向和影响程度。综上分析，本章提出以下两个竞争性假设。

假设 7.1：当融资交易起主要作用时，融资融券总体上可能会加剧企业财务脆弱性。

假设 7.2：当融券交易起主要作用时，融资融券总体上有助于缓解企业财务脆弱性。

第三节 研 究 设 计

一、数据来源与样本选择

本章研究所需的微观企业数据主要来自万得资讯（Wind）。在构建识别企业融资类型和度量企业财务脆弱性指标时用到的"期初现金及现金等价物余额"会计科目及其数据自 2006 年起才开始编制和公布，因此，本章以 2006～2018 年在中国沪深 A 股市场中交易的企业为研究对象，并且按照下列标准筛选样本：第一，剔除证券、银行、保险等金融行业企业；第二，剔除关键数据缺失和已退市的企业样本。根据中国证监会制定的《上市公司行业分类指引》（2012 年修订），制造业取两位代码，其他行业均取一位代码。本章最终获得 30004 个样本观测值，它们来自 13 个年度、21 个行业的 3487 家企业。为缓解极端值对估计结果潜在的影响，本章在 1% 和 99% 水平下对企业层面的连续型变量进行缩尾处理。

二、模型设定与变量界定

在企业财务脆弱性决定因素即模型（4.1）的基础上，本章通过构建模型（7.1）来检验融资融券对企业财务脆弱性的影响（即假设 7.1 和假设 7.2）：

$$FF_{i,t} = \beta_0 + \beta_1 MTSS_{i,t} + \beta_2 ROA_{i,t} + \beta_3 Lev_{i,t} + \beta_4 FCF_{i,t} + \beta_5 CR_{i,t}$$

$$+ \beta_6 Size_{i,t} + \sum Ind + \sum Year + \varepsilon_{i,t} \tag{7.1}$$

模型（7.1）的被解释变量为企业财务脆弱性（FF），该变量的两种定义详见第三章表 3.1。二分类法下的被解释变量属于二值选择（binary choice）数据，故而使用 Logit 模型进行回归有助于提高估计效率。三分类法下的被解释变量属于离散型排序数据（ordered data），故而使用有序 Logit 模型（ordered logit model）进行回归的效率更高。参照仁志（Nishi，2018）、戴维斯等（Davis et al.，2019）、汪金祥等（2021）的实证研究方法，本章将以二分类法为主，以三分类法为辅（稳健检验），且在展示回归结果时都直接报告概率。

解释变量为融资融券（$MTSS$）。正如前文所述，中国融资融券业务是一个逐步放开过程；因此，参照伯特兰和穆莱纳桑（Bertrand and Mullainathan，2003）、陈胜蓝和马慧（2017）、陈胜蓝和卢锐（2018）、孟庆斌等（2019）

的经验做法，本章将当年被列入融资融券标的股票名单的公司赋值为1，将未被列入融资融券标的股票名单或在被列入融资融券标的股票名单之前的公司赋值为0。当受融资融券交易影响时间不相同时，不仅可以将未受影响的样本，还能将受融资融券交易影响之前的样本作为对照组，从而通过公司固定效应缓解了实验组和对照组之间固有差异对研究结论的潜在影响。如果回归系数 β_1 显著为正或显著为负，分别意味着融资融券加剧了或缓解了企业财务脆弱性，即假设 7.1 或假设 7.2 得到经验证据的支持。此外，模型（7.1）通过年度固定效应和行业固定效应控制不同年度宏观经济环境政策和不同行业之间差异对多元回归结果的潜在影响。

控制变量包括企业资产净利率（ROA）、企业资产负债率（Lev）、企业自由现金流（FCF）、企业流动比率（CR）、企业规模（Size），以及行业（Ind）和年度（Year）等虚拟变量，这些变量的定义详见表7.1。

表7.1   **变量定义**

变量类型	变量名称	符号	计算公式
被解释变量	企业财务脆弱性	FF	将对冲性融资和投机性融资企业赋值为0、风险性融资企业赋值为1
解释变量	融资融券	MTSS	当公司股票在融资融券标的股票名单时赋值为1，否则赋值为0
控制变量	企业资产净利率	ROA	净利润÷总资产均值
	企业资产负债率	Lev	负债总额÷总资产
	企业自由现金流	FCF	［息税前利润×（1－所得税率）＋折旧与摊销－（营运资金增加＋购建固定、无形和其他长期资产支付的现金）］÷总资产均值
	企业流动比率	CR	流动资产÷流动负债
	企业规模	Size	总资产加1后的自然对数
	行业	Ind	该行业赋值为1，其他行业赋值为0
	年度	Year	当年赋值为1，其他年度赋值为0

第四节　实证结果及分析

一、关键变量的描述性统计

表7.2统计结果显示：第一，2006～2018年，对冲性融资和投机性融资样本量占全样本的比例（FF_1、FF_2）分别为0.5093、0.4969，风险性融资样本量占全样本的比例（FF_1、FF_2）分别为0.4907、0.5031，表示一半以上的非金融类上市公司从事安全等级高的对冲性融资和风险等级低的投机性融资活动；而剩余非金融类上市公司从事风险等级高的风险性融资活动，说明这些非金融企业的财务较为脆弱。第二，在2006～2018年，融资融券标的股票的年 - 公司样本量仅仅为5683个，占全样本的比例为0.1894。考虑到中国股票市场从2010年3月31日才开始融资融券交易，因此，如果将样本期限制在2010～2018年，融资融券标的公司的占比将上升至0.2360。该结果说明，虽然股票市场融资融券标的数量已有所增加和占比有所提高①，但绝对规模（家数）仍然较少、相对规模（占比）仍然较低。控制变量的描述统计详见表7.2。

表7.2　　　　　　　　　　　关键变量的描述性统计

变量类型	变量名称	符号	平均值	中位数	最小值	最大值	标准差	样本量
被解释变量	企业财务脆弱性	FF_1	0.4907	0	0	1	0.4999	30004
		FF_2	0.5031	1	0	1	0.5000	30004
解释变量	融资融券	$MTSS$	0.1894	0	0	1	0.3918	30004

---

① 2019年8月9日第六次扩容后的标的股票数量增加到1600只，占2019年12月31日A股股票总数量（3857只）的比例进一步上升至41.48%。

续表

变量类型	变量名称	符号	平均值	中位数	最小值	最大值	标准差	样本量
控制变量	企业资产净利率	ROA	0.0417	0.0396	-0.2546	0.2343	0.0668	30004
	企业资产负债率	Lev	0.4474	0.4388	0.0480	1.1285	0.2252	30004
	企业自由现金流	FCF	-0.0234	-0.0095	-0.5469	0.3623	0.1362	30004
	企业流动比率	CR	2.4155	1.5542	0.2049	17.9966	2.7418	30004
	企业规模	Size	21.9004	21.7491	19.0706	25.8789	1.3056	30004

二、融资融券对企业财务脆弱性的影响检验

（一）融资融券对企业财务脆弱性的总体影响检验

表7.3第（1）（2）列的回归结果显示：融资融券（$MTSS$）与企业财务脆弱性（FF_1、FF_2）之间的回归系数均在1%水平下显著为负。该结果表明，与非融资融券标的股票公司和公司进入融资融券标的股票名单之前相比，融资融券标的股票公司和公司进入融资融券标的股票名单后的对冲性融资和投机性融资活动的发生概率显著提高，而风险性融资活动的发生概率显著降低，说明中国股票市场投资者融资融券交易行为的"事前威慑"功能明显提高了企业从事对冲性融资和投机性融资活动的概率、降低了企业从事风险性融资的概率，总体上有效缓解了企业财务脆弱性。控制变量的回归结果显示：企业的资产净利率（ROA）、自由现金流（FCF）、流动比率（CR）与企业财务脆弱性之间的回归系数均在1%水平下显著为负，而企业的资产负债率（Lev）、企业规模（$Size$）与企业财务脆弱性之间的回归系数均在1%水平下显著为正。该结果说明，企业盈利能力越低、清偿能力越弱、流动性越差、负债水平越高、企业规模越大，企业从事对冲性融资和投机性融资活动的概率越低、从事风险性融资活动的概率越高，换言之，即企业财务越脆弱。

表 7.3　**融资融券（融资交易和融券交易）对企业财务脆弱性的**
总体（差异）影响检验

变量	(1) FF_1	(2) FF_2	(3) FF_1	(4) FF_2	(5) FF_1	(6) FF_2
	融资融券的总体影响		融资成交量和融券成交量的差异影响		融资余量和融券余量的差异影响	
$MTSS_{i,t}$	−0.3290 *** (0.000)	−0.3529 *** (0.000)				
$MT_{i,t}$			1.9866 *** (0.006)	1.6377 ** (0.024)		
$SS_{i,t}$			−25.3090 *** (0.000)	−26.6231 *** (0.000)		
$MTBA_{i,t}$					5.6306 *** (0.000)	4.5049 *** (0.000)
$MTBA_{i,t}$					−974.6315 *** (0.000)	−902.1107 *** (0.001)
$ROA_{i,t}$	−6.2360 *** (0.000)	−5.5112 *** (0.000)	−8.7401 *** (0.000)	−7.5059 *** (0.000)	−8.2695 *** (0.000)	−7.1361 *** (0.000)
$Lev_{i,t}$	3.3228 *** (0.000)	3.0950 *** (0.000)	3.5528 *** (0.000)	3.2042 *** (0.000)	3.5932 *** (0.000)	3.2617 *** (0.000)
$FCF_{i,t}$	−2.4444 *** (0.000)	−2.4398 *** (0.000)	−3.6115 *** (0.000)	−3.5501 *** (0.000)	−3.5657 *** (0.000)	−3.5154 *** (0.000)
$CR_{i,t}$	−0.2232 *** (0.000)	−0.2012 *** (0.000)	−0.6983 *** (0.000)	−0.7234 *** (0.000)	−0.6923 *** (0.000)	−0.7169 *** (0.000)
$Size_{i,t}$	0.2017 *** (0.000)	0.2493 *** (0.000)	0.0281 (0.476)	0.0691 * (0.085)	0.0535 (0.183)	0.0749 * (0.065)
常数项	−4.1483 *** (0.000)	−5.0718 *** (0.000)	−0.1944 (0.846)	−0.9920 (0.327)	−0.8522 (0.409)	−1.1735 (0.256)
Ind	控制	控制	控制	控制	控制	控制
Year	控制	控制	控制	控制	控制	控制
Pseudo R^2	0.2388	0.2262	0.3005	0.2916	0.3015	0.2915
Wald chi^2	4919.34 ***	4901.43 ***	1062.81 ***	1018.03 ***	1082.04 ***	1016.72 ***
观测值	30004	30004	5683	5683	5683	5683

注：***、**、*分别表示在1%、5%、10%水平下显著；括号内为经公司聚类异方差调整的
p值。

在中国证券监管部门允许股票市场投资者同时进行融资交易和融券交易且在融资交易规模远大于融券交易规模的情况下，无法依据双重差分模型总体检验结果来确定该效应最终来源，即使为融券交易所致，那么是否存在着被融资交易的加剧作用部分抵消？有鉴于此，本章接下来明确区分融资交易和融券交易对非金融企业财务脆弱性的影响方向和影响程度是否存在显著差异。

（二）融资交易和融券交易对企业财务脆弱性影响的差异检验

参照迪特尔等（Diether et al.，2009）、权小锋和尹洪英（2017）、俞红海等（2018）、郝项超等（2018）、杜勇和邓旭（2020）的经验做法，本章将通过考察融资交易和融券交易与企业财务脆弱性的关系区分两者对企业财务脆弱性的影响方向和影响程度。分析的基本思路是，如果股票市场投资者融资交易和融券交易行为对标的股票公司的财务脆弱性都能够产生显著影响，那么，投资者的融资交易和融券交易行为越活跃，对企业财务脆弱性的影响也会更有效。按此思路，参照郝项超等（2018）的经验做法，本章分别计算融资和融券的成交量和余量，融资成交量（MT）和融券成交量（SS）分别等于标的股票的融资买入额和融券卖出额除以标的股票的成交额，融资余量（$MTBA$）和融券余量（$SSBA$）分别等于标的股票的融资余额和融券余额除以标的股票的流通市值，然后将企业财务脆弱性对上述四个变量进行回归。在进行回归时，本章同时将融资成交量和融券成交量、融资余量和融券余量变量加入模型（7.1），这样处理的主要原因或主要好处是，在考察融资和融券的成交量和余量对企业财务脆弱性的影响时，可以同时控制融券和融资的成交量和余量的潜在影响。

表7.3第（3）（4）列的回归结果显示，融资成交量（MT）与企业财务脆弱性之间的回归系数分别在1%、5%水平下显著为正，融券成交量（SS）与企业财务脆弱性之间的回归系数均在1%水平下显著为负，表示融资成交

量和融券成交量对企业财务脆弱性分别产生显著的正向影响和负向影响，而且该影响在经济意义上也很明显，融资成交量、融券成交量增加 1%，企业从事风险性融资活动的概率将分别上升 1.99% 和 1.64%、下降 25.31% 和 26.62%。当使用融资余量和融券余量作为解释变量时，第（5）（6）列的回归结果与第（3）（4）列的回归结果基本一致。上述结果说明，尽管融券的成交量（和余量）小于融资的成交量（和余量），但它们对企业财务脆弱性的经济效应截然相反，且后者（即融券交易）对企业财务脆弱性的缓解效应远远大于前者（即融资交易）对企业财务脆弱性的加剧效应，使融资融券在总体上明显提高了企业从事对冲性融资和投机性融资活动的概率，降低了企业从事风险融资活动的概率，从而最终有效缓解了企业财务脆弱性。该研究成果不仅补充证实了中国沪深 A 股市场中投资者融券交易"事前威慑"功能的存在性，而且较详细地揭示了融资交易和融券交易对企业财务脆弱性的影响方向和影响程度这两个方面的明显差异，以及假设 7.2 得到支持，而假设 7.1 未得到支持的原因，这将为其他学者今后在从事该领域实证研究过程解释融资交易和融券交易的治理功能不同和治理效果差异提供一些新的理论和经验证据。

三、融资融券影响企业财务脆弱性的作用机制检验

本章前述研究发现，融资融券的"事前威慑"功能有效缓解了非金融企业财务脆弱性，那么，作为中国近年来多层次资本市场健康发展和近年来金融创新成果之一的融资融券如何影响企业财务脆弱性成为一个值得继续探讨的问题。为此，根据本章主题，并参照郝项超等（2018）的经验做法，本章从企业盈余管理程度和信息披露质量这两个角度通过理论分析和实证检验相结合的方式，尝试性揭示融资融券对企业财务脆弱性产出缓解效应的作用机制。

（1）融资融券通过抑制企业盈余管理程度缓解企业财务脆弱的理论分析和实证检验。早期关于融资融券的研究文献主要关注其对股票市场定价效率的影响。但近年来，已有实证文献证实了融资融券（尤其是融券）机制在约束企业不良行为中的积极治理作用，而且这种治理作用主要体现在能够抑制企业盈余管理程度（陈晖丽和刘峰，2014；Massa et al.，2015；Fang et al.，2016）。因此，如果企业盈余管理与企业财务脆弱性正相关，能够说明盈余管理扮演着融资融券缓解企业财务脆弱性的中介效应角色，换言之，融资融券通过抑制企业盈余管理程度、提高收益质量的方式，提高企业从事对冲性融资和投机性融资活动的概率，降低企业从事风险性融资活动概率，缓解企业财务脆弱性。按该思路，本章使用可操控性应计利润度量企业盈余管理程度。在将可操控性应计利润变量加入模型（7.1）之后，如果可操控性应计利润与企业财务脆弱性之间的回归系数显著为正，且融资融券与企业财务脆弱性仍是显著负相关，说明融资融券通过降低企业盈余管理程度来缓解企业财务脆弱性。

表7.4中第（1）列的回归结果与表7.3第（1）列相同，不做赘述。表7.4中第（2）列的回归结果显示，融资融券与可操纵性应计利润（DAR）显著负相关，说明融资融券有助于降低了企业盈余管理程度，具有外部治理功能，该结果与陈晖丽和刘峰（2014）、马萨等（Massa et al.，2015）、范等（Fang et al.，2016）的研究结论一致。表7.4第（3）列的回归结果表明，融资融券与企业财务脆弱性之间仍然保持着显著的负相关关系；更为关键的是，可操控性应计利润与企业财务脆弱性（FF_1）显著正相关，这说明可操控性应计利润对企业财务脆弱性产生显著的正向影响，且这种正向影响在经济意义上也是明显的，如果可操纵性应计利润增加1%，企业财务脆弱性将上升4.31%。当使用第二个指标（FF_2）度量企业财务脆弱性作为被解释变量、使用融资和融券的成交量和余量替换融资融券作为解释变量之后，可操纵性应计利润与企业财务脆弱性之间仍为显著的正相关关系。上述实证检验

结果说明，盈余管理程度确实是扮演着融资融券缓解非金融企业财务脆弱性的中介效应角色，换言之，融资融券部分通过降低企业盈余管理程度和提高收益质量来缓解企业财务脆弱性。

表 7.4　融资融券影响企业财务脆弱性的作用机制（中介效应）检验

变量	企业盈余管理程度视角			企业信息披露质量视角		
	（1）企业财务脆弱性（FF_1）	（2）盈余管理程度（DAR）	（3）企业财务脆弱性（FF_1）	（4）企业财务脆弱性（FF_1）	（5）信息披露质量（IDR）	（6）企业财务脆弱性（FF_1）
$MTSS_{i,t}$	−0.3290 *** (0.000)	−0.0110 *** (0.000)	−0.3340 *** (0.000)	−0.3290 *** (0.000)	0.0841 *** (0.000)	−0.4127 *** (0.000)
$DAR_{i,t}$			4.3144 *** (0.000)			
$IDR_{i,t}$						−0.2809 *** (0.000)
常数项	−4.1483 *** (0.000)	−0.4428 *** (0.000)	−3.7946 *** (0.000)	−4.1483 *** (0.000)	1.4463 *** (0.000)	−6.3580 *** (0.000)
控制变量	控制	控制	控制	控制	控制	控制
固定效应	控制	控制	控制	控制	控制	控制
Pseudo R^2/R^2	0.2388	0.2455	0.2818	0.2388	0.0171	0.2613
Wald chi^2/F-Value	4919.34 ***	309.95 ***	4729.81 ***	4919.34 ***	40.80 ***	3210.94 ***
观测值	30004	30004	30004	30004	17510	17510

注：第（1）（4）列控制变量包括企业资产净利率（ROA）、企业资产负债率（Lev）、企业自由现金流（FCF）、企业流动比率（CR）、企业规模（$Size$），而且为使用 Logit 工具的估计结果。第（2）列的控制变量包括企业规模、企业资产负债率、企业投资机会、企业上市年龄、企业资产净利率、企业经营净现金流标准差、企业营业收入增长率的标准差、企业营业收入的标准差；第（5）列的控制变量包括企业规模、企业资产负债率、企业资产净利率、企业营业收入增长率、企业上市年龄、企业董事会董事人数、企业独立董事占董事会人数的比例、企业第一大股东持股比例、企业机构投资者持股比例、企业两职是否合一、企业的产权性质、企业是否异地上市、企业审计意见；第（2）（5）列为使用非平衡面板数据固定效应（FE）模型估计并经企业级聚类异方差调整后的估计结果，故而报告 R^2 和 F 值。所有固定效应均包括行业（Ind）和年度（$Year$）虚拟变量。***、**、* 分别表示在 1%、5%、10% 水平下显著；括号内为经公司聚类异方差调整的 p 值。

（2）融资融券通过抑制企业信息披露质量缓解企业财务脆弱的理论分析和实证检验。良好的信息披露质量是降低信息不对称程度、实现市场投资者（尤其是外部的中小投资者）有效监督企业高管行为的重要基础，真实、准确、及时、完整的信息披露报告，是股票市场投资者获取上市公司投融资行为和财务业绩并以此识别企业管理层是否从事风险性融资活动与评价企业财务脆弱性的重要信息来源或主要依据，且已有学者研究发现，融资融券加强了企业对非强制信息和坏消息的披露、有效地改善了企业信息披露环境（李志生等，2017），并且融券机制提高了财务错报更早被发现的概率和信息披露治理的真实性（Griffin，2003；Desai et al.，2006；Karpoff and Lou，2010）、降低了信息不对称程度和财务重述的发生概率（张璇等，2016），从而提高企业的信息披露质量（李春涛等，2017）。按此逻辑，如果企业的信息披露质量有助于缓解企业财务脆弱性，说明其扮演着融资融券缓解企业财务脆弱性的中介效应角色，换言之，融资融券通过提高企业信息披露质量、降低信息不对称程度的方式来提高企业从事对冲性融资和投机性融资活动的概率，降低企业从事风险性融资活动的概率，以缓解企业财务脆弱性。

按照该思路，同时为保证企业信息披露质量度量指标的客观性、权威性和外生性，参照李春涛等（2017）、佟爱琴和马惠娴（2019）的经验做法，本章采用深圳证券交易所对上市公司信息披露考评的结果度量企业信息披露质量，将考评结果为优秀或 A、良好或 B、合格或 C、不合格或 D 分别赋值为 4、3、2、1。在将信息披露质量变量加入模型（7.1）后，如果企业信息披露质量与企业财务脆弱性之间的回归系数显著为负，且融资融券与企业财务脆弱性之间仍然是显著的负相关关系，换言之，信息披露质量扮演着融资融券缓解企业财务脆弱性的中介效应角色。

表 7.4 中第（4）列的回归结果与表 7.3 第（1）列相同，不再赘述。表 7.4 中第（5）列的回归结果显示，融资融券与企业信息披露质量（*IDR*）之间存在着显著的正相关关系，说明融资融券确实能够提高企业信息披露质

量、降低了信息不对称程度。表 7.4 中第（6）列的回归结果显示，融资融券与企业财务脆弱性显著负相关；更关键的是，企业信息披露质量与企业财务脆弱性显著负相关，该结果说明更高的企业信息披露质量确实有助于缓解企业财务脆弱性。当使用第二个指标（FF_2）度量企业财务脆弱性作为被解释变量、使用融资和融券的成交量和余量替换融资融券作为解释变量时，企业信息披露质量与企业财务脆弱性之间仍保持着显著的负相关关系。上述结果说明，企业信息披露质量确实扮演着融资融券缓解企业财务脆弱性的中介效应角色，换言之，融资融券部分通过提高企业信息披露质量及其在股票市场投资者经济决策中的有效性、充分发挥出信息反馈机制，从而有效地缓解企业财务脆弱性。

本部分的研究成果表明，融资融券不仅通过降低企业盈余管理程度、提高收益质量（即公司治理机制），而且通过提高企业信息披露质量、降低信息不对称程度（即信息机制）来提高企业从事对冲性融资和投机性融资活动的概率，降低企业从事风险性融资活动的概率，以缓解企业财务脆弱性。

四、融资融券对企业财务脆弱性影响的异质性检验

融资融券影响股票收益和股价暴跌风险（俞红海等，2018），从而影响银行等金融机构对企业的贷款条件和抵押品价值要求、企业对外部融资条件和金融市场环境变化的敏感性与财务承诺履行能力。有鉴于此，本节将从外部市场角度考察股票市场周期，从公司内部治理角度考察大股东持股比例和公司管理层持股，在融资融券与企业财务脆弱性关系中的调节作用。

（一）股票市场周期对融资融券与企业财务脆弱性关系的影响

股票市场周期对融资融券与企业财务脆弱性关系的潜在影响。当股票市场处于牛市时，投资者情绪较为乐观，一方面，投资者"追涨杀跌"的行为

特征更加明显，很可能更加积极地从事融资交易并推动股价上涨；另一方面，在乐观情绪的作用下和股市行情向好的情境下，投资者挖掘公司私有信息（尤其是负面信息）的动机将减弱。在此情境下，一旦遭遇实际的融券交易，犹如一场"黑天鹅"事件，更容易引起整个市场关注，该公司也会很快成为焦点，很可能在"羊群效应"和偏差放大机制作用下加剧个股股价崩盘风险、股东财富迅速缩水、公司价值骤然下降；此时，融券机制"事前威慑"的功能可能更明显，对企业财务脆弱性的缓解效应可能更大。与之相反，当股票市场处于熊市时，普遍存在的投资者悲观情绪将导致减少融资交易、增加融券交易（褚剑和方军雄，2016），即使公司出现负面信息，但很可能被投资者忽略或被市场悲观情绪所覆盖，从而削弱融券交易"事前威慑"的外部治理功能，并会降低融资融券对企业财务脆弱性的缓解效应。如果该推论能够成立，与在熊市时期相比，融资融券在牛市时期对企业财务脆弱性的缓解作用应该更大。

参照林达尔等（Lindahl et al.，1980）、孟庆斌和黄清华（2018）的实证研究方法，本章将流通市值加权平均市场年收益率减去年无风险收益率后的值为正值、负值的年度分别视为牛市年、熊市年，并且将股票市场周期分别赋值为1、0。然后，将股票市场周期与融资融券相乘形成交互项，以检验股票市场周期是否会影响企业财务脆弱性以及融资融券与企业财务脆弱性的关系。表7.5分别详细地报告了2006~2018年中国沪深两市的牛市年度和熊市年度分布。

表7.5　　　　　　　　　　　沪深两市的股票市场周期

年份	流通市值加权平均市场年收益率		年无风险收益率	流通市值加权平均市场年超额收益率		股票市场周期	
	沪市	深市		沪市	深市	沪市	深市
2006	0.7540	0.8272	0.0224	0.7316	0.8048	1	1
2007	1.6424	1.8171	0.0332	1.6092	1.7839	1	1
2008	−0.6273	−0.6195	0.0418	−0.6691	−0.6613	0	0
2009	1.0296	1.2193	0.0151	1.0145	1.2042	1	1

续表

年份	流通市值加权平均市场年收益率		年无风险收益率	流通市值加权平均市场年超额收益率		股票市场周期	
	沪市	深市		沪市	深市	沪市	深市
2010	-0.1120	0.0746	0.0243	-0.1363	0.0503	0	1
2011	-0.1776	-0.3131	0.0522	-0.2298	-0.3653	0	0
2012	0.0594	0.0168	0.0431	0.0163	-0.0263	1	0
2013	-0.0497	0.1611	0.0444	-0.0941	0.1167	0	1
2014	0.5813	0.3512	0.0497	0.5316	0.3015	1	1
2015	0.0955	0.6078	0.0369	0.0586	0.5709	1	1
2016	-0.0840	-0.1499	0.0292	-0.1132	-0.1791	0	0
2017	0.1319	-0.0089	0.0436	0.0883	-0.0525	1	0
2018	-0.1984	-0.3288	0.0375	-0.2359	-0.3663	0	0

表 7.6 中第（1）（2）列的回归结果显示，股票市场周期（X）与企业财务脆弱性之间的回归系数在 1% 水平下显著为正，表示牛市时期企业财务更脆弱、熊市时期企业财务更稳健。更重要的是，融资融券和股票市场周期的交互项（$MTSS \times X$）与企业财务脆弱性之间的回归系数分别在 10%、1% 水平下显著为负，该项结果表示融资融券对企业从事对冲性融资和投机性融资活动的促进作用，从事风险性融资活动的抑制作用在牛市时期明显更大。该结果说明，与熊市时期相比，在股票市场牛市期间乐观情绪的作用下，更加容易出现心理行为偏差，进取型或较为激进的投融资行为，加剧了现金流出、高估了预期收益，从而使企业财务更加脆弱；而且由于牛市时期的融券更能引起股票市场投资者的关注，故而融资融券对企业财务脆弱性的缓解效应更明显。

表 7.6   融资融券对企业财务脆弱性影响的异质性检验

变量	(1) FF_1	(2) FF_2	(3) FF_1	(4) FF_2	(5) FF_1	(6) FF_2
	X 表示是否为牛市时期		X 表示大股东持股比例是否较高		X 表示管理层是否持股	
$MTSS_{i,t}$	-0.2705 *** (0.000)	-0.2692 *** (0.000)	-0.2364 *** (0.000)	-0.2546 *** (0.000)	-0.1647 ** (0.023)	-0.2259 *** (0.002)

续表

变量	(1) FF_1	(2) FF_2	(3) FF_1	(4) FF_2	(5) FF_1	(6) FF_2
	X 表示是否为牛市时期		X 表示大股东持股比例是否较高		X 表示管理层是否持股	
$X_{i,t}$	0.3750 *** (0.000)	0.4441 *** (0.000)	−0.0530 * (0.084)	−0.0307 (0.313)	0.2645 *** (0.000)	0.2854 *** (0.000)
$(MTSS \times X)_{i,t}$	−0.1275 * (0.068)	−0.1822 *** (0.009)	−0.1961 *** (0.003)	−0.2042 *** (0.002)	−0.2075 *** (0.008)	−0.1579 *** (0.002)
常数项	−4.6044 *** (0.000)	−5.6204 *** (0.000)	−4.3196 *** (0.000)	−5.2182 *** (0.000)	−4.1872 *** (0.000)	−5.1130 *** (0.000)
控制变量	控制	控制	控制	控制	控制	控制
固定效应	控制	控制	控制	控制	控制	控制
Pseudo R^2	0.2404	0.2285	0.2392	0.2266	0.2401	0.2278
Wald chi^2	4975.68 ***	4985.03 ***	4935.81 ***	4909.16 ***	4929.48 ***	4917.35 ***
观测值	30004	30004	30004	30004	30004	30004

注：第（1）（4）列控制变量包括企业资产净利率（ROA）、企业资产负债率（Lev）、企业自由现金流（FCF）、企业流动比率（CR）、企业规模（Size），而且为使用 Logit 工具的估计结果。***、**、* 分别表示在1%、5%、10% 水平下显著；括号内为经公司聚类异方差调整的 p 值。

（二）公司大股东持股对融资融券与企业财务脆弱性关系的影响

由于融券交易的风险难以对冲，融券交易会导致股票价格下跌和投资者（尤其是大股东）财富缩水。为降低融券卖空产生的不良经济后果，大股东不仅有能力而且有动机采取措施监督管理层和提前改善公司治理水平，例如：督促企业管理层更加自觉主动地调整投资策略，以提高投资效率（靳庆鲁等，2015），通过改变企业管理层的薪酬结构即向管理层发放更多股票和期权激励（De Angelis et al.，2017），使公司管理层和投资者（尤其是大股东）之间的目标趋同和利益相近。换言之，如果公司第一大股东的持股比例较高，他在缓解第一类委托代理问题、提高管理效率、降低显性和隐性代理成本与缓解企业财务脆弱性中的作用应更大。与之相反，如果第一大股东的持股比例较低，其监督和约束企业管理层的能力和动机也相对较弱，即使出现融券交易或卖空压力并由此导致股票价格下行压力增大，第一大股东治理的能力和动机也可能比较有限，融资融券在缓解此类企业财务脆弱性中的作用可能比较小。

基于上述分析，本章将第一大股东持股比例高于、低于年份－行业中位数的企业分别视为大股东持股比例较高、较低的企业，并分别赋值为 1、0。然后，将大股东持股比例的高低与融资融券相乘形成交互项，以此检验大股东持股比例高低是否会影响到企业财务脆弱性以及融资融券与企业财务脆弱性的关系。

表 7.6 第（3）（4）列的回归结果显示，大股东持股比例（X）与企业财务脆弱性之间的回归系数分别在 10% 水平下显著为负、不显著负相关。该结果表示，与第一大股东持股比例较低的企业相比，第一大股东持股比例较高的企业从事对冲性融资和投机性融资活动的概率更高，从事风险性融资的概率更低，财务更稳健。更重要的是，融资融券和大股东持股比例高低的交互项（$MTSS \times X$）与企业财务脆弱性之间的回归系数均在 1% 水平下显著为负，表示融资融券对大股东持股比例较高企业财务脆弱性的缓解作用更强。该结果说明，持股比例高的第一大股东，在引导和鼓励企业从事对冲性融资和投机性融资活动，抑制企业从事风险性融资活动即缓解企业财务脆弱性方面的动机和能力更强大，以避免或减少股价崩盘风险和财富损失；与之相反，持股比例较低的第一大股东，对缓解企业财务脆弱性的动机和能力相对较弱。

（三）公司管理层持股对融资融券与企业财务脆弱性关系的影响

融资融券不仅会影响到股票价格、股东财富和公司价值，也可能影响公司管理层（尤其是持有公司股票或股票期权的管理层）的自身利益。当公司管理层持有本公司股票尤其持股比例较高时，股票价格波动会直接影响到他们的利益和财富。从而，持有本公司股票（和期权）的管理层更在意股票市场投资者的交易行为以及由此对公司股票价格与自身利益和财富的潜在影响。因此，与管理层没有持股的企业相比，融资融券对管理层已持股企业从事风险性融资活动的治理效应应该更强。

为此，本章将管理层持股、管理层未持股的企业分别赋值为1、0。然后，将企业管理层是否持股与融资融券相乘形成交互项，以检验管理层是否持股是否会影响到企业财务脆弱性以及融资融券与企业财务脆弱性的关系。

表7.6第（5）（6）列的回归结果显示，管理层持股（X）与企业财务脆弱性之间的回归系数均在1%水平下显著为正，表示管理层持股企业的财务更脆弱、而管理层未持股企业的财务更稳健。背后原因可能是，在管理层持股企业，融资机制对企业财务脆弱性的加剧作用抵消了融券机制对企业财务脆弱性的一部分缓解作用。更重要的是，融资融券和管理层持股的交互项（$MTSS \times X$）与企业财务脆弱性之间的回归系数均在1%水平下显著为负。该结果说明，与管理层未持股企业相比，融资融券对管理层持股企业财务脆弱性的缓解作用更大，因为融资融券（尤其融券）对管理层所持股票价值产生不利影响，为避免或减少此类事件，持有公司股票的管理层将更主动和更努力提高企业从事对冲性融资和投机性融资活动的概率，降低从事风险性融资活动的概率以更有效地缓解企业财务脆弱性。

五、稳健性检验

为缓解公司财务与会计实证研究中备受关注的内生性问题和其他潜在问题，使研究结论更加稳健可靠，本章补充进行如下四个步骤的实证检验：

（1）更换被解释变量企业财务脆弱性的定义。本章使用三分类法度量企业财务脆弱性，换言之，将从事对冲性融资、投机性融资、风险性融资活动的企业，分别赋值为1、2、3，然后使用有序 Logit 模型（ordered logit model）

进行模型（7.1）的回归。表7.7第（1）（2）列的多元回归结果显示，融资融券与企业财务脆弱性之间的回归系数仍均在1%水平下显著为负，说明融资融券有效缓解了企业财务脆弱性。

表7.7　　　　　　　　　　　　　　稳健性检验

变量	(1) FF_1	(2) FF_2	(3) FF_1	(4) FF_2	(5) FF_1	(6) FF_2
	更换企业财务脆弱性定义		缓解反向因果关系		融资融券调出事件的影响	
$MTSS_{i,t}$	-0.2562 *** (0.000)	-0.3578 *** (0.000)	-0.3495 *** (0.000)	-0.3708 *** (0.000)	0.2047 ** (0.039)	0.1627 * (0.095)
常数项	—	—	-2.4904 *** (0.000)	-3.2202 *** (0.000)	-0.1156 (0.863)	-0.9541 (0.156)
控制变量	控制	控制	控制	控制	控制	控制
固定效应	控制	控制	控制	控制	控制	控制
Pseudo R^2	0.1932	0.1742	0.2914	0.2842	0.2797	0.2690
Wald chi^2	7212.87 ***	9965.48 ***	3796.25 ***	3721.56 ***	1577.43 ***	1546.83 ***
观测值	30004	30004	26517	26517	8844	8844

注：第（1）（4）列控制变量包括企业资产净利率（ROA）、企业资产负债率（Lev）、企业自由现金流（FCF）、企业流动比率（CR）、企业规模（Size），而且为使用Logit工具的估计结果。***、**、*分别表示在1%、5%、10%水平下显著；括号内为经公司聚类异方差调整的p值。

（2）进一步确认融资融券对企业财务脆弱性的缓解效应是"事前威慑"的治理功能。为更好确认融资融券的治理效应是"事前威慑"，而不是"事后惩治"，也为探讨融资融券不仅对当期，而且可能对下一期的企业财务脆弱性产生影响，还为了缓解首次公开发行（IPO）对企业当年财务状况的影响，本书将融资融券和控制变量（不包括行业和年度虚拟变量）均采取滞后一期处理后进行模型（7.1）回归。表7.7第（3）（4）列的多元回归结果显示，融资融券与企业财务脆弱性之间的回归系数仍在1%水平下显著为负；该结果说明，融资融券对非金融企业财务脆弱性的缓解效应主要是"事前威慑"的治理功能。

（3）融资融券标的股票调出事件的影响（反证法）。在中国正式实施融资融券试点后和实施过程，部分企业的股票由于一些缘由被调出融资融券标的股票名单，这一外生于公司决策的标的股票调出事件为本章更好地解决内生问题提供了一个新的契机（李志生等，2015；李春涛等，2017）。如果融资融券能够缓解企业财务脆弱性，那么，融资融券调出事件应会加剧企业财务脆弱性。本书将融资融券的调出事件视为一个融资融券限制的外生事件冲击，同样使用双重差分法识别融资融券限制对企业财务脆弱性的影响。表7.7中第（5）（6）列的多元回归结果显示，融资融券与企业财务脆弱性之间的回归系数分别在5%、10%水平下显著为正；该项结果说明，当股票从融资融券标的股票名单中被调出之后，企业财务脆弱性明显加剧，换言之，本章使用反证法再次证实了融资融券与企业财务脆弱性之间的因果关系、融资融券对企业财务脆弱性的缓解作用。

（4）分阶段扩容的影响。正如本章在制度背景部分内容的所述，中国融资融券的试点和分批实施是一个逐步扩容的过程。为此，参照褚剑和方军雄（2016）、权小锋和尹洪英（2017）、杜勇和邓旭（2020）的经验做法，本章将分别检验第一次、第二次和第三次扩容（考虑到这两次扩容均发生于2013年，故而进行了合并处理）、第四次扩容、第五次扩容后融资融券对企业财务脆弱性的影响。表7.8的回归结果显示：第一，无论哪次扩容，融资融券与企业财务脆弱性之间的回归系数仍均在1%水平下显著为负。第二，与第一次和第五次扩容产生的效果相比，第二次至第四次扩容后的融资融券对企业财务脆弱性的缓解效应相对较小。

上述四项稳健性检验的实证结果与表7.3中第（1）列的实证结果相似。这些结果表明，融资融券确实有助于缓解非金融企业财务脆弱性。因此，本章的研究结论是稳健和可靠的。

表7.8 融资融券标的股票分阶段扩容的影响检验

变量	(1) FF_1	(2) FF_2	(3) FF_1	(4) FF_2	(5) FF_1	(6) FF_2	(7) FF_1	(8) FF_2
	第一次扩容 （2006~2012年）		第二、第三次扩容 （2006~2013年）		第四次扩容 （2006~2015年）		第五次扩容 （2006~2018年）	
$MTSS_{i,t}$	-0.3652 *** (0.001)	-0.3958 *** (0.000)	-0.2425 *** (0.002)	-0.2603 *** (0.001)	-0.2481 *** (0.000)	-0.2801 *** (0.000)	-0.3290 *** (0.000)	-0.3529 *** (0.000)
常数项	-3.2803 *** (0.000)	-4.2531 *** (0.000)	-3.4607 *** (0.000)	-4.5238 *** (0.000)	-3.8250 *** (0.000)	-4.8814 *** (0.000)	-4.1483 *** (0.000)	-5.0718 *** (0.000)
控制变量	控制	控制	控制	控制	控制	控制	控制	控制
固定效应	控制	控制	控制	控制	控制	控制	控制	控制
Pseudo R^2	0.1967	0.1826	0.2148	0.2007	0.2285	0.2144	0.2388	0.2262
Wald chi^2	1803.67 ***	1781.21 ***	2249.57 ***	2238.70 ***	3159.35 ***	3139.21 ***	4919.34 ***	4901.43 ***
观测值	12529	12529	14927	14927	20188	20188	30004	30004

注：第（1）（4）列控制变量包括企业资产净利率（ROA）、企业资产负债率（Lev）、企业自由现金流（FCF）、企业流动比率（CR）、企业规模（$Size$），而且为使用 Logit 工具的估计结果。*** 、 ** 、 * 分别表示在 1% 、5% 、10% 水平下显著；括号内为经公司聚类异方差调整的 p 值。

第五节　研究结论与政策建议

2010 年 3 月开始实施融资融券试点以来，中国股票市场从单边现货交易时代正式迈入双边信用交易的发展阶段。作为中国多层次资本市场健康发展和近年来金融创新成果之一的融资融券对股票价格和金融市场稳定性以及企业行为的影响，是证券和金融监管部门关注和学术界充满争议的课题。由于融资融券的定价和治理功能会影响商业银行等金融机构对企业的贷款条件和抵押品价值要求。因此，本章将金融创新与金融稳定之间的关系作为切入点，通过理论分析并运用双重差分模型实证检验了融资融券对 2006~2018 年在中国沪深 A 股市场交易的非金融企业财务脆弱性的影响。研究发现：第一，在中国证券监管部门允许股票市场投资者同时进行融资交易和融券交易的情境下，融资交易显著地降低了企业从事对冲性融资和投机性融资活动的概率，提高了企业从事风险性融资活动的概率，即加剧了企业财务脆弱性，而融券交易显著提高了企业从事对冲性融资和投机性融资活动的概率、降低了企业从事风险性融资活动的概率，有效缓解了企业财务脆弱性；虽然融资交易规模远远大于融券交易规模，但融券交易对企业财务脆弱性的缓解效应远大于融资交易对企业财务脆弱性的加剧效应，使融资融券在总体上对企业财务脆弱性最终产生缓解效应。第二，作用机制的检验结果表明，融资融券部分通过降低企业盈余管理程度、提高收益质量来缓解企业财务脆弱性，部分通过提高企业信息披露质量、降低信息不对称程度缓解企业财务脆弱性。第三，融资融券对企业财务脆弱性的缓解效应依赖于股票市场周期和公司内部治理情况，具体而言，与在熊市期间、大股东持股比例较低和公司管理层未持股的企业相比，融资融券在牛市期间、对大股东持股比例较高和公司管理层已持股的企业财务脆弱性的缓解效应更强。在使用三分类法重新定义被解释变量企业财务脆弱性、确认融资融券"事前威慑"的治理功能、通过标的股票调出事件（即反证法）确认因果关系和分阶段扩容的影响后，本章的研究结论依然成立。

根据本章研究发现，笔者提出如下三项建议：第一，中国证券和金融监管部门应当适当加大对融资交易的监管力度，尤其是要警惕股票市场投资者的场外配资和加杠杆炒股行为，在争取发挥融资交易积极作用的同时，可以考虑适度提高融资交易成本、约束融资交易行为、控制融资交易规模，为引导和鼓励非金融企业从事对冲性融资活动，抑制非金融企业从事风险性融资活动以缓解企业财务脆弱性提供一个较强的"事前威慑"和投资者监督的治理环境。第二，中国证券监管部门和金融监管部门可以适时考虑进一步完善融券交易规则，适当放松对融券交易的监管力度，并且考虑适当降低融券交易成本和股票市场投资者的参与门槛，通过市场知情者交易，降低信息不对称程度和抑制企业盈余管理水平，提高企业的信息披露质量和信息透明度与股票市场有效性，进一步发挥融券交易者在引导和鼓励企业从事对冲性融资活动，抑制企业从事风险性融资活动，以缓解企业财务脆弱性和提高金融稳定性中的积极作用。第三，可以适当地考虑加快实施分阶段扩大融资融券标的股票范围的改革完善步伐，通过外部治理机制和信息反馈机制充分发挥股票市场投资者交易行为的治理功能、不断提高金融创新服务于实体经济的能力，通过多层次资本市场的健康发展和金融创新举措，以降低金融风险、提高中国金融市场稳定性，并牢牢守住不发生系统性金融风险底线，从而为中国国民经济健康持续发展、社会长治久安和国家安全提供更坚实的经济基础。

第八章

产品市场竞争优势对企业财务
脆弱性的影响研究

第一节 引　言

　　自 2008 年国际金融危机被誉为"明斯基时刻"（Minsky moment）后，企业财务脆弱性和金融稳定性成为世界主要经济体央行和政府的主要关切。如何有效引导和鼓励企业从事对冲性融资、抑制风险性融资以缓解企业财务脆弱性与提高金融稳定性和促进经济社会持续高质量发展，成为经济金融学领域的最新研究课题。由于产品市场是企业现金收入的主要来源，因此，企业财务脆弱性既取决于它对金融市场的直接敏感性，也取决于对实际市场的直接敏感性（Vercelli，2000）。2018 年和 2019 年接连发生的外国政府通过实体清单在产品方面对企业采取的芯片禁售、软件禁用以及市场禁入等措施，让人们深刻地意识到，企业不仅需要时刻关注与现有和潜在竞争者以及替代品之间的竞争关系，更要关注与产业链上游供应商和下游购买者之间的关系保障程度，避免发生或缓解关键环节（"卡脖子"技术）对企业正常经营活动和财务管理的意外冲击。有鉴于此，本章将根据波特（Porter，1980）提出的"五力模型"，将企业在与供应商和购买者竞争过程中获得的优势视为纵向（产业链）竞争优势、企业在与现有和潜在竞争者及潜在替代品竞争过程取得的优势视为横向（产品）竞争优势后，从公司财务与会计研究的角度出发，理论分析并实证检验了非金融企业在产品市场竞争中的纵向（产业链）竞争优势和横向（产品）竞争优势对 2006～2018 年在中国沪深 A 股市场正常交易的非金融企业财务脆弱性的影响。具体而言，本章聚焦于研究如下三个内容：第一，分析纵向竞争优势和横向竞争优势对企业财务脆弱性的影响。第二，区分纵向竞争优势和横向竞争优势对企业财务脆弱性影响的异质性。第三，基于"微笑曲线"的视角，探讨纵向竞争优势和横向竞争优势的提升途径。

研究发现：首先，纵向竞争优势和横向竞争优势均能够提高企业从事对冲性融资和投机性融资活动的概率，降低企业从事风险性融资的概率，从而缓解了企业财务脆弱性；而且，与横向竞争优势相比，纵向竞争优势对企业财务脆弱性的缓解作用更明显。其次，影响异质性的检验结果显示，纵向竞争优势在"去杠杆"政策实施后、对竞争性行业企业财务脆弱性的缓解作用更大，而横向竞争优势对竞争性行业企业、非国有企业财务脆弱性的缓解作用更大。最后，产品市场竞争优势提升路径的检验结果显示，处于"微笑曲线"两端的研发投入和营销推广均有助于提高纵向竞争优势和横向竞争优势，且研发投入对纵向竞争优势、营销推广对横向竞争优势的影响更大。在使用三分类法重新定义了被解释变量企业财务脆弱性、缓解了反向因果关系、控制了遗漏变量估计偏误等计量问题后，本章的研究结论仍然成立。

　　本章的特色和可能的边际贡献主要体现在以下两个方面：第一，本章率先区分并通过理论分析和实证检验相结合的方式，考察了产品市场竞争优势对企业财务脆弱性的影响和影响的异质性，本章的研究内容和研究成果不仅区分了产品市场竞争优势类型与来源，而且提供了产品市场竞争优势经济后果的最新经验证据，还进一步丰富了企业财务脆弱性产品市场层面影响因素的理论和实证文献。第二，本章研究成果对中国企业在当前较为严峻国际贸易形势下通过产业链分析和关键环节（即"卡脖子"技术）管理，以维持和提高产品市场竞争优势、增加现金流入和缓解企业财务脆弱性具有一定的政策指导和现实启发意义。

第二节　文献回顾与研究假设

　　根据波特（Porter，1980）提出的"五力模型"观点，每个行业的企业始终面临着五种竞争力量，包括供应商的议价能力、购买者的议价能力、潜在竞争者进入的能力、替代品的替代能力、行业内现在竞争者的竞争能力。这五种力量的不同组合与变化将最终影响着企业在产业链和行业内的态势与未来盈利能力。企业只有在产业链和行业中占据着最有利的竞争地位，才能在将来获得较高的盈利能力。为此，本章按照五种力量的所处方位和采取的基本竞争战略，并且参照魏志华和朱彩云（2019）的观点，将产品市场竞争优势分为两种类型，具体而言：首先，将企业在与上游供应商和下游购买者竞争过程获得的优势视为纵向（产业链）竞争优势；其次，将企业在与现有竞争者和潜在竞争者与替代品竞争过程取得的优势视为横向（产品）竞争优势。在此基础上分析纵向竞争优势和横向竞争优势对企业财务脆弱性的具体影响。

一、纵向竞争优势与企业财务脆弱性

根据"五力模型"理论的基本观点和逻辑，供应商通过提高要素价格与单位价值质量的能力，来影响行业中现有企业的盈利能力与竞争力。企业与供应商之间的议价能力取决于企业采购的投入要素，如果企业向单家供应商采购的投入要素占其产品总成本的比例较低、对产品质量的影响较小或可替代性较强。那么，该企业与其上游供应商进行业务往来时处于竞争优势的地位或位势，具有更大的议价能力，可以要求供应商以更优的质量、更低的价格、更长的付款期限等提供投入要素。具有此类竞争优势的企业，在其资产负债表的特征中往往表现为更少的预付款项、更多的应付款项和更长的付款期限。与之相反，如果企业与供应商的业务往来时处于竞争劣势，那么，该企业与供应商之间的议价能力较低、处于劣势的地位，其在资产负债表的特征中通常会表现为更多的预付款项、更少的应付款项和更短的付款期限（吴世农和吴育辉，2013）。

类似地，购买者（包括经销商、产品最终消费者）主要通过购买与要求提供较高的商品或者服务质量的能力，以此影响行业中现有企业的盈利能力。企业与购买者之间的议价能力取决于其提供的商品，如果企业提供的商品在购买者所购投入要素中占据着多数、对其产品质量具有重要影响或可替代性很弱（即转化成本很高）。那么，企业与下游购买者进行业务往来时处于竞争优势地位或位势，具有更大的议价能力，在向购买者提供商品时，要求更高的价格和更短的付款期限甚至提前付款（如预售制）。具有此类竞争优势的企业，在其资产负债表中的财务特征通常会表现为更多的预收款项和合同负债、更少的应收款项和更短的信用期限。与之相反，如果企业在与购买者业务交往中处于竞争劣势，企业与购买者之间的议价能力较低、处于弱势的地位，其资产负债表中的财务特征通常表现为更少的预收款项和合同负债、更多的应收款项和更长的收款期限（吴世农和吴育辉，2013）。

尽管预付账款和应收款项属于企业的流动资产，但无疑增加了企业的营运资本需求量，提高了企业进入金融市场融资的概率和规模，进而增加了企业的融资成本和未来现金流出。虽然应付款项和预收账款（和合同负债）属于企业的流动负债，但与银行借款、发行债券和权益融资等相比，此类负债纯属商业信用，通常不需要支付利息和其他手续费用，亦无抵押担保品和附加条件以及严格的违约惩戒机制。在产业链中均具有优势的企业对上游供应商和下游购买者通常会采取"两手抓"的策略，即努力增加预收账款（和合同负债）和应付款项、努力减少预付账款和应收款项，缩短现金周期和经营周期，甚至做到上述两种周期均为负值的情形，并利用期间形成大量的沉淀资金进行投资理财（如成立专门的财务公司并贷款给供应商），从而产生利息收入或投资收益，换言之，具有较高"价值链权力"的企业往往通过积极实施"无本经营、无本赚息"（other people's money，OPM）战略，以降低企业的债务资本率、权益资本成本率和加权平均资本成本率（WACC），并且有助于提高公司价值（吴世农等，2022）。因此，如果企业在与供应商和购买者竞争过程具有更强的议价能力和处于优势地位，那么，此类企业的现金收回速度更快，现金流出更少，对金融市场的依赖性更低，其财务也更稳健。因此，提出本章第一个假设：

假设8.1：纵向（产业链）竞争优势有助于缓解企业财务脆弱性。

二、横向竞争优势与企业财务脆弱性

波特（Porter，1980）认为，在与五种外部力量的抗争过程中，企业形成三种基本竞争战略，它们分别是成本领先战略、差异化战略、专一化战略。由于这三种战略在架构上差异很大，成功实施它们需要不同的资源和技能。因此，企业必须从中选择一种战略作为其主导战略。要么，生产经营成本、进而商品价格比竞争对手更低；要么，提供的商品或服务独具特色，让顾客觉得物有所值，甚至感受或体验到物超所值，从而引导消费者产生"消费者剩余"；要么，企业致力于服务某一特定的市场细分、产品种类或地理范围。由于横向竞争优势主要表现在企业与行业内现有竞争者、潜在竞争者、替代品之间争夺有利市场过程所处的地位和态势，而且这种地位和态势主要通过产品或/和市场来体现，例如，企业通过实施差异化或致力于提供某一个特定产品种类的战略，以获得产品市场竞争优势，通过成本领先或致力于服务某一特定的市场细分（地理范围）的战略以取得产品市场竞争优势。

正如上面所述，企业要么通过实施差异化、成本领先或致力于提供某一特定产品种类或市场的战略来获得产品市场竞争优势。这三种竞争优势至少有助于企业获得如下四个好处：第一，与同行竞争对手相比，因为它们提供的产品独具特色、难以替代、竞争力强，消费者愿意支付更高价格，品牌溢价率高。第二，从经营的角度来讲，如果企业提供差异化的产品，比如：按照客户要求或标准生产的定制品，购买者更换供应商的成本（转化成本）可能很高（Billett et al.，2018）。因此，通常情况下，企业具备垄断定价能力并能获得"垄断租金"（Nickell，1996）；即使在宏观经济不景气时，企业的降价空间更大和促销能力更强。第三，差异化产品很可能因为较强的进入壁垒而使之构成企业较为牢固的"护城河"，而且获得的高溢价和"垄断租金"还有助于其阻止潜在竞争者进入，因为此类企业往往具有先发优势，例如，深入人心的品牌形象、难以逾越的技术壁垒、雄厚的资金积累，它们将通过这些优势威慑潜在竞争者，迫使潜在竞争者降低预期收益或使其承担更高的风险水平。第四，成本领先战略则有助于企业减少现金流出和通过举债进行投资。因此，具有产品竞争优势的企业，其收益水平往往更高、成本更低、现金流入更多和更稳定，在履行还本付息和分红派现与扩大对外投资等方面的能力越强，对金融市场的依赖更低，其财务也更加稳健。基于上述分析，提出本章第二个假设：

假设8.2：横向（产品）竞争优势有助于缓解企业财务脆弱性。

表8.1列出了根据"五力模型"理论的基本观点和逻辑进行划分的产品市场竞争优势类型及其与企业财务脆弱性的预期关系。

表8.1   "五力模型"中的产品市场竞争优势类型及其与企业
财务脆弱性的预期关系

"五力模型"中的竞争对手	竞争优势类型	与企业财务脆弱性的预期关系
供应商，购买者	纵向（产业链）竞争优势	负相关（－）
现有竞争者，潜在竞争者，替代品	横向（产品）竞争优势	负相关（－）

第三节　研究设计

一、数据来源与样本选择

本章研究所需的微观企业数据主要来自万得资讯（Wind）。在构建识别企业融资类型和度量企业财务脆弱性指标时需要用到的"期初现金及现金等价物余额"会计科目及其数据自2006年起才开始编制和公布。因此，本章以2006～2018年在沪深A股市场中交易的企业为研究对象，并按照下列标准筛选样本：首先，剔除证券、银行、保险等金融行业的企业；其次，剔除关键数据缺失和已经退市的企业样本。根据中国证监会制定的《上市公司行业分类指引》（2012年修订），制造业取两位代码，其他行业均取一位代码。本章最终获得30004个样本观测值，它们来自13个年度、21个行业的3487家企业。为了缓解极端值对估计结果的潜在影响，本章在1%和99%水平下对企业层面的连续型变量进行缩尾处理。

二、模型设定与变量界定

在企业财务脆弱性决定因素即模型（4.1）的基础上，本章通过模型（8.1）来检验产品市场竞争优势对企业财务脆弱性的影响（即假设8.1～假设8.2）：

$$FF_{i,t} = \beta_0 + \beta_1\, CA_{i,t} + \beta_2\, ROA_{i,t} + \beta_3\, Lev_{i,t} + \beta_4\, FCF_{i,t}$$
$$+ \beta_5\, CR_{i,t} + \beta_6\, Size_{i,t} + \sum Ind + \sum Year + \varepsilon_{i,t} \qquad (8.1)$$

模型（8.1）的被解释变量为企业财务脆弱性（FF），该变量的两种定义详见第三章表3.1。二分类法下的被解释变量属于二值选择（binary choice）数据，故而使用 Logit 模型进行回归有助于提高估计效率。三分类法下的被解释变量属于离散型排序数据（ordered data），故而使用有序 Logit 模型（ordered logit model）进行回归的效率更高。参照仁志（Nishi，2018）、戴维斯等（Davis et al.，2019）的实证研究方法，本章将以二分类法为主，以三分类法为辅（稳健性检验），而且在展示回归结果时都直接报告概率。

解释变量为产品市场竞争优势（CA）。由于竞争优势是相对于竞争对手而拥有的位势，其直接结果是不断扩大的市场份额或取得的超额利润，从而提高企业价值。在用多种产品、多个市场进行竞争的今天，外界可能无法直接完整地观测到企业在产品市场中的竞争优势，只有其结果即某些财务指标才能知晓企业在竞争中是否具有优势以及优势大小（姜付秀等，2008；Tang and Liou，2010）。因此，在评价产品市场竞争优势时，需要确定具体财务指标和评价基准（张会丽和吴有红，2012；汪金祥等，2014）。正如前文所述，根据"五力模型"理论，按照企业在与对手竞争过程中所处的方位和所采取的竞争策略，本章将产品市场竞争优势区分为纵向竞争优势和横向竞争优势。

首先，参照魏志华和朱彩云（2019）的经验做法，采用净商业信用（NTC）度量企业的纵向竞争优势。如果净商业信用的值为正值，意味着企业从供应商和购买者处获得的商业信用超过了其向供应商和购买者提供的商业信用，换言之，相较于上游的供应商和下游的购买者，企业处于优势地位，具有更强的议价能力。如果净商业信用为负值，表示企业处于弱势地位，其议价能力相对较弱。净商业信用的值越大（小），表示企业的产业链竞争优势越大（小）。

其次，参照张会丽和吴有红（2012）的经验做法，使用经过年份－行业均值调整后的毛利率（GPM）度量企业的横向竞争优势，使用该指标的主要好处在于：一是从公司财务管理角度来讲，毛利率较好地反映了企业盈利能力，毛利率高意味着产品独具特色、消费者愿意为其支付更高价格，或者产品的直接成本较低、承担期间费用的能力更强；二是从公司生产经营角度来讲，毛利率通常也被视为企业的垄断定价能力和垄断租金高低（Nickell, 1996），以及为阻止潜在竞争者进入能够采取的降价空间和促销能力。在实践中，美国伯克希尔·哈撒韦的沃伦·巴菲特（Warren E. Buffett）也常将高毛利率作为他选择投资标的重要参考依据。

控制变量包括企业资产净利率（ROA）、企业资产负债率（Lev）、企业自由现金流（FCF）、企业流动比率（CR）、企业规模（$Size$），以及行业（Ind）和年度（$Year$）等虚拟变量，这些变量的定义详见表8.2。

表8.2   变量定义

变量类型	变量名称	符号	计算公式
被解释变量	企业财务脆弱性	FF	将对冲性融资和投机性融资企业赋值为0、风险性融资企业赋值为1
解释变量	纵向竞争优势	NTC	净商业信用＝[（应付账款＋应付票据＋预收账款）－（应收账款＋应收票据＋预付账款）]/总资产
	横向竞争优势	GPM	毛利率－所在行业当年的毛利率平均值

续表

变量类型	变量名称	符号	计算公式
控制变量	企业资产净利率	ROA	净利润÷总资产均值
	企业资产负债率	Lev	负债总额÷总资产
	企业自由现金流	FCF	［息税前利润×（1 － 所得税率）＋折旧与摊销 －（营运资金增加＋购建固定、无形和其他长期资产支付的现金）］÷总资产均值
	企业流动比率	CR	流动资产÷流动负债
	企业规模	Size	总资产加1后的自然对数
	行业	Ind	该行业赋值为1，其他行业赋值为0
	年度	Year	当年赋值为1，其他年度赋值为0

第四节 实证结果及分析

一、关键变量的描述性统计

表8.3关键变量的描述统计结果显示：第一，2006～2018年，对冲性融资和投机性融资样本量占全样本的比例（FF_1、FF_2）分别为0.5093、0.4969，风险性融资样本量占全样本的比例（FF_1、FF_2）高达0.4907、0.5031，这表示中国沪深A股市场中一半以上的非金融类上市公司从事安全等级高的对冲性融资和风险等级低的投机性融资活动，而剩余非金融上市公司从事风险等级高的融资活动，说明在沪深A股市场交易的这类非金融企业的财务较脆弱。第二，净商业信用（NTC）的均值和中位数分别为－0.0036和－0.0094，该结果表示，整体而言，企业向上游供应商和下游购买者提供的商业信用超过了它们从上游供应商和下游购买者处获得的商业信用。该结果说明，它们是净商业信用的提

供者，而不是获得者，换言之，企业在与上游供应商和下游购买者的竞争过程处于劣势，而不是处于优势地位。第三，经过年份–行业均值调整后的毛利率（GPM）中位数为 – 0.0226，最大值和最小值分别为 0.6615 和 – 0.4613，标准差为 0.1620，表示不同公司或不同年度的产品差异化程度较大。模型中控制变量的描述统计详见表 8.3。

表8.3 关键变量的描述性统计

变量类型	变量名称	符号	平均值	中位数	最小值	最大值	标准差	样本量
被解释变量	企业财务脆弱性	FF_1	0.4907	0	0	1	0.4999	30004
		FF_2	0.5031	1	0	1	0.5000	30004
解释变量	纵向竞争优势	NTC	– 0.0036	– 0.0094	– 0.3416	0.4099	0.1372	30004
	横向竞争优势	GPM	0.0000	– 0.0226	– 0.4613	0.6615	0.1620	30004
控制变量	企业资产净利率	ROA	0.0417	0.0396	– 0.2546	0.2343	0.0668	30004
	企业资产负债率	Lev	0.4474	0.4388	0.0480	1.1285	0.2252	30004
	企业自由现金流	FCF	– 0.0234	– 0.0095	– 0.5469	0.3623	0.1362	30004
	企业流动比率	CR	2.4155	1.5542	0.2049	17.9966	2.7418	30004
	企业规模	$Size$	21.9004	21.7491	19.0706	25.8789	1.3056	30004

二、产品市场竞争优势对企业财务脆弱性的影响检验

表 8.4 中第（1）（4）列的回归结果显示，净商业信用（NTC）与企业财务脆弱性（FF_1、FF_2）之间的回归系数均在 1% 水平下显著为负，表示纵向竞争优势对企业财务脆弱性产生显著的负向影响，且该影响在经济意义上也是明显的，纵向竞争优势增加 1 个单位，企业从事风险性融资活动的概率将分别下降 4.81%、4.80%。该结果说明，企业在与供应商和购买者竞争过程获得的优势有助于改善其财务脆弱性，因为它们从上下游企业处获得的净商业信用有助于其提前或加快收回现金、避免资金被占用和减少现金流出，

从而降低了对金融资本和金融市场的依赖和改善了企业财务脆弱性。本章中的假设 8.1 得到支持。

表 8.4　　　　产品市场竞争优势对企业财务脆弱性的影响检验

变量	FF_1			FF_2		
	（1）	（2）	（3）	（4）	（5）	（6）
$NTC_{i,t}$	-4.8067 *** (0.000)		-4.9963 *** (0.000)	-4.8028 *** (0.000)		-4.9768 *** (0.000)
$GPM_{i,t}$		-1.6357 *** (0.000)	-1.9624 *** (0.000)		-1.5038 *** (0.000)	-1.8212 *** (0.000)
$ROA_{i,t}$	-6.4126 *** (0.000)	-4.9361 *** (0.000)	-4.8430 *** (0.000)	-5.6538 *** (0.000)	-4.3082 *** (0.000)	-4.1891 *** (0.000)
$Lev_{i,t}$	4.3159 *** (0.000)	3.2105 *** (0.000)	4.1981 *** (0.000)	4.0956 *** (0.000)	2.9904 *** (0.000)	3.9834 *** (0.000)
$FCF_{i,t}$	-1.9736 *** (0.000)	-2.3889 *** (0.000)	-1.8597 *** (0.000)	-1.9827 *** (0.000)	-2.3866 *** (0.000)	-1.8692 *** (0.000)
$CR_{i,t}$	-0.2615 *** (0.000)	-0.2084 *** (0.000)	-0.2433 *** (0.000)	-0.2329 *** (0.000)	-0.1876 *** (0.000)	-0.2155 *** (0.000)
$Size_{i,t}$	0.2254 *** (0.000)	0.1409 *** (0.000)	0.2161 *** (0.000)	0.2715 *** (0.000)	0.1858 *** (0.000)	0.2631 *** (0.000)
常数项	-4.8299 *** (0.000)	-2.8507 *** (0.000)	-4.6051 *** (0.000)	-5.7365 *** (0.000)	-3.7203 *** (0.000)	-5.5339 *** (0.000)
Ind	控制	控制	控制	控制	控制	控制
$Year$	控制	控制	控制	控制	控制	控制
Pseudo R^2	0.2749	0.2436	0.2832	0.2626	0.2300	0.2701
Wald chi^2	5147.46 ***	5097.43 ***	5378.94 ***	5253.31 ***	5058.09 ***	5459.76 ***
观测值	30004	30004	30004	30004	30004	30004

　　注：*** 、** 、* 分别表示在 1% 、5% 、10% 水平下显著；括号内为经公司聚类异方差调整的 p 值。

表 8.4 第（2）（5）列的回归结果显示，经年份 – 行业均值调整后的毛利率（GPM）与企业财务脆弱性之间的回归系数均在 1% 水平下显著为负，表示横向竞争优势对企业财务脆弱性产生显著的负向影响，且该影响在经济意义上也是明显的，横向竞争优势增加 1 个单位，企业从事风险性融资活动的概率将会分别下降 1.64%、1.50%。该结果说明，企业在与现有和潜在竞争者以及替代品竞争过程取得的优势有助于改善其财务脆弱性，因为企业能够从差异化或成本领先战略中获得更高垄断租金、产生更多的现金流入，增强了自身履行财务承诺的能力，从而降低了对金融市场的依赖性和改善了企业财务脆弱性。本章中的假设 8.2 得到支持。

根据波特（Porter，1980）提出的"五力模型"理论，企业在生产经营过程中需要同时面对五种外部力量的竞争，因此，需要同时考虑到纵向竞争优势和横向竞争优势对企业财务脆弱性的影响。表 8.4 中第（3）（6）列的回归结果显示，净商业信用、经过年份 – 行业平均值调整后的毛利率与企业财务脆弱性之间的回归系数均在 1% 水平下显著为负，表示纵向竞争优势和横向竞争优势对企业财务脆弱性产生显著的负向影响。该结果说明，不管在与供应商和购买者，还是在与现有和潜在竞争者以及替代品竞争过程获取的竞争优势，均有助于缓解企业财务脆弱性，而且从两者回归系数的大小来看，与横向竞争优势相比，纵向竞争优势对企业财务脆弱性的缓解作用更大。该项研究的现实启示在于，企业应该更加重视产业链上下游企业在维持和提升产品市场竞争优势、构建更加牢固"护城河"与缓解中国企业财务脆弱性中的重要作用。

控制变量的回归结果均显示：企业资产净利率（ROA）、企业自由现金流（FCF）、企业流动比率（CR）与企业财务脆弱性之间的回归系数在 1% 水平下显著为负，企业负债水平（Lev）、企业规模（Size）与企业财务脆弱性之间的回归系数均在 1% 水平下显著为正。这些结果说明，企业盈利能力越弱、企业清偿能力越差、企业流动性越低、企业负债水平越高、企业规模越大，企业从事对冲性融资和投机性融资活动的概率越低，从事风险性融资活动的概率越高，换言之，企业财务越脆弱。

三、产品市场竞争优势对企业财务脆弱性影响的异质性检验

本部分将从宏观、中观、微观的视角分别分析中央实施"去杠杆"政策、行业竞争程度、企业产权性质对产品市场竞争优势与企业财务脆弱性关系的影响。

（一）"去杠杆"政策实施对产品市场竞争优势与企业财务脆弱性关系的影响

2015 年 12 月，中央经济工作会议提出，2016 年经济社会发展的关键点是抓好去产能、去库存、去杠杆、降成本、补短板（"三去一降一补"）等五大任务。在此后几年时间里，"去杠杆"成为守住中国不发生系统性风险底线的重要抓手，而且实体企业是"去杠杆"的重点对象（周菲等，2019），例如，2017 年政府工作报告就强调，要把"降低企业杠杆作为重中之重"。受企业规模的影响，虽然杠杆率不是预测企业财务脆弱性的良好指标，但该项指标却是企业财务脆弱性的重要影响因素（Pedrosa，2019）。而且本书第三章表 3.4 的统计结果显示，与 2015 年相比，2016 年的债务本金偿还和利息支出导致的现金流出明显减少。因此，中央实施"去杠杆"政策应该有助于降低企业负债水平以及帮助企业减少其在履行其财务承诺时导致的现金流出量（如利息支出），从而缓解企业财务脆弱性。

根据上述分析，本章将样本期间分为两个窗口期，即"去杠杆"政策（X）实施之前的 2013 ~ 2015 年和实施之后的 2016 ~ 2018 年，并且分别赋值为 0 和 1。然后，将"去杠杆"政策实施前后与产品市场竞争优势相乘形成交互项，以检验中央提出的"去杠杆"政策实施前后是否影响企业财务脆弱

性以及产品市场竞争优势与企业财务脆弱性的关系。

表8.5中第（1）（2）列的回归结果显示："去杠杆"政策（X）与企业财务脆弱性之间的回归系数在1%或者5%水平下显著为负；该项实证结果表示，与2013～2015年相比，2016～2018年的企业财务脆弱性明显改善。该结果说明，中央实施"去杠杆"政策有效缓解了非金融企业财务脆弱性。更重要的是，净商业信用、经调整后的毛利率和"去杠杆"政策的交互项（$NTC \times X$、$GPM \times X$）与企业财务脆弱性之间分别为显著负相关关系、不显著的相关关系。该结果说明，在中央实施"去杠杆"政策之后：第一，企业在与供应商和购买者竞争过程获得的纵向竞争优势在缓解其财务脆弱性中的作用更加明显；第二，企业在与现有和潜在竞争者以及替代品竞争过程中取得的横向竞争优势在缓解其财务脆弱性中的作用，既未弱化也未增强，换言之，横向竞争优势对非金融企业财务脆弱性的缓解作用具有稳定性，外部宏观经济政策调整或变化对两者关系的影响较小。因此，在中央"去杠杆"政策实施后，企业应当更加重视对其上游供应商和下游购买者的商业信用管理，以缓解自身财务脆弱性。

表 8.5　　产品市场竞争优势对企业财务脆弱性影响的异质性检验

变量	(1) FF_1	(2) FF_2	(3) FF_1	(4) FF_2	(5) FF_1	(6) FF_2
	X 表示是否"去杠杆"政策实施后		X 表示是否为竞争性行业		X 表示是否为国有企业	
$NTC_{i,t}$	− 4.8240 *** (0.000)	− 4.9177 *** (0.000)	− 4.5943 *** (0.000)	− 4.5645 *** (0.000)	− 4.8488 *** (0.000)	− 4.8128 *** (0.000)
$GPM_{i,t}$	− 2.1413 *** (0.000)	− 2.0140 *** (0.000)	− 1.2436 *** (0.000)	− 1.1139 *** (0.000)	− 2.2451 *** (0.000)	− 2.1150 *** (0.000)
$X_{i,t}$	− 0.2360 *** (0.000)	− 0.2240 *** (0.001)	− 0.5925 *** (0.000)	− 0.5673 *** (0.000)	− 0.3756 *** (0.000)	− 0.4046 *** (0.000)
$(NTC \times X)_{i,t}$	− 0.7398 *** (0.007)	− 0.6899 ** (0.012)	− 1.1098 *** (0.000)	− 1.1193 *** (0.000)	− 0.1659 (0.449)	− 0.2024 (0.353)

变量	(1) FF_1	(2) FF_2	(3) FF_1	(4) FF_2	(5) FF_1	(6) FF_2
	X 表示是否"去杠杆"政策实施后		X 表示是否为竞争性行业		X 表示是否为国有企业	
$(GPM \times X)_{i,t}$	−0.0608 (0.834)	0.0774 (0.782)	−1.2053 *** (0.000)	−1.1831 *** (0.000)	0.3990 * (0.066)	0.4119 * (0.051)
常数项	−4.1109 *** (0.000)	−4.8385 *** (0.000)	−4.3866 *** (0.000)	−5.3334 *** (0.000)	−5.2549 *** (0.000)	−6.2491 *** (0.000)
控制变量	控制	控制	控制	控制	控制	控制
固定效应	控制	控制	控制	控制	控制	控制
Pseudo R^2	0.3247	0.3158	0.2863	0.2731	0.2867	0.2741
Wald chi^2	3336.60 ***	3379.07 ***	5516.33 ***	5590.77 ***	5416.17 ***	5515.59 ***
观测值	17475	17475	30004	30004	30004	30004

注：第（1）~（6）列的控制变量包括企业资产净利率（ROA）、企业资产负债率（Lev）、企业自由现金流（FCF）、企业流动比率（CR）、企业规模（$Size$），固定效应均包括行业虚拟变量（Ind）和年度虚拟变量（$Year$）。*** 、** 、* 分别表示在1%、5%、10%水平下显著；括号内为经公司聚类异方差调整的 p 值。

（二）行业竞争程度对产品市场竞争优势与企业财务脆弱性关系的影响

特日 – 菲洛等（Torres-Filho et al.，2019）在分析巴西60家电力公司财务脆弱性时认为，这些（电力）公司财务状况对维持最低水平的公共产品和服务质量标准很重要，从运营风险的角度来看，电力企业财务脆弱性上升会导致严重的经济后果，如停电；因此，政府监管部门通常有权评估受监管企业的财务经济运行和财务健康状况，这也为他们研究巴西电力公司财务脆弱性提供了必要条件和绝佳机会。而且本书第三章表3.2的统计结果显示，中国电力、热力、燃气及水生产和供应业企业财务脆弱性指数均最高。因此，企业所处行业的竞争程度也可能影响产品市场竞争优势与企业财务脆弱性的关系。如果一个行业内的企业数量越多，企业之间竞争越激烈，一方面，公司信息披露质量往往越高，这有助于提高不同公司之间的信息交流和产品信息的可比性（陈胜蓝和卢锐，2018）、降低企业与产品购买者之间的信息不对称程度，更好地展示企业形象和树立企业品牌声誉，从而达到争取更多商业机会和降低经营风险的目的。但如果企业处于进入壁垒比较高的行业，竞争对信息披露质量的影响明显下降（任宏达和王琨，2019），这很不利于企业宣传和客户关系管理。另一方面，企业通常倾向于采取减少其债务规模（朱武祥等，2002）、增加现金持有量（Fresard，2010；张会丽和吴有红，2012）等财务保守行为，这将有助于企业减少将来还本付息等导致的现金流出，进而降低对金融市场的依赖性和缓解企业财务脆弱性。

为分析行业竞争程度对产品市场竞争优势与企业财务脆弱性关系的影响，参照杨芷晴等（2019）的经验做法，根据行业集中度、行业内企业数量，将中国证监会制定的《上市公司行业分类指引》（2012 年修订）中的 19 个大类视为竞争性行业：农副食品加工业，食品制造业，酒、饮料和精制茶制造业，纺织业，纺织服装、服饰业，皮革、毛皮、羽毛及其制品和制鞋业，木材加工及木、竹、藤、棕、草制品业，家具制造业，造纸及纸制品业，化学原料及化学制品制造业，医药制造业，橡胶和塑料制品业，非金属矿物制品业，金属制品业，通用设备制造业，专用设备制造业，汽车制造业，电气机械及器材制造，计算机、通信和其他电子设备制造业。将其余的 22 个大类视为非竞争性行业。如果该企业处于竞争性行业，X 赋值为 1；如果该企业处于非竞争性行业，X 赋值为 0。将是否为竞争性行业企业与产品市场竞争优势相乘形成交互项，以检验企业所属行业的竞争属性是否会影响企业财务脆弱性以及产品市场竞争优势与企业财务脆弱性之间的关系。

表 8.5 中第（3）（4）列的回归结果显示，行业竞争程度（X）与企业财务脆弱性之间的回归系数在 1% 水平下显著为负。该项实证结果意味着，竞争性行业企业的财务更加稳健、而非竞争性行业企业的财务更加脆弱。此项实证结果与朱武祥等（2002）、弗雷萨尔（Fresard，2010）、张会丽和吴有红（2012）的研究结论具有相似之处。更为重要的是，净商业信用、调整之

后的毛利率和行业竞争程度的交互项（$NTC \times X$、$GPM \times X$）与企业财务脆弱性之间的回归系数均在 1% 水平下显著为负。该项实证结果说明，与非竞争性行业企业相比，竞争性行业企业在与供应商和购买者、与现有和潜在竞争者以及替代品竞争过程中获取的优势，即纵向竞争优势、横向竞争优势对竞争性行业企业财务脆弱性的缓解作用均明显更强，意味着企业所在行业的竞争激烈程度与企业所具有的竞争优势都有助于缓解企业财务脆弱性。

（三）企业产权性质对产品市场竞争优势与企业财务脆弱性关系的影响

鉴于二元经济结构（企业产权分为国有和非国有）在中国仍然是一个较为普遍的现象，而且已有的研究成果表明，企业产权性质是其融资的重要影响因素。与国有上市公司相比，民营上市公司承担更高的债务成本，魏志华等（2012）的研究成果也表明，由于存在"预算软约束"，国有上市公司在获取商业银行等金融机构的信贷资金规模和借款成本方面拥有一定的优势。与国有企业相比，民营企业的外部融资约束程度更高（魏志华等，2014）。综上所述可知，与民营企业相比，国有企业在债务融资成本和债务融资规模方面具有先天优势，其外部融资约束程度更低；这可能会产生以下两种后果：第一，与非国有企业相比，国有企业对外部融资条件和金融市场环境变化的敏感性相对较低；第二，国有企业因为更容易获得信贷资本而造成负债水平更高以及还本付息导致的现金流出规模更多。因此，产权性质不同的企业，其财务脆弱性可能也不同，且可能影响到产品市场竞争优势与企业财务脆弱性的关系。

为此，本章根据实际控制人性质（X）将企业分为国有企业和非国有企业，并分别赋值为 1 和 0。然后，将企业产权性质与产品市场竞争优势相乘形成交互项，以便检验企业产权性质是否会影响到企业财务脆弱性以及产品市场竞争优势与企业财务脆弱性之间的关系。

表 8.5 中第（5）（6）列的回归结果显示，企业产权性质（X）与企业

财务脆弱性之间的回归系数均在 1% 水平下显著为负。该实证结果表示，与国有企业相比，非国有企业的财务更加脆弱。更重要的是，调整后的毛利率和企业产权性质的交互项（$GPM \times X$）与企业财务脆弱性之间的回归系数均在 10% 水平下显著为正，净商业信用和企业产权性质的交互项（$NTC \times X$）与企业财务脆弱性之间负相关、但并不显著。该结果说明：第一，与国有企业相比，在与现有和潜在竞争者以及替代品竞争过程获得的横向竞争优势对非国有企业财务脆弱性的缓解作用明显更大；第二，在与供应商和购买者竞争过程中取得的纵向竞争优势对国有企业和非国有企业财务脆弱性的缓解作用尚无显著差异。该项研究发现的实践启发在于，与国有企业相比，非国有企业应该致力于建立和提高与现有和潜在以及替代品竞争过程的横向竞争优势，以便更好地改善自身财务脆弱性。

四、产品市场竞争优势提升途径分析：基于"微笑曲线"视角

考虑到企业在与供应商和购买者竞争过程获得的纵向竞争优势、在与现有和潜在竞争者以及替代品竞争过程取得的横向竞争优势对企业财务脆弱性都具有明显的缓解作用。因此，探讨产品市场竞争优势的提升途径对缓解企业财务脆弱性就具有很强的现实意义。

阿斯兰和库马尔（Aslan and Kumar，2016）指出，与生产效率和资本配置效率改进相比，确定产品差异化改进的措施更具挑战。根据施振荣（1992）"微笑曲线"（smiling curve）中的主要观点，研发投入和营销推广活动通常具有较高附加值，前者是企业参与全球性竞争的本钱，后者是产品落地生根的本领，而制造环节的附加值较低而且已经略显过剩。因此，一个国家或经济体的产业或企业应该努力朝着"微笑曲线"的两端发展，增强产品的差异化和独特性，寻找附加值更高的利润区。

为此，参照弗雷萨尔（Fresard，2010）、张会丽和吴有红（2012）的经

验做法，本章构建模型（8.2）来检验研发投入、营销推广、研发投入和营销推广形成的独特性对产品市场竞争优势的影响。

$$Y_{i,t+1} = \beta_0 + \beta_1 X_{i,t} + \beta_2 CH_{i,t} + \beta_3 Lev_{i,t} + \beta_4 RG_{i,t}$$
$$+ \beta_5 Size_{i,t} + \sum Ind + \sum Year + \varepsilon_{i,t+1} \qquad (8.2)$$

模型（8.2）的被解释变量（Y）分别为使用净商业信用（NTC）度量的纵向竞争优势、使用经过年份–行业均值调整后的毛利率（GPM）度量的横向竞争优势。鉴于表8.2已对这两个变量指标进行了明确界定，本处不赘述。考虑到产品市场竞争优势度量指标为连续型数据且数据结构为非平衡面板数据，使用固定效应（FE）模型进行回归，不仅有助于控制公司层面的个体效应，而且能够提高估计效率。

解释变量（X）为研发投入、营销推广、研发投入和营销推广形成的独特性，分别等于经各自年份–行业均值调整后的研发费用率（RD，等于研发费用除以营业总收入）、销售费用率（SE，等于销售费用除以营业总收入）、研发费用率和销售费用率之和（$Unique$）。研发投入更多的公司更可能生产出更专业的产品（Hertzel et al.，2008），成功的研发项目会导致市场出现不同于现有产品的新产品（Billett et al.，2018），且产品难以替代并从中获得垄断租金和产生更多的预期现金流入。营销推广不仅可以通过减少购买者对产品和企业的"无知"程度，并增强其对产品差异化的认可度，来帮助企业快速有效地树立产品和企业在消费者心目中的品牌形象，从而增加市场中的消费者对产品的需求和降低需求的价格弹性（Aslan and Kumar，2016），促进销售和提高溢价。一些优秀的公司（如苹果和宜家）致力于同时抓住这两端[1]，而将低利润区的中间制造环节外包给其他企业。

控制变量包括四个：第一，企业现金持有量（CH），等于货币资金与交

---

① 好产品常被认为是企业的灵魂并创造需求和市场。苹果公司（Apple）的史蒂夫·乔布斯（Steve Jobs）曾说，人们压根儿就不知道到底想要什么，直到将产品放到他们眼前。这方面的典型代表如 Apple 的 iPod、阿里的支付宝、腾讯的微信。

易性金融资产之和除以总资产；第二，企业资产负债率（*Lev*），等于负债总额除以资产总计；第三，企业营业收入增长率（*RG*），等于营业收入本期值与上期值的差额除以其上期值；第四，企业规模（*Size*），等于总资产的自然对数，以及行业虚拟变量（*Ind*）与年度虚拟变量（*Year*）。

模型（8.2）的解释变量和控制变量（不包括行业与年度）均进行滞后一期处理的原因和好处主要有如下两点：第一，企业的经营决策，从制定和实施到发挥作用和效果显现往往需要一个传导过程，换言之，研发投入和营销推广对纵向竞争优势和横向竞争优势的影响很可能存在滞后效应；第二，有助于缓解公司财务与会计实证研究领域非常关注的被解释变量和解释变量之间可能存在同期相互影响或互为因果关系等内生性问题。

表8.6中第（1）~（3）列的回归结果显示，研发投入（*RD*）、营销推广（*SE*）、独特性（*Unique*）与净商业信用（*NTC*）之间的回归系数均在1%水平下显著为正，表示研发投入、营销推广、独特性对企业纵向竞争优势产生显著的正向影响，而且从回归系数的大小来看，研发投入对纵向竞争优势的经济效应较强。一家创新力较强的企业，其背后往往有众多配套供应商跟随和终端市场的消费黏性，而且在与供应商和购买者的竞争过程中处于优势地位，能够更好地形成产业协同效应或产业集聚效应，通过战略和业务方面的优势带来财务优势，这将为缓解企业财务脆弱性创造条件。

表 8.6　　产品市场竞争优势的提升路径检验：基于"微笑曲线"视角

变量	*NTC*			*GPM*		
	（1）*R&D*	（2）*SE*	（3）*Unique*	（4）*R&D*	（5）*SE*	（6）*Unique*
$X_{i,t-1}$	0.0957*** (0.001)	0.0603*** (0.000)	0.0562*** (0.000)	0.3150*** (0.000)	0.5306*** (0.000)	0.3903*** (0.000)
$CH_{i,t-1}$	0.0382*** (0.000)	0.0380*** (0.000)	0.0377*** (0.000)	0.0545*** (0.000)	0.0608*** (0.000)	0.0575*** (0.000)

续表

变量	NTC			GPM		
	(1) R&D	(2) SE	(3) Unique	(4) R&D	(5) SE	(6) Unique
$Lev_{i,t-1}$	0.1455 *** (0.000)	0.1432 *** (0.000)	0.1437 *** (0.000)	− 0.0687 *** (0.000)	− 0.0786 *** (0.000)	− 0.0743 *** (0.000)
$RG_{i,t-1}$	− 0.0012 (0.379)	− 0.0008 (0.530)	− 0.0006 (0.635)	0.0077 *** (0.000)	0.0125 *** (0.000)	0.0127 *** (0.000)
$Size_{i,t-1}$	0.0060 *** (0.000)	0.0068 *** (0.000)	0.0068 *** (0.000)	− 0.0023 * (0.056)	0.0011 (0.364)	0.0002 (0.845)
常数项	− 0.2084 *** (0.000)	− 0.2244 *** (0.000)	− 0.2238 *** (0.000)	0.0964 ** (0.033)	0.0251 (0.572)	0.0406 (0.361)
Ind	控制	控制	控制	控制	控制	控制
Year	控制	控制	控制	控制	控制	控制
R^2	0.0623	0.0627	0.0630	0.0489	0.0854	0.0798
F-value	44.99 ***	45.43 ***	45.63 ***	34.90 ***	63.38 ***	58.88 ***
观测值	26517	26517	26517	26517	26517	26517

注：*** 、** 、* 分别表示在1%、5%、10%水平下显著；括号内为经公司聚类异方差调整的p值。

表8.6 中第（4）~（6）列的回归结果显示，研发投入、营销推广、独特性与经过年份 – 行业均值调整后的毛利率（GPM）之间的回归系数均在1%水平下显著为正。该实证结果表示，研发投入、营销推广、独特性对企业横向竞争优势产生显著的正向影响，而且从回归系数的大小来看，相对而言，营销推广对横向竞争优势的影响更大。该结果说明，企业在获得横向竞争优势时，营销推广的效果好于研发投入，可能因为购买者更快接受广告宣传的价值主张，而对研发投入形成的成果（包括企业将科学技术转为生产力、进而到产品市场中的消费者对该企业或该产品技术优势的认知和接受）则往往需要一个过程，而且这个过程所需时间通常长于接受广告宣传所需时间。

综上所述，研发投入和营销推广以及由此形成的独特性均能够提高产品市场竞争优势；但相对而言，研发投入在提高纵向竞争优势、营销推广在提高横向竞争优势中的作用更大。该项研究结论，对中国非金融企业探索转型升级路径并积极参与全球市场竞争与改善其财务脆弱应该具有一些的现实启发价值。

五、稳健性检验

针对研究过程可能存在的计量问题，本章还进行了如下三项稳健性检验：

（1）使用三分类法重新定义被解释变量企业财务脆弱性。根据非金融企业融资类型，将当年从事对冲性融资、投机性融资、风险性融资的企业，分别赋值为1、2、3。考虑到被解释变量企业财务脆弱性此时为排序型数据，使用有序 Logit 模型（ordered logit model）进行回归，将有助于提高估计效率。表8.7第（1）（2）列的回归结果显示，纵向竞争优势和横向竞争优势与企业财务脆弱性之间仍然均在1%水平下显著负相关。

表8.7　　　　　　　　　　　　　稳健性检验

变量	(1) FF_1	(2) FF_2	(3) FF_1	(4) FF_2	(5) FF_1	(6) FF_2
	更换企业财务脆弱性定义		缓解反向因果关系		控制遗漏变量估计偏误	
$NTC_{i,t}$	−5.6201 *** (0.000)	−4.8143 *** (0.000)	−5.3871 *** (0.000)	−5.4578 *** (0.000)	−4.0488 *** (0.000)	−4.1421 *** (0.000)
$GPM_{i,t}$	−1.9611 *** (0.000)	−1.2325 *** (0.000)	−1.4020 *** (0.000)	−1.3768 *** (0.000)	−2.1381 *** (0.000)	−1.9225 *** (0.000)
$FF_{i,t-1}$					0.8972 *** (0.000)	0.9286 *** (0.000)
常数项	—	—	−2.9536 *** (0.000)	−3.6929 *** (0.000)	—	—

续表

变量	(1) FF_1	(2) FF_2	(3) FF_1	(4) FF_2	(5) FF_1	(6) FF_2
	更换企业财务脆弱性定义		缓解反向因果关系		控制遗漏变量估计偏误	
控制变量	控制	控制	控制	控制	控制	控制
固定效应	控制	控制	控制	控制	控制	控制
Pseudo R^2	0.2386	0.2081	0.3357	0.3299	—	—
Wald/LR chi^2	8171.11 ***	11905.68 ***	3979.57 ***	3966.91 ***	3313.19 ***	3185.17 ***
观测值	30004	30004	26517	26517	17216	17216

注：***、**、*分别表示在1%、5%、10%水平下显著；括号内为经公司聚类异方差调整的p值。

（2）缓解反向因果关系。为缓解产品市场竞争优势与企业财务脆弱性之间可能存在的同期相互影响，同时考虑到产品市场竞争优势对企业财务脆弱性的影响可能存在滞后效应，换言之，产品市场竞争优势对企业财务脆弱性的影响不仅可能发生在当期，也可能因为存在传导过程而在下一期实现或下一期的影响可能更大，以及为缓解首次公开发行（IPO）对企业当年财务状况的影响，本章将产品市场竞争优势和控制变量（不包括行业和年度）均进行滞后一期①处理。表8.7中第（3）（4）列的回归结果显示，纵向竞争优势和横向竞争优势与企业财务脆弱性之间仍然均在1%水平下显著负相关，换言之，纵向竞争优势和横向竞争优势对非金融企业财务脆弱性的缓解作用具有持续性。

（3）控制遗漏变量产生的估计偏误。遗漏变量通常源于不可观测的个体差异（异质性），而且遗漏变量导致的估计偏差是公司财务和会计研究领域面临的一个普遍问题。面板数据为解决该问题提供了一个利器，当然，这也会导致样本观测值的减少（陈强，2014）。此外，鉴于企业当期的融资类型和财务脆弱性还可能取决于其过去情况，故而将企业财务脆弱性的上一期值

---

① 本章对产品市场竞争优势还进行了滞后二期、三期处理后的回归，且结果与滞后一期处理后的回归结果相似。该结果说明，产品市场竞争优势对企业财务脆弱性的影响具有持续性。

作为工具变量（IV）加入模型（8.1）。出于对上述事项的考虑，本章用动态面板数据的固定效应模型（DPD-FE）进行重新回归分析。表8.7中第（5）（6）列的回归结果显示，纵向竞争优势和横向竞争优势与企业财务脆弱性之间仍然均在1%水平下显著负相关，上一期的企业财务脆弱性与本期企业财务脆弱性之间的回归系数在1%水平下显著正相关。该结果说明，在控制了企业财务脆弱性的惯性作用或动量效应之后，纵向竞争优势和横向竞争优势对企业财务脆弱性依然具有缓解作用。

上述三项稳健性检验结果显示，产品市场竞争优势与企业财务脆弱性之间的回归系数均在1%水平显著为负，该结果与表8.4中的结果相似。因此，本章研究结论是稳健和可靠的。

第五节　研究结论与政策建议

2008年国际金融危机爆发后，企业财务脆弱性和金融不稳定性成为各国央行和政府的主要关切。产品市场是企业现金收入的主要来源和企业财务脆弱性的重要影响因素。为此，根据波特（Porter，1980）提出的"五力模型"理论，在将企业与供应商和购买者竞争过程获得的优势视为纵向（产业链）竞争优势、企业与现有竞争者和潜在竞争者以及替代品竞争过程取得的优势视为横向（产品）竞争优势后，本章通过理论分析和实证检验相结合的方式，考察了纵向竞争优势和横向竞争优势对2006～2018年在沪深两所A股市场交易的非金融企业财务脆弱性的影响以及影响的异质性。研究发现：第一，纵向竞争优势和横向竞争优势均有助于缓解企业财务脆弱性；而且，与横向竞争优势相比，纵向竞争优势对企业财务脆弱性的缓解作用明显更大。第二，影响异质性的检验结果表明，纵向竞争优势在中央实施"去杠杆"政策后、对竞争性行业企业财务脆弱性的缓解作用更大，而横向竞争优势在对竞争性行业、非国有企业财务脆弱性的缓解作用更大。第三，产品市场竞争优势提升路径的检验结果显示，处于"微笑曲线"两端的研发投入和营销推广均有助于提高纵向竞争优势和横向竞争优势，而且研发投入对纵向竞争优势、营销推广对横向竞争优势的影响更大。在使用三分类法重新定义被解释变量企业财务脆弱性、缓解产品市场竞争优势与企业财务脆弱性之间潜在的反向因果关系、使用动态面板数据控制遗漏变量导致的估计偏误等计量问题后，本章的研究结论仍然成立。本章不仅区分了产品市场竞争优势类型，而且研究成果提供了产品市场竞争优势经济后果的经验证据、丰富了企业财务脆弱性产品市场层面影响因素的理论和实证文献，这对进一步理解企业"战略－业务－财务"之间的经济活动次序、揭示三者之间的逻辑关系和作用机理具有一定的学术价值，对非金融企业通过提高产品市场竞争优势（尤其是纵向竞争优势）以缓解企业财务脆弱性也具有一定的实践参考价值。

根据本章研究发现，作者提出如下三项建议：第一，基于公司理财角度而言，企业在当前严峻国际形势下应当继续加强对产业链上下游的分析和关键环节（"卡脖子"技术）的安全保障和韧性，以保证产业链上游供应商的正常供给和对下游购买者的正常销售；与此同时，企业应继续加大研发投入和营销推广并形成差异化和独特性强的产品，从而进一步提高企业与产品市场竞争优势和品牌溢价率以及垄断租金，努力构建并不断筑牢企业的"护城河"，以缓解企业财务脆弱性。第二，对于商业银行等金融机构的债权人而言，在贷款发放决策过程中，应该适当区分产品市场竞争优势的来源及其持续性，有效识别并提前采取风险防控措施。第三，对宏观经济调控和产业政策制定部门而言，可从财政和税收等方面进一步鼓励中国企业加大研发投入和营销推广，提高自主创新能力，避免或有效缓解在关键环节（"卡脖子"技术）受制于人，加快转型升级步伐，以便在与全球企业竞争中占据有利地位、获得更多更大竞争优势和更好缓解企业财务脆弱性、提高金融稳定性，进一步促进经济社会持续高质量发展。

第九章

结　　论

第一节　研　究　结　论

金融市场波动和风险的防控是金融经济学领域研究的经典和热点问题。明斯基（Minsky）提出的"金融不稳定假说"（FIH）因"富有先见之明"地解释了2008年国际金融危机，从而引起人们的广泛讨论和政策界的关注。尽管学术界关于金融不稳定假说和明斯基对金融危机的解释的理论研究激增，但金融不稳定假说的实证应用仍然非常有限，尤其是在企业层面。在2008年国际金融危机发生后，长期宽松的金融环境导致世界主要经济体企业债务累积、经济整体脆弱性上升。

在中国，2012 年以来，商业银行等金融机构的不良贷款率逐年上升；从 2014 年开始，债券市场中的本金偿还和利息支付等违约事件不断发生，金融资产风险有向商业银行等金融机构集中、向债务融资集中的趋势。因此，如何更有效实施"去杠杆"政策和缓解企业财务脆弱性、提高金融稳定性、促进经济社会持续高质量发展，成为各国央行和各国政府（尤其是证券监管部门和金融监管部门）的主要关切。在此情形下，本书率先开展在中国沪深 A 股市场交易的非金融企业财务脆弱性的实证研究，具体而言，本书主要研究了如下四个问题，并得出了相应结论。

（1）构建适用中国非金融企业财务脆弱性的度量方法和指标。基于明斯基（Minsky）在"金融不稳定假说"（FIH）中关于企业融资类型和企业财务脆弱性的基本思想和经典论述，根据中国情景与企业的管理实践（如"半强制"的分红政策、考虑企业投资支出），按照最新的中国企业会计准则和一般企业财务报表格式列报的要求，在改进已有实证文献经验做法的基础上，本书提出了在中国沪深 A 股市场交易的非金融企业财务脆弱性的度量指标（FF_1 和 FF_2）。

（2）中国沪深 A 股市场非金融企业财务脆弱性的特征事实。本书较为详细地调查了在中国沪深 A 股市场中交易的非金融企业财务脆弱性的分布、演变及其原因，并且将对比分析企业财务脆弱性的市场表现等经济后果。研究发现：第一，2006～2018 年，中国沪深 A 股市场中，一半以上的非金融类上市公司从事安全等级高的对冲性融资和风险等级低的投机性融资活动，而剩余非金融类企业从事风险等级高的风险性融资活动，说明沪深两所 A 股市场中非金融企业的财务相当脆弱，值得证券监管部门和金融监管部门的关注，其中：在经济上行时期、主板企业以及电力、热力、燃气及水生产和供应业等公共基础行业企业的财务脆弱性问题尤其明显。第二，2015 年以来，非金融企业财务脆弱性已有所缓解，这不仅源于已上市企业从风险等级高的风险性融资迁移至风险等级低的投机性融资（即"存量效应"），而且源于企业还本付息导致现金流出量的减少和存量现金的增加。第三，安全等级高的对冲性融资企业的股价崩盘风险较低、股票收益率和公司估值水平较高；与之相反，风险等级高的风险性融资企业的股价崩盘风险较高、股票收益率和公司估值水平较低；该项结果说明，融资类型和财务脆弱性不同的企业，市场表现等经济后果存在明显差异。该部分研究内容和研究成果，不仅明确了在中国沪深 A 股市场中交易的非金融企业财务脆弱性的特征事实，而且指出了本书研究的经济意义和应用价值。

根据本部分的研究结论，笔者提出如下三个方面的政策建议：第一，对央行与政府部门，尤其对证券监管和金融监管部门而言，应更加重视在沪深 A 股市场交易的非金融企业（尤其是主板和公共基础行业的企业）财务脆弱性，故而可考虑进一步提高对非金融企业融资类型的监测频率，关注风险等级高的风险性融资企业数量及其占比的变化趋势，进一步加大对风险性融资企业或企业风险性融资活动的监管力度；与此同时，可以进一步加大与司法机关和其他执法部门的信息共享和合作力度，打击企业恶意逃废债行为，坚决守住不发生系统性金融风险底线。第二，对上游供应商和下游购买者等信用提供者、商业银行等金融机构、债券市场投资者等债权人而言，应当不断优化对债务人的公司战略调整变化和生产经验管理水平的分析内容和分析方法与财务履约能力的评价策略，准确及时识别和谨慎开展对"经营不善、融资为主"企业的业务支持力度和资金支持力度，以降低财务风险和不良贷款率与减少债券违约事件。第三，对非金融企业及其管理层而言，一方面，务必要准确理解和加深认识现金和现金流的重要性。由于财务报表编制依据的不同，利润表中的利润（如净利润）与现金流量表中的现金流（如经营活动产生的现金流量净额）存在差异，即使利润增加或盈利能力提高，实则未必拥有相应现金流或足够的现金流，反而潜伏着"白条利润"问题，也只是"看上去很美"；而对股东的分红派现和对债权人的还本付息都是现金，而非利润；如果没有现金或现金不足，股东不可能长期持有公司股票、债权人也不可能持续发放贷款；因此，既要关心利润，更要关注现金和现金流（尤其是经营活动产生的现金流量净额）。另一方面，要加深对现金内涵的理解，时刻牢记"经营活动产生的现金流量净额应该是企业现金的主要来源和不竭动力"，通过提高企业获取现金的能力、确保企业"造血功能"，使企业拥有真正稳定的现金来源和足够安全的现金储备规模，保持稳健经营和实现可持续发展。第四，考虑到企业不同融资类型和财务脆弱性的市场表现（如股价暴跌风险、股票收益率、公司估值）存在明显差异、具有重要的经济后果，故而股票市场投资者在选择投资标的时应当考虑企业财务脆弱性。

（3）关于企业财务脆弱性的决定因素。参考公司财务和会计研究中资本结构决定因素的基本范式，从微观企业层面入手，本书尝试性地理论分析并实证检验了 2006～2018 年在中国沪深 A 股市场中交易的非金融企业财务脆弱性的主要决定因素。研究发现：第一，企业盈利能力、企业自由现金流、企业流动性对企业财务脆弱性产生显著的负向影响。第二，企业负债水平、企业规模对企业财务脆弱性产生显著的正向影响。第三，从回归系数大小来看，企业盈利能力、企业负债水平、企业自由现金流对企业财务脆弱性的影响尤为明显。该部分研究内容和研究成果，提供了中国非金融企业财务脆弱性公司层面的决定因素，这既有助于本书后续内容的研究，也为其他学者今后在该领域进行更富有成效的研究提供工作条件。

根据本部分的研究结论，笔者提出如下三个方面的政策建议：首先，企业应当更加努力增强自身的盈利能力、增加自由现金流量、提高流动性，以增加现金净流入量、提高清偿力和短期债务偿付能力，缓解企业财务脆弱性。其次，企业管理层致力于降低企业负债水平、优化债务结构（如减少负债总额中的有息负债规模）、降低债务资本成本率，以减少还本付息导致的现金流出和缓解企业财务脆弱性。最后，基于缓解企业财务脆弱性的角度而言，企业规模并非越大越好，反而应当高度重视或者警惕企业越大、财务越脆弱的经营和财务管理实践问题，以降低行业和市场的整体财务脆弱性。

（4）外部市场对企业财务脆弱性的影响。本部分内容是本书的研究重点。具体而言，基于明斯基在金融不稳定假说中关于企业融资类型和企业财务脆弱性的基本思想和经典论述，结合中国具体情境，本书深入研究货币市场的资金供给规模和资金定价机制、资本市场的金融创新、产品市场竞争优势对企业财务脆弱性的影响、影响的作用机制或途径和异质性。具体如下：

第一，宽松货币政策对企业财务脆弱性的影响。由中国人民银行发布的《中国金融稳定报告（2019）》指出，在 2008 年国际金融危机后，长期宽松的金融环境导致世界主要经济体企业债务累积、经济整体脆弱性上升；如何有效地防范和化解金融风险、提高金融稳定性、促进经济社会持续高质量发展，成为各国央行和政府的主要关切；而管制货币被认为是防范和化解系统性金融风险的关键所在。

有鉴于此，本部分从货币市场资金供给规模角度入手，理论分析并实证检验了宽松货币政策对 2006～2018 年在中国沪深 A 股市场交易的非金融企业财务脆弱性的影响以及影响的作用机制和异质性。研究发现：一是宽松货币政策显著地降低了企业从事对冲性融资和投机性融资活动的概率，提高了企业从事风险性融资活动的概率，即加剧了企业财务脆弱性。二是作用机制检验结果显示，宽松货币政策确实通过强化企业管理层过度自信和增加企业净债务规模加剧企业财务脆弱性。三是影响异质性检验结果还显示，宽松货币政策对抵押担保能力弱、商业信用少、营收规模小、成长性高的企业财务脆弱性的加剧作用明显更大。本章在分析了银行风险承担渠道、使用了三分类法重新定义被解释变量企业财务脆弱性、更换了核心解释变量宽松货币政策的定义、考虑了滞后效应和缓解了首次公开发行（IPO）效应、控制了遗漏变量估计偏误等计量问题后，研究结论仍成立。本部分的研究内容和研究成果，不仅提供了宽松货币政策微观经济后果与企业财务脆弱性宏观货币政策层面影响因素的最新经验证据，而且将为中国人民银行继续实施稳健货币政策并在总体方针的基础上适时预调微调和精准施策、更加有效防范和化解金融风险、守住中国不发生系统性金融风险底线、提高金融稳定性提供一些新的理论和实证依据。

根据本部分的研究结论，笔者提出如下三个方面的政策建议：首先，对央行和金融监管部门而言，一方面，应将提高中国非金融企业从事对冲性融资活动与缓解中国非金融企业财务脆弱性、提高金融稳定性与促进经济社会持续高质量发展纳入货币政策目标范围，紧紧围绕党中央和国务院提出的企业"去杠杆"的政策与更加有效地防范和缓解金融风险的目标，将管住货币作为防范系统性金融风险的关键所在；另一方面，根据宏观经济形势和国际经济贸易环境的最新变化，在总体方针的基础上，加强货币政策的预调微调，保持货币流动性合理充裕，改善货币政策信贷传导机制，尽可能根据微观企业特征制定差异化的货币政策或使用差异化的货币政策工具，以便更好发挥货币政策信贷渠道作用和预期管理功能，解决好企业（尤其是民营企业和中小企业反映较强烈的）"融资难、融资贵"问题。其次，基于企业财务风险控制角度而言，企业管理层应该根据宏观经济形势加强预期管理、避免因过度乐观而高估收益水平及现金流入规模，并持续优化企业投资决策和债务融资决策与现金管理政策，减少企业外部融资需求和对金融资本的依赖性、对外部融资条件和金融市场环境变化的敏感性，以增加安全等级高的对冲性融资和风险等级低的投机性融资活动，避免从事风险等级高的风险性融资以缓解企业财务脆弱性。最后，对商业银行等金融机构而言，在贷款发放决策时，应加大对企业现金来源、现金流出和现金储备规模的分析，更加准确识别企业融资类型和评价企业财务脆弱性，并提前做好风险甄别和采取预防性措施，以降低2012年起逐渐上升的不良贷款率。

第二，贷款利率市场化对企业财务脆弱性的影响。2019年8月以来，中国利率市场化逐渐朝着完善贷款市场报价利率（LPR）形成机制的方向前进，以降低实体经济融资成本和金融风险，促进中国经济的高质量发展。

有鉴于此，本书从货币市场资金定价机制角度入手，理论分析并运用双重差分（DD）模型实证检验了利率市场化中的贷款利率下限放开这一外生事件对2006~2018年在中国沪深A股市场中交易的非金融企业财务脆弱性的影响以及影响的主要机制和异质性。研究发现：首先，贷款利率下限放开显著提高了非金融企业从事对冲性融资和投机性融资活动的概率，降低了企业从事风险性融资活动的概率，有效地缓解了企业财务脆弱性，而且这种效应在非国有企业中更加明显。其次，影响途径的检验结果显示，贷款利率市场化主要是通过降低企业负债水平、减少企业负债总额中的有息负债规模、缓解企业外部融资约束等三种途径缓解企业（尤其是非国有企业）财务脆弱性。最后，影响异质性的检验结果还显示，贷款利率市场化对处于资金缺口状态、商业信用较少、营收规模较小、盈利的企业（尤其是非国有企业）财务脆弱性的缓解作用更明显。在使用三分类法重新定义被解释变量企业财务脆弱性、更换核心解释变量贷款利率市场化的定义、进行安慰剂效应等稳健性检验后，本章的研究结论仍然成立。本部分的研究内容和研究成果，不仅提供了贷款利率市场化在缓解企业财务脆弱性中具有积极的作用（即具有正外部性）以及具体缓解途径的最新经验证据，而且丰富了中国人民银行贷款利率市场化改革政策微观经济后果与非金融企业财务脆弱性货币政策层面影响因素的理论和实证文献。

根据本部分的研究结论，笔者提出如下三个方面的政策建议：首先，对作为货币政策制定部门和最后贷款人的央行而言，持续改革、完善贷款市场报价利率形成机制的举措，以便更有效地发挥贷款市场报价利率的信号作用，使实体企业按照对贷款市场报价利率的预期，动态调整自身的负债水平、长期借款占比和有息负债占比，减少实体企业利息支出导致的现金流出，实现降低实体经济融资成本和提高金融稳定性的目标。其次，对金融监管部门而言，一方面，提高对信贷市场中非金融企业融资类型的监测频率，引导和鼓励非金融企业从事对冲性融资，密切关注信贷市场中风险性融资企业的占比变化，加大对企业风险性融资行为的监管力度；另一方面，应加大与司法机关和执法机构之间的合作力度，合力打击企业恶意逃废债行为，坚决守住中国不发生系统性金融风险底线。最后，对非金融企业本身而言，需要深入学习党和国家出台的宏观经济政策，始终关注和跟踪金融政策与金融环境的变化，加强对贷款市场报价利率的预期，要控制负债水平并且优化债务结构，以减少付息还本导致的现金流出，以缓解企业财务脆弱性。

第三，融资融券对企业财务脆弱性的影响。金融创新与金融风险之间的关系，不仅是金融经济学领域研究的经典课题，也是央行、证券监管部门和金融监管部门关注的热点问题。2010年3月开始实施融资融券试点后，中国股票市场从单边现货交易时代正式迈入双边信用交易的发展阶段。作为中国多层次资本市场健康发展和近年来金融创新成果之一的融资融券具有资产定价和外部治理功能，这将会影响商业银行等金融机构对实体企业的贷款条件和抵押品价值要求。

有鉴于此，本书从资本市场金融创新背景下投资者交易信用行为视角入手，理论分析并实证检验了融资融券对2006~2018年在中国沪深A股市场交易的非金融企业财务脆弱性的影响以及影响的作用机制和异质性。研究发现：首先，融资交易显著降低了企业从事对冲性融资和投机性融资活动的概率，提高了企业从事风险性融资活动的概率，明显加剧了企业财务脆弱性；而融券交易显著提高了企业从事对冲性融资和投机性融资活动的概率，降低了企业从事风险性融资活动的概率，有效缓解了企业财务脆弱性；虽然融资交易的规模远大于融券交易的规模，但由于融券交易的缓解效应远远大于融资交易的加剧效应，使融资融券总体上有效缓解了企业财务脆弱性。其次，作用机制的检验结果显示，融资融券主要通过提高企业的信息披露质量、降低信息不对称程度（即信息机制）和抑制企业盈余管理程度、提高收益质量（即外部治理机制）缓解企业财务脆弱性。最后，影响异质性的检验结果还显示，融资融券在牛市时期、对大股东持股比例较高、企业管理层已持股的企业财务脆弱性的缓解作用明显更大。在重新定义被解释变量企业财务脆弱性、确认融资融券的"事前威慑"治理功能（而非事后"惩治效应"）、通过融资融券调出事件（反证法）确认融资融券与企业财务脆弱性之间的因果关系与分阶段扩容事件的影响等稳健性检验后，本书的研究结论仍然成立。本书将金融创新与金融稳定的关系作为切入点，较早考察了企业财务脆弱性的股票市场层面的影响因素，在理论上提供了中国证券监管部门允许投资者同时进行融资交易和融券交易而且融资交易规模远大于融券交易规模的情境下，融资融券通过信息机制和外部治理机制缓解企业财务脆弱性的经验证据，有助于为证券监管部门和金融监管部门进一步通过发展多层次资本市场和金融创新，引入中国股票市场投资者交易力量，缓解企业财务脆弱性、维护金融市场稳定，提供一些新的理论和决策参考依据。

根据本部分的研究结论，笔者提出如下三个方面的政策建议：首先，中国证券监管部门和金融监管部门应当适当加大对融资交易的监管力度或"窗口指导"，尤其是要警惕股票市场投资者的场外配资和加杠杆炒股行为，在争取发挥融资交易积极作用的同时，可以考虑适度提高融资交易成本，以约束股票市场中的融资交易行为、控制信用交易者的融资交易规模，从而为引导和鼓励非金融企业从事对冲性融资活动、抑制非金融企业从事风险性融资活动以缓解企业财务脆弱性提供一个较强的"事前威慑"和投资者监督的外部治理环境。其次，中国证券监管部门和金融监管部门可考虑进一步完善融券交易规则，规范融券交易者的交易行为，以引导其发挥在金融市场稳定中的积极作用，例如：考虑适当放松对融券交易行为的监管力度、适当降低融券交易成本和股票市场投资者的参与门槛，通过市场知情者交易，降低信息不对称程度和抑制企业的盈余管理水平，提高信息披露质量和信息透明度与股票市场的有效性，进一步发挥融券交易者在引导和鼓励非金融企业从事对冲性融资活动、抑制非金融企业从事风险性融资活动以缓解企业财务脆弱性，发挥其在降低金融风险和提高金融稳定性与促进经济社会持续高质量发展中的积极作用。最后，按照中央提出的"要活跃资本市场，提振投资者信心"的新要求，中国证券监管部门可考虑进一步加快实施分阶段扩大融资融券标的股票范围的改革完善步伐，通过信息反馈机制和外部治理机制充分发挥股票市场投资者交易行为的治理功能、不断提高金融创新服务实体经济的能力，通过多层次资本市场的健康发展和金融创新，以降低金融风险、提高中国金融市场稳定性，并牢牢守住不发生系统性金融风险底线，从而为国民经济的高质量和持续健康发展、社会长治久安和国家安全提供更坚实的经济基础。

第四，产品市场竞争优势对企业财务脆弱性的影响。产品市场（实物市场）是企业现金收入的主要来源，因此，企业财务脆弱性不仅取决于它们对金融市场的直接敏感性，而且取决于它对实物市场的直接敏感性。2018年以来发生的国际贸易争端和供应链的安全保障问题让实务界逐渐深刻地意识到，企业不仅需要时刻关注与现有和潜在竞争者以及替代品之间的竞争关系，更要关注与产业链上游供应商和下游购买者之间的关系保障程度，避免发生或缓解关键环节（"卡脖子"技术）对正常经营活动和财务管理的意外冲击。

有鉴于此，本书从产品市场竞争优势的角度入手，在根据"五力模型"的基本观点将产品市场竞争优势分为纵向（产业链）竞争和横向（产品）竞争优势基础上，分别理论分析并实证检验了纵向竞争优势和横向竞争优势对2006～2018年在沪深A股市场交易的非金融企业财务脆弱性的影响以及影响的异质性。研究发现：首先，纵向竞争优势和横向竞争优势均有助于提高企业从事对冲性融资和投机性融资活动的概率，降低企业从事风险性融资活动的概率，有效缓解了企业财务脆弱性；而且，与横向竞争优势相比，纵向竞争优势对企业财务脆弱性的缓解作用更大。其次，影响异质性检验结果显示，纵向竞争优势在实施"去杠杆"政策后、对竞争性行业企业财务脆弱性的缓解作用更明显，而横向竞争优势对竞争性行业企业、非国有企业财务脆弱性的缓解作用更加明显。最后，产品市场竞争优势的提升路径检验结果还显示，处于"微笑曲线"两端的研发投入和营销推广均有助于提高纵向竞争优势和横向竞争优势，而且研发投入对纵向竞争优势、营销推广对横向竞争优势的提升作用更大。在使用三分类法重新定义被解释变量企业财务脆弱性、缓解产品市场竞争优势与企业财务脆弱性之间潜在的反向因果关系、使用动态面板数据回归控制遗漏变量产生的估计偏误等计量问题之后，本书的研究结论仍然成立。本书的研究内容和研究结论不仅区分了产品市场竞争优势类型，而且研究成果提供了产品市场竞争优势经济后果的最新经验证据、丰富了企业财务脆弱性产品市场层面影响因素的理论和实证文献，这将对进一步理解企业"战略－业务－财务"之间的经济活动次序、揭示三者之间的逻辑关系和作用机理具有一定的学术价值，对非金融企业通过提高产品市场竞争优势（尤其是纵向竞争优势）以缓解企业财务脆弱性也具有一定的实践参考价值。

根据本部分的研究结论，笔者提出如下三个方面的政策建议：首先，基于公司理财角度，在当前较为严峻的国内外产品市场竞争和金融市场融资形势下，企业应当继续加强对产业链上下游的分析和关键环节（尤其是"卡脖子"技术）的安全保障和韧性提升，加大管理信息系统建设和完善或优化，加快实现企业"数智化"或"智能化"建设步伐，保证产业链上游供应商的正常供给和对下游购买者的正常销售；与此同时，企业应继续加大创新研发投入和营销品牌推广并形成差异化和独特性强的产品，从而进一步提高企业和产品市场竞争优势与品牌溢价率以及垄断租金，构建并不断筑牢企业的"护城河"，以缓解企业财务脆弱性。其次，于商业银行等金融机构的债权人与投资者而言，在贷款发放决策和信贷资金定价与投资标的选择过程中，应该适当区分产品市场竞争优势的主要来源（创新研发，还是营销推广？抑或兼而有之）及其持续性，更加及时有效地识别并提前做好风险防控。最后，对宏观经济调控和产业政策制定部门而言，可以从财政和税收等方面进一步鼓励中国实体企业加大研发投入和营销推广，提高自主创新能力，加快转型升级的步伐，避免或有效缓解在关键环节（尤其是"卡脖子"技术）受制于人；根据资源优势，加大加快培育"瞪羚企业""专精特新企业""小巨人""独角兽企业"，力争在特定领域实现"弯道超车"，不断满足国家经济社会发展过程中的重大战略需求，以及在与全球企业竞争过程中占据更加有利的地位、获得更多更大的竞争优势，这不仅有助于缓解企业财务脆弱性、提高金融稳定性，而且能够促进中国经济社会持续高质量发展。

第二节 改进与创新之处

与已有研究相比，本书的改进和创新之处主要体现在如下三个方面：

（1）在研究选题和对象方面。金融市场波动和金融风险防控是金融经济学领域研究的经典和热点课题。中国金融体系以商业银行等金融机构为主，银行信贷资金仍然是企业资本的主要来源。2012年以来，不仅商业银行等金融机构的不良贷款率趋于上升，债券市场中的本金偿还和利息支付违约事件也在不断增加。现有文献主要考察了金融机构和金融市场对金融风险（尤其是系统性金融风险）和金融不稳定乃至经济危机的影响。尚未有学者关注到非金融企业融资类型与非金融企业财务脆弱性对金融稳定性和经济社会持续高质量发展的潜在影响，故而，在微观企业行为与宏观经济波动方面的研究文献非常有限。因此，开展非金融企业融资类型与企业财务脆弱性领域的学术研究，既是重要的也是新颖的，本书的研究内容和研究成果有助于追本溯源，能揭示中国商业银行等金融机构承担风险的主要来源和潜在根源，从而丰富或弥补该领域的理论和实证文献。

（2）在研究内容和视角方面。在 2008 年国际金融危机之后，关于金融不稳定假说和明斯基（Minsky）对金融危机的解释的理论文献激增，但金融不稳定假说的实证研究很有限，尤其在企业层面，具体而言，国内外已有文献关于企业财务脆弱性的度量方法尚未统一或者不尽一致，关于企业财务脆弱性影响因素的研究刚刚还处于起步阶段、仍然处于萌芽状态，而关于企业财务脆弱性经济后果的实证研究尚未开始。根据中国的制度安排和实践情境，按照最新中国企业会计准则和一般企业报表格式列报的要求，在提出非金融企业财务脆弱性度量方法和指标并深入细致报告在中国沪深 A 股市场中交易的非金融企业财务脆弱性分布和演变的基础上，不仅参考公司财务和会计研究的基本范式，率先从微观企业层面分析了企业财务脆弱性的决定因素，而且重点分析并实证检验了外部市场冲击对企业财务脆弱性的影响、影响的作用机制或主要途径和异质性。因此，项目的研究内容和视角，不仅较丰富和完整，而且重点较突出。

（3）在研究方法方面。本书重点理论分析并实证检验了货币市场中的资金供给规模（即宽松货币政策）和资金定价机制（即利率市场化中的贷款利率下限放开）、资本市场的投资者信用交易行为（即融资融券）、产品市场优势（包括纵向竞争优势和横向竞争优势）对企业财务脆弱性的具体影响；考虑到货币市场、资本市场、产品市场具有较强的外生性，这在一定程度上有助于克服公司财务和会计研究过程非常关注的反向因果关系等内生问题，从而提高研究结论的可靠性和稳健性。

总之，本书的研究选题不仅较为重要和新颖，研究内容和研究视角较为丰富且重点突出，研究方法可行。本书的研究视角、研究内容以及研究成果，一方面，能够为央行、证券监管部门和金融监管部门有效落实"去杠杆"的政策目标，引导和鼓励非金融企业从事对冲性融资、抑制非金融企业从事风险性融资，以缓解企业财务脆弱性，提高金融稳定性并促进经济社会持续高质量发展提供一些新的理论和实证依据；另一方面，对投资者选择投资标的，债权人（尤其是商业银行等金融机构）以更加新颖和有效的变量指标识别债务人的融资类型并科学评价其财务履约能力和财务脆弱性，企业及其高管从事对冲性融资以缓解企业财务脆弱性和提高企业价值，也具有一定的实践参考价值。

第三节　研究不足与未来展望

由于学术界在企业层面，对金融不稳定假说的实证研究很有限，因此，本书认为，关于非金融企业财务脆弱性的实证研究，在以下三个方面有待国内外学者的共同努力和研究。

首先，企业财务脆弱性决定因素方面。学术界关于企业财务脆弱性的度量方法尚未统一，关于企业财务脆弱性影响因素的研究还在起步阶段。本书参照公司财务与会计研究的基本范式（如资本结构），从微观层面分析了企业财务脆弱性的决定因素，这些因素可能并不够完整。因此，有兴趣从事该领域研究的学者今后可以进一步拓展和深化。

其次，关于企业财务脆弱性外部影响因素的方面。为了缓解公司财务和会计实证研究中备受关注的变量之间反向因果关系等内生问题，本书主要分析并实证检验货币市场、资本市场、产品市场等外部市场因素对企业财务脆弱性的影响及影响的作用机制或主要途径和异质性。有兴趣从事该领域研究的学者今后可进一步考察社会文化习俗和心理行为、治理行为和治理结构、企业高管特质、其他宏观经济政策或社会环境变迁等对企业财务脆弱性的潜在影响以及影响的作用机理和主要途径。

最后，关于企业财务脆弱性经济后果的方面。尽管本书已初步对比分析了融资类型和财务脆弱性不同的企业的市场表现并得到了存在明显差异的结论，但限于时间等而尚未对此问题进行更深入和细致的理论分析和实证检验。本书或有兴趣从事该领域实证研究的学者今后可以通过将理论分析和实证检验相结合的方式来考察实体企业财务脆弱性的经济后果（如股价同步性、股价崩盘风险、个股收益率和公司估值水平），以得出实体企业财务脆弱性具有重要经济后果的经验证据，以验证现有的理论学说并与之形成良好的互补关系。

参 考 文 献

[1] 蔡卫星，曾诚，胡志颖. 企业集团、货币政策与现金持有 [J]. 金融研究，2015（2）：114 – 130.

[2] 陈冬，孔墨奇，王红建. 投我以桃，报之以李：经济周期与国企避税 [J]. 管理世界，2016（5）：46 – 63.

[3] 陈栋，陈运森. 银行股权关联、货币政策变更与上市公司现金管理 [J]. 金融研究，2012（12）：122 – 136.

[4] 陈晖丽，刘峰. 融资融券的治理效应研究：基于公司盈余管理的视角 [J]. 会计研究，2014（9）：45 – 52，96.

[5] 陈强. 高级计量经济学及 Stata 应用 [M]. 2 版. 北京：高等教育出版社，2014.

[6] 陈胜蓝，卢锐. 卖空压力与控股股东私利侵占：来自卖空管制放松的准自然实验证据 [J]. 管理科学学报，2018，21（4）：67 – 85.

[7] 陈胜蓝，马慧. 贷款可获得性与公司商业信用：中国利率市场化改革的准自然实验证据 [J]. 管理世界，2018，34（11）：108 – 120，149.

[8] 陈胜蓝，马慧. 卖空压力与公司并购：来自卖空管制放松的准自然实验证据 [J]. 管理世界，2017（7）：142 – 156.

[9] 陈学胜，罗润东. 利率市场化改革进程下企业贷款成本与资本配置效率研究 [J]. 经济管理，2017，39（3）：162 – 174.

[10] 陈彦斌，唐诗磊. 信心、动物精神与中国宏观经济波动 [J]. 金融研

究，2009（9）：89 - 109.

[11] 陈怡欣，张俊瑞，汪方军. 卖空机制对上市公司创新的影响研究：基于中国融资融券制度的自然实验 [J]. 南开管理评论，2018，21（2）：62 - 74.

[12] 褚剑，方军雄，于传荣. 卖空约束放松与银行信贷决策 [J]. 金融研究，2017（12）：111 - 126.

[13] 褚剑，方军雄. 中国式融资融券制度安排与股价崩盘风险的恶化 [J]. 经济研究，2016，51（5）：143 - 158.

[14] 杜勇，邓旭. 中国式融资融券与企业金融化：基于分批扩容的准自然实验 [J]. 财贸经济，2020，41（2）：69 - 83.

[15] 傅利福，魏建. 政府管制、利率市场化和商业银行净利差 [J]. 财经论丛，2014（7）：90 - 97.

[16] 耿中元，朱植散. 货币政策、企业家信心与上市公司投资效率 [J]. 经济理论与经济管理，2018（12）：33 - 46.

[17] 顾海峰，朱莉莉. 利率市场化对商业银行存贷款利差的影响研究：基于价格型与数量型货币政策环境 [J]. 财经理论与实践，2019，40（6）：24 - 31.

[18] 顾乃康，周艳利. 卖空的事前威慑、公司治理与企业融资行为：基于融资融券制度的准自然实验检验 [J]. 管理世界，2017（2）：120 - 134.

[19] 顾琪，王策. 融资融券制度与市场定价效率：基于卖空摩擦的视角 [J]. 统计研究，2017，34（1）：80 - 90.

[20] 郭路，刘霞辉，孙瑾. 中国货币政策和利率市场化研究：区分经济结构的均衡分析 [J]. 经济研究，2015，50（3）：18 - 31.

[21] 韩永辉，赵越，陈晓亮. 利率市场化背景下银行系统性危机的实证研究 [J]. 财经理论与实践，2016，37（2）：2 - 8.

[22] 郝项超，梁琪，李政. 融资融券与企业创新：基于数量与质量视角的

分析 [J]. 经济研究, 2018, 53 (6): 127 - 141.

[23] 黄金老. 利率市场化与商业银行风险控制 [J]. 经济研究, 2001 (1): 19 - 28, 94.

[24] 黄兴孪, 邓路, 曲悠. 货币政策、商业信用与公司投资行为 [J]. 会计研究, 2016 (2): 58 - 65, 96.

[25] 黄志忠, 谢军. 宏观货币政策、区域金融发展和企业融资约束: 货币政策传导机制的微观证据 [J]. 会计研究, 2013 (1): 63 - 69, 96.

[26] 江曙霞, 陈玉婵. 货币政策、银行资本与风险承担 [J]. 金融研究, 2012 (4): 1 - 16.

[27] 江曙霞, 刘忠璐. 存贷款市场竞争对银行风险承担的影响有差异吗?: 基于中国利率市场化改革的讨论 [J]. 经济管理, 2016, 38 (6): 1 - 15.

[28] 姜付秀, 屈耀辉, 陆正飞, 等. 产品市场竞争与资本结构动态调整 [J]. 经济研究, 2008 (4): 99 - 110.

[29] 姜国华, 饶品贵. 宏观经济政策与微观企业行为: 拓展会计与财务研究新领域 [J]. 会计研究, 2011 (3): 9 - 18, 94.

[30] 姜伟, 李丹娜. 信心、货币政策与中国经济波动关系的统计检验 [J]. 统计与决策, 2020, 36 (1): 131 - 136.

[31] 蒋德权, 姚振晔, 陈冬华. 财务总监地位与企业股价崩盘风险 [J]. 管理世界, 2018, 34 (3): 153 - 166.

[32] 蒋瑛琨, 刘艳武, 赵振全. 货币渠道与信贷渠道传导机制有效性的实证分析: 兼论货币政策中介目标的选择 [J]. 金融研究, 2005 (5): 70 - 79.

[33] 金鹏辉, 张翔, 高峰. 货币政策对银行风险承担的影响: 基于银行业整体的研究 [J]. 金融研究, 2014 (2): 16 - 29.

[34] 靳庆鲁, 侯青川, 李刚, 等. 放松卖空管制、公司投资决策与期权价值 [J]. 经济研究, 2015, 50 (10): 76 - 88.

[35] 柯艳蓉，李玉敏，吴晓晖．控股股东股权质押与企业投资行为：基于金融投资和实业投资的视角 [J]．财贸经济，2019，40（4）：50－66．

[36] 李成，黄友希，李玉良．国有企业改革和利率市场化能否改善非国有企业融资困境？[J]．金融经济学研究，2014，29（4）：97－106．

[37] 李成，刘生福．利率市场化鼓励商业银行过度风险承担吗？：来自中国银行业的经验证据 [J]．经济管理，2015，37（12）：91－102．

[38] 李春涛，刘贝贝，周鹏．卖空与信息披露：融券准自然实验的证据 [J]．金融研究，2017（9）：130－145．

[39] 李丹蒙，叶建芳，卢思绮，等．管理层过度自信、产权性质与并购商誉 [J]．会计研究，2018（10）：50－57．

[40] 李广子，刘力．债务融资成本与民营信贷歧视 [J]．金融研究，2009（12）：137－150．

[41] 李黎力．明斯基的宏观经济理论及其贡献 [J]．教学与研究，2017（8）：87－96．

[42] 李萍，冯梦黎．利率市场化对中国经济增长质量的影响：一个新的解释思路 [J]．经济评论，2016（2）：74－84，160．

[43] 李志生，陈晨，林秉旋．卖空机制提高了中国股票市场的定价效率吗？：基于自然实验的证据 [J]．经济研究，2015，50（4）：165－177．

[44] 李志生，李好，马伟力，等．融资融券交易的信息治理效应 [J]．经济研究，2017，52（11）：150－164．

[45] 林朝颖，黄志刚，杨广青，等．基于企业微观的货币政策风险承担渠道理论研究 [J]．国际金融研究，2015（6）：21－32．

[46] 刘莉亚，刘冲，陈垠帆，等．僵尸企业与货币政策降杠杆 [J]．经济研究，2019，54（9）：73－89．

[47] 刘莉亚，余晶晶，杨金强，等．竞争之于银行信贷结构调整是双刃剑吗？：中国利率市场化进程的微观证据 [J]．经济研究，2017，52

（5）：131 – 145.

［48］刘明康，黄嘉，陆军. 银行利率决定与内部资金转移定价：来自中国利率市场化改革的经验［J］. 经济研究，2018，53（6）：4 – 20.

［49］刘伟，曹瑜强. 机构投资者驱动实体经济"脱实向虚"了吗？［J］. 财贸经济，2018，39（12）：80 – 94.

［50］陆正飞，何捷，窦欢. 谁更过度负债：国有还是非国有企业？［J］. 经济研究，2015，50（12）：54 – 67.

［51］陆正飞，杨德明. 商业信用：替代性融资，还是买方市场？［J］. 管理世界，2011（4）：6 – 14，45.

［52］陆正飞，祝继高，樊铮. 银根紧缩、信贷歧视与民营上市公司投资者利益损失［J］. 金融研究，2009（8）：124 – 136.

［53］吕明晗，徐光华，沈弋. 货币政策与企业环保投资行为：中国重污染行业上市公司的证据［J］. 经济管理，2019，41（11）：55 – 71.

［54］马君潞，郭牧炫，李泽广. 银行竞争、代理成本与借款期限结构：来自中国上市公司的经验证据［J］. 金融研究，2013（4）：71 – 84.

［55］孟庆斌，黄清华. 卖空机制是否降低了股价高估？：基于投资者异质信念的视角［J］. 管理科学学报，2018，21（4）：43 – 66.

［56］孟庆斌，邹洋，侯德帅. 卖空机制能抑制上市公司违规吗？［J］. 经济研究，2019，54（6）：89 – 105.

［57］潘攀，邓超，邱煜. 经济政策不确定性、银行风险承担与企业投资［J］. 财经研究，2020，46（2）：67 – 81.

［58］彭建刚，王舒军，关天宇. 利率市场化导致商业银行利差缩窄吗？：来自中国银行业的经验证据［J］. 金融研究，2016（7）：48 – 63.

［59］权小锋，尹洪英. 中国式卖空机制与公司创新：基于融资融券分步扩容的自然实验［J］. 管理世界，2017（1）：128 – 144，187 – 188.

［60］全怡，梁上坤，付宇翔. 货币政策、融资约束与现金股利［J］. 金融研

究，2016 (11)：63 – 79.

[61] 饶品贵，姜国华. 货币政策对银行信贷与商业信用互动关系影响研究 [J]. 经济研究，2013，48 (1)：68 – 82，150.

[62] 任宏达，王琨. 产品市场竞争与信息披露质量：基于上市公司年报文本分析的新证据 [J]. 会计研究，2019 (3)：32 – 39.

[63] 盛松成，吴培新. 中国货币政策的二元传导机制："两中介目标，两调控对象"模式研究 [J]. 经济研究，2008，43 (10)：37 – 51.

[64] 田国强，赵禹朴，宫汝凯. 利率市场化、存款保险制度与银行挤兑 [J]. 经济研究，2016，51 (3)：96 – 109.

[65] 田利辉，王可第. "罪魁祸首"还是"替罪羊"?：中国式融资融券与管理层短视 [J]. 经济评论，2019 (1)：106 – 120.

[66] 佟爱琴，马惠娴. 卖空的事前威慑、公司治理与高管隐性腐败 [J]. 财贸经济，2019，40 (6)：85 – 100.

[67] 童中文，范从来，朱辰，等. 金融审慎监管与货币政策的协同效应：考虑金融系统性风险防范 [J]. 金融研究，2017 (3)：16 – 32.

[68] 汪金祥，廖慧艳，吴世农. 企业竞争优势的度量、来源与经济后果：基于中国上市公司的实证研究 [J]. 经济管理，2014，36 (11)：58 – 67.

[69] 汪金祥，吴世农，刘燕娟，等. 贷款利率市场化对企业财务脆弱性的影响研究 [J]. 金融监管研究，2021 (10)：97 – 114.

[70] 汪金祥，吴世农，吴育辉. 地方政府债务对企业负债的影响：基于地市级的经验分析 [J]. 财经研究，2020，46 (1)：111 – 125.

[71] 汪金祥，吴育辉，吴世农. 中国上市公司零负债行为研究：融资约束还是财务弹性? [J]. 管理评论，2016，28 (6)：32 – 41.

[72] 汪勇，马新彬，周俊仰. 货币政策与异质性企业杠杆率：基于纵向产业结构的视角 [J]. 金融研究，2018 (5)：47 – 64.

[73] 王道平. 利率市场化、存款保险制度与系统性银行危机防范 [J]. 金融

研究, 2016 (1): 50 – 65.

[74] 王东静, 张祥建. 利率市场化、企业融资与金融机构信贷行为研究 [J]. 世界经济, 2007 (2): 50 – 59.

[75] 王红建, 杨筝, 阮刚铭, 等. 放松利率管制、过度负债与债务期限结构 [J]. 金融研究, 2018 (2): 100 – 117.

[76] 王化成, 曹丰, 叶康涛. 监督还是掏空: 大股东持股比例与股价崩盘风险 [J]. 管理世界, 2015 (2): 45 – 57, 187.

[77] 王欢, 郭建强. 利率市场化、非利息收入与银行净利差 [J]. 金融论坛, 2014, 19 (8): 3 – 12, 49.

[78] 王晋斌, 李博. 中国货币政策对商业银行风险承担行为的影响研究 [J]. 世界经济, 2017, 40 (1): 25 – 43.

[79] 王明虎, 章铁生. 资本结构波动、利率市场化和企业财务困境 [J]. 审计与经济研究, 2016, 31 (5): 81 – 90.

[80] 王少华, 上官泽明. 货币政策宽松度、过度金融化与企业创新 [J]. 财经科学, 2019 (10): 45 – 58.

[81] 王彦超, 林斌. 金融中介、非正规金融与现金价值 [J]. 金融研究, 2008 (3): 177 – 199.

[82] 王仲兵, 王攀娜. 放松卖空管制与企业投资效率: 来自中国资本市场的经验证据 [J]. 会计研究, 2018 (9): 80 – 87.

[83] 魏志华, 王贞洁, 吴育辉, 等. 金融生态环境、审计意见与债务融资成本 [J]. 审计研究, 2012 (3): 98 – 105.

[84] 魏志华, 曾爱民, 李博. 金融生态环境与企业融资约束: 基于中国上市公司的实证研究 [J]. 会计研究, 2014 (5): 73 – 80, 95.

[85] 魏志华, 朱彩云. 超额商誉是否成为企业经营负担: 基于产品市场竞争能力视角的解释 [J]. 中国工业经济, 2019 (11): 174 – 192.

[86] 温忠麟, 叶宝娟. 中介效应分析: 方法和模型发展 [J]. 心理科学进

展, 2014, 22 (5): 731 – 745.

[87] 吴超鹏, 吴世农, 程静雅, 等. 风险投资对上市公司投融资行为影响的实证研究 [J]. 经济研究, 2012, 47 (1): 105 – 119, 160.

[88] 吴国平, 谷慎, 郭品. 利率市场化、市场势力与银行风险承担 [J]. 山西财经大学学报, 2016, 38 (5): 33 – 43.

[89] 吴娜. 经济周期、融资约束与营运资本的动态协同选择 [J]. 会计研究, 2013 (8): 54 – 61, 97.

[90] 吴世农, 陈韫妍, 吴育辉, 等. 企业融资模式、金融市场安全性及其变动特征 [J]. 中国工业经济, 2021 (8): 37 – 55.

[91] 吴世农, 王建勇, 屈文洲. 企业的价值链权力及其经济后果研究 [J]. 管理科学学报, 2022, 25 (2): 1 – 23.

[92] 吴世农, 吴育辉. CEO 财务分析与决策 (第二版) [M]. 北京: 北京大学出版社, 2013.

[93] 吴育辉, 黄飘飘, 陈维, 等. 产品市场竞争优势、资本结构与商业信用支持: 基于中国上市公司的实证研究 [J]. 管理科学学报, 2017, 20 (5): 51 – 65.

[94] 伍中信, 张娅, 张雯. 信贷政策与企业资本结构: 来自中国上市公司的经验证据 [J]. 会计研究, 2013 (3): 51 – 58, 96.

[95] 武鹏飞, 戴国强. 中国最优货币政策代理变量识别的研究: 基于货币政策响应和传导的双重视角分析 [J]. 商业研究, 2019 (11): 119 – 130.

[96] 项后军, 邬栋玺. 利率市场化、存款保险制度与银行风险承担: 基于市场约束的研究 [J]. 南方经济, 2019 (8): 1 – 20.

[97] 邢光远, 冯宗宪, 冷奥琳. 央行放开贷款利率管制对商业银行盈利能力的影响研究: 以商业银行议价能力为路径 [J]. 西安交通大学学报 (社会科学版), 2014, 34 (6): 51 – 57.

[98] 徐光伟, 孙铮. 货币政策信号、实际干预与企业投资行为 [J]. 财经研

究，2015，41（7）：54－67.

［99］徐亚平，朱力. 投资波动、企业家信心与货币政策传导梗阻［J］. 上海经济研究，2019（9）：91－104.

［100］徐雨婧，胡珺. 货币政策、管理者过度自信与并购绩效［J］. 当代财经，2019（7）：85－95.

［101］许红伟，陈欣. 中国推出融资融券交易促进了标的股票的定价效率吗?: 基于双重差分模型的实证研究［J］. 管理世界，2012（5）：52－61.

［102］许年行，于上尧，伊志宏. 机构投资者羊群行为与股价崩盘风险［J］. 管理世界，2013（7）：31－43.

［103］杨昌辉，张可莉. 民营企业债务融资成本研究：基于利率市场化和会计稳健性双重视角［J］. 中国管理科学，2016，24（S1）：405－412.

［104］杨筝，刘放，李茫茫. 利率市场化、非效率投资与资本配置：基于中国人民银行取消贷款利率上下限的自然实验［J］. 金融研究，2017（5）：81－96.

［105］杨筝，王红建，戴静，等. 放松利率管制、利润率均等化与实体企业"脱实向虚"［J］. 金融研究，2019（6）：20－38.

［106］杨芷晴，张帆，张友斗. 竞争性领域政府补助如何影响企业创新［J］. 财贸经济，2019，40（9）：132－145.

［107］叶康涛，祝继高. 银根紧缩与信贷资源配置［J］. 管理世界，2009（1）：22－28，188.

［108］易纲. 再论中国金融资产结构及政策含义［J］. 经济研究，2020，55（3）：4－17.

［109］尹雷，卞志村. 利率市场化、存款保险制度与银行危机：基于跨国数据的实证研究［J］. 国际金融研究，2016（1）：49－59.

［110］俞红海，陈百助，蒋振凯，等. 融资融券交易行为及其收益可预测性研究［J］. 管理科学学报，2018，21（1）：72－87.

[111] 俞红海，陈百助，徐警，张奥星. 融资与融券交易的动机相同吗?：基于盈余公告视角的研究 [J]. 财经研究，2017，43（12）：121 – 135.

[112] 曾海舰，苏冬蔚. 信贷政策与公司资本结构 [J]. 世界经济，2010，33（8）：17 – 42.

[113] 战明华，应诚炜. 利率市场化改革、企业产权异质与货币政策广义信贷渠道的效应 [J]. 经济研究，2015，50（9）：114 – 126.

[114] 张会丽，吴有红. 超额现金持有水平与产品市场竞争优势：来自中国上市公司的经验证据 [J]. 金融研究，2012（2）：183 – 195.

[115] 张伟华，毛新述，刘凯璇. 利率市场化改革降低了上市公司债务融资成本吗? [J]. 金融研究，2018（10）：106 – 122.

[116] 张璇，周鹏，李春涛. 卖空与盈余质量：来自财务重述的证据 [J]. 金融研究，2016（8）：175 – 190.

[117] 张迎春，王璐，邓菊秋. 货币政策、管理者心理偏差与银行风险承担 [J]. 财经科学，2019（1）：27 – 38.

[118] 张宗益，吴恒宇，吴俊. 商业银行价格竞争与风险行为关系：基于贷款利率市场化的经验研究 [J]. 金融研究，2012（7）：1 – 3，5 – 14.

[119] 郑曼妮，黎文靖，柳建华. 利率市场化与过度负债企业降杠杆：资本结构动态调整视角 [J]. 世界经济，2018，41（8）：149 – 170.

[120] 钟凯，程小可，肖翔，等. 宏观经济政策影响企业创新投资吗：基于融资约束与融资来源视角的分析 [J]. 南开管理评论，2017，20（6）：4 – 14，63.

[121] 钟凯，程小可，张伟华. 货币政策适度水平与企业"短贷长投"之谜 [J]. 管理世界，2016（3）：87 – 98，114，188.

[122] 周菲，赵亮，尹雷. 去杠杆的路径选择：财政去杠杆还是金融去杠杆?：基于企业部门的分析 [J]. 财政研究，2019（2）：75 – 90.

[123] 朱太辉. 实体经济债务究竟如何影响金融体系稳定?：理论机制和解

释框架 ［J］. 金融评论, 2019, 11 (2): 25 −37, 123.

［124］ 朱武祥, 陈寒梅, 吴迅. 产品市场竞争与财务保守行为: 以燕京啤酒
为例的分析 ［J］. 经济研究, 2002 (8): 28 −36, 93.

［125］ 祝继高, 陆正飞. 货币政策、企业成长与现金持有水平变化 ［J］. 管
理世界, 2009 (3): 152 −158, 188.

［126］ Aktas N, De Bodt E, Lobez F, et al. The Information Content of Trade Credit
［J］. Journal of Banking & Finance, 2012, 36 (5): 1402 −1413.

［127］ Allen F, Qian J, Qian M. Law, Finance, Economic Growth in China ［J］.
Journal of Financial Economics, 2005, 77 (1): 57 −116.

［128］ Almeida H, Campello M, Weisbach M S. The Cash Flow Sensitivity of
Cash ［J］. The Journal of Finance, 2004, 59 (4): 1777 −1804.

［129］ Aslan H, Kumar P. The Product Market Effects of Hedge Fund Activism
［J］. Journal of Financial Economics, 2016, 119 (1): 226 −248.

［130］ Baron R M, Kenny D A. The Moderator-Mediator Variable Distinction in
Social Psychological Research: Conceptual, Strategic, Statistical Consid-
erations ［J］. Journal of Personality and Social Psychology, 1986, 51
(6): 1173 −1182.

［131］ Bates T W, Kahle K M, Stulz R M. Why do US Firms Hold So Much More
Cash than They Used to? ［J］. The Journal of Finance, 2009, 64 (5):
1985 −2021.

［132］ Bernanke B S, Blinder A S. The Federal Funds Rate and the Channels of
Monetary Transmission ［J］. American Economic Review, 1992, 82 (4):
901 −921.

［133］ Bernanke B S, Gertler M. Inside the Black Box: The Credit Channel of
Monetary Policy Transmission ［J］. Journal of Economic Perspectives,
1995, 9 (4): 27 −48.

[134] Bernanke B S, Mihov I. Measuring Monetary Policy [J]. The Quarterly Journal of Economics, 1998, 113 (3): 869 – 902.

[135] Bertrand M, Mullainathan S. Enjoying the Quiet Life? Corporate Governance and Managerial Preferences [J]. Journal of Political Economy, 2003, 111 (5): 1043 – 1075.

[136] Billett M T, Esmer B, Yu M. Creditor Control and Product-market Competition [J]. Journal of Banking & Finance, 2018, 86 (1): 87 – 100.

[137] Borio C, Zhu H. Capital Regulation, Risk-taking and Monetary Policy: A Missing Link in the Transmission Mechanism? [J]. Journal of Financial Stability, 2012, 8 (4): 236 – 251.

[138] Bris A, Goetzmann W N, Zhu N. Efficiency and the Bear: Short Sales and Markets around the World [J]. The Journal of Finance, 2007, 62 (3): 1029 – 1079.

[139] Cai W, Zeng C. Business Groups, Monetary Policy, Capital Structure [R]. University of Bristol Working Paper, 2013.

[140] Chang E C, Cheng J W, Yu Y. Short-Sales Constraints and Price Discovery: Evidence from the Hong Kong Market [J]. The Journal of Finance, 2007, 62 (5): 2097 – 2121.

[141] Chang E C, Luo Y, Ren J. Short-Selling, Margin-Trading, Price Efficiency: Evidence from the Chinese Market [J]. Journal of Banking & Finance, 2014, 48 (11): 411 – 424.

[142] Chen H J, Chen S J. Investment-Cash Flow Sensitivity Cannot be a Good Measure of Financial Constraints: Evidence from the Time Series [J]. Journal of Financial Economics, 2012, 103 (2): 393 – 410.

[143] Chen Z, Dong G N, Gu M, et al. The Effects of Margin Trading and Short Selling on Earnings Management: A Natural Experiment from China [R].

Working Paper, 2017.

[144] Davis L E, De Souza J P A, Hernandez G. An Empirical Analysis of Minsky Regimes in the US Economy [J]. Cambridge Journal of Economics, 2019, 43 (3): 541 – 583.

[145] De Angelis D, Grullon G, Michenaud S. The Effects of Short-selling Threats on Incentive Contracts: Evidence from an Experiment [J]. The Review of Financial Studies, 2017, 30 (5): 1627 – 1659.

[146] Desai H, Krishnamurthy S, Venkataraman K. Do Short Sellers Target Firms with Poor Earnings Quality? Evidence from Earnings Restatements [J]. Review of Accounting Studies, 2006, 11 (1): 71 – 90.

[147] Diamond D W, Dybvig P H. Bank Runs, Deposit Insurance, Liquidity [J]. Journal of Political Economy, 1983, 91 (3): 401 – 419.

[148] Diamond D W, Verrecchia R E. Constraints on Short-selling and Asset Price Adjustment to Private Information [J]. Journal of Financial Economics, 1987, 18 (2): 277 – 311.

[149] Diether K B, Lee K H, Werner I M. It's SHO Time! Short-Sale Price Tests and Market Quality [J]. The Journal of Finance, 2009, 64 (1): 37 – 73.

[150] Erturk B, Nejadmalayeri A. Equity Short Selling and the Cost of Debt [C]//Midwest Finance Association 2013 Annual Meeting Paper, 2012.

[151] Fang V W, Huang A H, Karpoff J M. Short Selling and Earnings Management: A Controlled Experiment [J]. The Journal of Finance, 2016, 71 (3): 1251 – 1294.

[152] Frank M Z, Goyal V K. Capital Structure Decisions: Which Factors Are Reliably Important? [J]. Financial Management, 2009, 38 (1): 1 – 37.

[153] Fresard L. Financial Strength and Product Market Behavior: The Real

Effects of Corporate Cash Holdings [J]. The Journal of Finance, 2010, 65 (3): 1097 – 1122.

[154] Gertler M, Gilchrist S. Monetary Policy, Business Cycles, the Behavior of Small Manufacturing Firms [J]. The Quarterly Journal of Economics, 1994, 109 (2): 309 – 340.

[155] Ge Y, Qiu J. Financial Development, Bank Discrimination and Trade Credit [J]. Journal of Banking & Finance, 2007, 31 (2): 513 – 530.

[156] Griffin P A. A League of Their Own? Financial Analysts' Responses to Restatements and Corrective Disclosures [J]. Journal of Accounting, Auditing & Finance, 2003, 18 (4): 479 – 517.

[157] Grullon G, Michenaud S, Weston J P. The Real Effects of Short-Selling Constraints [J]. Review of Financial Studies, 2015, 28 (6): 1737 – 1767.

[158] He D, Wang H. Dual-Track Interest Rates and the Conduct of Monetary Policy in China [J]. China Economic Review, 2012, 23 (4): 928 – 947.

[159] He J, Tian X. SHO Time for Innovation: The Real Effects of Short Sellers [R]. Kelley School of Business Research Paper, 2015.

[160] Hertzel M G, Li Z, Officer M S, et al. Inter-firm Linkages and the Wealth Effects of Financial Distress along the Supply Chain [J]. Journal of Financial Economics, 2008, 87 (2): 374 – 387.

[161] Hirose T, Kato H K, Bremer M. Can Margin Traders Predict Future Stock Returns in Japan? [J]. Pacific-Basin Finance Journal, 2009, 17 (1): 41 – 57.

[162] Horváth R. Financial Accelerator Effects in the Balance Sheets of Czech Firms [R]. William Davidson Institute Working Paper No. 847, 2006.

[163] Judd C M, Kenny D A. Process Analysis: Estimating Mediation in Treatment Evaluations [J]. Evaluation Review, 1981, 5 (5): 602 – 619.

[164] Kaminsky G L, Reinhart C M. The Twin Crises: The Causes of Banking and Balance-of-Payments Problems [J]. American Economic Review, 1999, 89 (3): 473 – 500.

[165] Karpoff J M, Lou X. Short Sellers and Financial Misconduct [J]. The Journal of Finance, 2010, 65 (5): 1879 – 1913.

[166] Kim J B, Li Y, Zhang L. CFOs versus CEOs: Equity Incentives and Crashes [J]. Journal of Financial Economics, 2011, 101 (3): 713 – 730.

[167] Kiyotaki N, Moore J. Credit Cycles [J]. Journal of Political Economy, 1997, 105 (2): 211 – 248.

[168] Koo J, Shin S. Financial Liberalization and Corporate Investments: Evidence from Korean Firm Data [J]. Asian Economic Journal, 2004, 18 (3): 277 – 292.

[169] Lee Y W, Stowe J D. Product Risk, Asymmetric Information, Trade Credit [J]. Journal of Financial and Quantitative Analysis, 1993, 28 (2): 285 – 300.

[170] Lindahl-Stevens M. Redefining Bull and Bear Markets [J]. Financial Analysts Journal, 1980, 36 (6): 76 – 77.

[171] Lin T T, Chou J H. Trade Credit and Bank Loan: Evidence from Chinese Firms [J]. International Review of Economics and Finance, 2015, 36 (3): 17 – 29.

[172] Li Y, Zhang L. Short Selling Pressure, Stock Price Behavior, Management Forecast Precision: Evidence from A Natural Experiment [J]. Journal of Accounting Research, 2015, 53 (1): 79 – 117.

[173] Lutz C. The Impact of Conventional and Unconventional Monetary Policy on In-

vestor Sentiment [J]. Journal of Banking & Finance, 2015, 61: 89 – 105.

[174] Massa M, Qian W, Xu W, Zhang H. Competition of the Informed: Does the Presence of Short Sellers Affect Insider Selling? [J]. Journal of Financial Economics, 2015, 118 (2): 268 – 288.

[175] McKinnon R I. Money and Capital in Economic Development [M]. Washington: Brookings D. C.: Brookings Institution Press, 2010.

[176] Meltzer A H. Mercantile Credit, Monetary Policy, Size of Firms [J]. The Review of Economics and Statistics, 1960, 42 (4): 429 – 437.

[177] Meng Q, Li Y, Jiang X, et al. Informed or Speculative Trading? Evidence from Short Selling before Star and Non-star Analysts' Downgrade Announcements in An Emerging market [J]. Journal of Empirical Finance, 2017, 42 (6): 240 – 255.

[178] Miller E M. Risk, Uncertainty, Divergence of Opinion [J]. The Journal of Finance, 1977, 32 (4): 1151 – 1168.

[179] Minsky H P. Can "It" Happen Again? Essay on Instability and Finance [M]. Abington: Routledge, 2015.

[180] Minsky H P. Stabilizing an Unstable Economy [M]. New York: McGraw-Hill, 2008.

[181] Mulligan R F. A Sectoral Analysis of the Financial Instability Hypothesis [J]. The Quarterly Review of Economics and Finance, 2013, 53 (4): 450 – 459.

[182] Myers S C, Majluf N S. Corporate Financing and Investment Decisions When Firms Have Information That Investors Do Not Have [J]. Journal of Financial Economics, 1984, 13: 187 – 221.

[183] Nickell S J. Competition and Corporate Performance [J]. Journal of Political Economy, 1996, 104 (4): 724 – 746.

[184] Nishi H. An Empirical Contribution to Minsky's Financial Fragility: Evidence from Non-Financial Sectors in Japan [J]. Cambridge Journal of Economics, 2018, 43 (3): 585 – 622.

[185] Pedrosa Í. Firms' Leverage Ratio and the Financial Instability Hypothesis: An Empirical Investigation for the US Economy (1970 – 2014) [J]. Cambridge Journal of Economics, 2019, 43 (6): 1499 – 1523.

[186] Porter M E. Competitive Strategy: Techniques for Analyzing Industries and Competitors [M]. New York: Free Press, 1980.

[187] Prychitko D L. Competing Explanations of the Minsky Moment: The Financial Instability Hypothesis in Light of Austrian Theory [J]. The Review of Austrian Economics, 2010, 23 (3): 199 – 221.

[188] Rajan R G. Has Finance Made the World Riskier? [J]. European Financial Management, 2006, 12 (4): 499 – 533.

[189] Rajan R G. Insiders and Outsiders: The Choice between Informed and Arm's-length Debt [J]. The Journal of Finance, 1992, 47 (4): 1367 – 1400.

[190] Ranciere R, Tornell A, Westermann F. Decomposing the Effects of Financial Liberalization: Crises vs. Growth [J]. Journal of Banking & Finance, 2006, 30 (12): 33.

[191] Shaw E S. Financial Deepening in Economic Development [M]. New York: Oxford University Press, 1973.

[192] Stiglitz J E, Weiss A. Credit Rationing in Markets with Imperfect Information [J]. The American Economic Review, 1981, 71 (3): 393 – 410.

[193] Tang Y C, Liou F M. Does Firm Performance Reveal Its Own Causes? The Role of Bayesian Inference [J]. Strategic Management Journal, 2010, 31 (1): 39 – 57.

[194] Titman S, Wei K C J, Xie F. Capital Investments and Stock Returns [J]. Journal of Financial and Quantitative Analysis, 2004, 39 (4): 677 – 700.

[195] Toporowski J. Minsky's "Induced Investment and Business cycles" [J]. Cambridge Journal of Economics, 2008, 32 (5): 725 –737.

[196] Torres Filho E T, Martins N M, Miaguti C Y. Minsky's Financial Fragility: An Empirical Analysis of Electricity Distribution Firms in Brazil (2007 – 2015) [J]. Journal of Post Keynesian Economics, 2019, 42 (1): 144 – 168.

[197] Tymoigne É. Detecting Ponzi Finance: An Evolutionary Approach to the Measure of Financial Fragility [R]. Levy Economics Institute Working Paper No. 605, 2010.

[198] Vercelli A. Structural Financial Instability and Cyclical Fluctuations [J]. Structural Change and Economic Dynamics, 2000, 11 (1 – 2): 139 – 156.

[199] Wang Z. Short Sellers, Institutional Investors, Corporate Cash Holdings [R]. Available at SSRN 2410239, 2018.

后　　记

自 2017 年 6 月本书项目立项以来，课题组不仅按照申请书的设计内容展开研究，还改进了企业财务脆弱性的度量指标、分析了企业财务脆弱性的决定因素和市场表现等相关问题。在课题组成员配合下，完成了数据收集和整理、资料整理和文献梳理、研究论文和研究报告的撰写和提交。

总体而言，在课题组所有成员的共同努力下，最终完成的研究报告不仅包含申请书中的主要内容，而且有所增加。与本书主题相关的研究成果，既有发表在《中国工业经济》《财经研究》《金融监管研究》等学术期刊，也实现了研究成果进（本科生和硕士研究生）课堂的教学目标，还培养了 2021 届三名硕士研究生，已取得较好的立德树人效果。

本研究成果得到了国家社会科学基金青年项目"外部市场冲击与企业财务脆弱性研究"（项目批准号：17CGL015）、福建农林大学科技创新专项基金项目（社科类）"货币政策对企业财务脆弱性的影响研究"（项目批准号：CXZX2021008）、福建省社会科学研究基地生态文明研究中心"生态文明目标下福建省经济韧性提升路径与政策创新研究"（项目批准号：FJ2023JDZ032）的资助。特此致谢！

感谢福建农林大学经济与管理学院、会计系、工商管理研究院领导和同事给予的关心和帮助！感谢厦门大学吴世农教授给予热心和专业的指导、博士师兄师姐师弟师妹和同学提供宝贵的意见和建议！感谢父母、队友（家属）、小朋友和其他亲朋好友对我的支持和照顾！